한국어 말하기 교육론

박덕유
이혜경
한혜정
박혜경
박지은
이선미

한국어 말하기 교육론

역락

머리말

　최근 한국어 교육 연구는 비약적으로 발전하여 양적인 팽창을 넘어 질적인 성장을 보여주고 있다. 그간 부지런히 길을 갈고 닦아준 많은 연구자들 덕분에 국어학과 외국어 교육학을 중심으로 인접 학문들의 지식을 융합하고 확장하는 이론서가 최근 많이 발간되고 있어 매우 고무적이라 생각하며 이를 통해 본 저서의 집필에도 다양한 관점을 녹여낼 수 있었다.

　이 책은 특히 말하기 교육에 관심이 있는 예비 한국어 교원들을 위한 전공서이다. 현장에서 외국인 학습자들을 가르치면서 알게 된 것은 그들의 공통된 요구가 '어떻게 하면 한국말을 잘 할 수 있을까?'라는 것이었다. 한국어 모어 화자들은 마치 호흡을 하는 것처럼 너무나 쉽고 당연하게 말을 할 수 있지만 외국인 학습자들에게 말하기란 언어 학습의 가장 근본적인 기능이면서 도달하기 어려운 지향점이 되기도 한다. 이에 말하기란 무엇인가에 대한 질문에서부터 시작하여 말을 잘한다는 것은 무엇을 의미하는지, 어떤 요소들을 필요로 하는지에 대해 탐구하고자 하였으며 교재 출판을 통해 한국어 말하기 교육에 대한 연구들의 논의를 전반적으로 살피고, 이를 종합 정리하는 기회로 삼고자 하였다.

　지금까지 나온 관련 연구들을 최대한 많이 탐독하여 중요한 이론들이 서로 어떠한 연결 관계 내지는 영향 관계를 가지고 발전했는지 고찰하였으며, 가급적 핵심을 찾아내어 쉽게 풀어써 보려고 최대한 노력하였다.

　이 책은 외국인을 위한 한국어 말하기 교육의 개론적인 내용을 담고 있다. 총 아홉 개의 장으로 구성되어 있으며 모든 장의 마지막 단계에는 '더 생각해 보기'를 통해 본문의 내용과 연관 지어 자신의 생각과 의견을 정리해 보고 수업에서의 논읫거리와 간단한 실습 등을 제안하여 좀 더 실용성을 높이고자 하였다.

1장에서는 한국어 말하기 교육의 이론과 실제를 논하기에 앞서 말하기의 본질과 발화 산출 과정에 관한 앞선 연구들을 살펴보고, 한국어 말하기 교육의 대상별 학습 목적과 특징에 대해 알아보았다. 2장에서는 한국어 구어 문법에 대한 연구 성과들을 살펴보았다. 문어와 대비되는 구어 표현의 특징에 대해 실제 자료를 기반으로 한 연구들을 소개하였으며 말하기의 유창성과 정확성, 발음과 모국어와의 관계, 제2언어 화자에게 필요한 지식과 전략 등 말하기 교육의 이슈들을 다루었다. 3장에서는 제2언어교육과 말하기 교육의 배경이 되는 전통적인 언어 습득 이론들을 등장한 순서에 따라 살펴보았다. 이를 통해 인간이 제2언어를 습득하는 원리나 과정에 대한 인식과 관점의 변화를 알아보고자 하였으며 관련 문헌들을 탐독하여 각 이론들의 대표적인 학자와 등장하게 된 배경, 핵심적인 특징들을 정리하여 제시하였다.

4장에서는 대표적인 제2언어 교수법들의 생성 배경과 교수 절차 및 말하기 교육과의 관련성 등을 개괄적으로 살펴보았다. 그간 제2언어 교수법 연구는 주로 성인 학습자를 기본적인 교육 대상으로 삼는 경향이 있었기에 다양한 연령과 배경의 학습자를 대상으로 한 교수법 연구가 필요하다고 보았으며 이에 아동과 결혼이주여성을 대상으로 한 교수법 연구 사례도 소개하였다. 또한 시대의 변화에 맞게 시간과 공간의 제약을 극복하고 교실 기반 수업을 보완하거나 대체할 수 있는 모바일 기반 수업과 애플리케이션을 통한 말하기 교수-학습 방안에 대해서도 국내 학자들의 연구 사례를 제시하였다.

5장과 6장에서는 실제로 교실 수업에서 활용할 수 있는 말하기 활동의 유형을 소개하고 각 활동의 개념과 특징, 교육 방법 등을 구체적으로 제시하였다. 말하기 활동은 한국어 의사소통 능력을 기르는 수업에서 가장 필수적이고 핵심적인 요소이므로 학습의 목적, 교육 내용 및 학습자의 숙달도와 특성에 맞게 적절한 활동을 선정하여 효과적으로 운영할 수 있어야 할 것이다.

7장은 교실 운영에 대한 내용을 담고 있으며 교사의 역할, 말하기 수업의 진행 방식과 숙달도별 교안 작성 사례를 제시하였다. 8장은 말하기 평가에 대한 내용을 담고 있으며 말하기 평가를 하는 목적과 말하기 평가 범주, 문항 유형 등에 대해 개략적으로 살펴보았다. 그리고 9장에서는 해외의 말하기 숙달도 평가를 통해 평가 체계와 문항 유형 등을 알아보았다. 한국어 말하기 숙달도 평가는 아직 정착되기 이전의 단계이므로 이미 시행되고 있는 해외의 평가 사례를 통해 최근의 말하기 표준화 시험의 경향을 살펴보았다.

많은 어려움 끝에 책 한 권이 완성되었다는 데에 우선 보람과 기쁨을 느끼지만 이 책에는 부족한 부분이 있을 것으로 본다. 그런 부분들은 계속 수정하고 보완해 나가고자 하며 본서가 한국어 말하기 교육을 공부하는 분들께 조금이나마 도움이 될 수 있기를 바란다. 특히, 한국어 교육을 공부하는 대학이나 대학원의 학문의 장에서 유용하게 사용되기를 바라는 마음도 크다.

책에서 인용한 많은 참고문헌의 저자들께 감사를 표하며, 출판을 가능하게 해주신 역락 편집진께도 감사의 마음을 전한다.

2020년 8월 집필자 일동

차례

머리말_5

제1장 말하기와 말하기 교육 · 15

1. 말하기에 대한 이해 —————————————————— 16
   1.1. 말하기의 본질 ————————————————— 16
   1.2. 말하기의 산출 과정 ———————————————— 17
   1.3. 산출 과정의 자동성 ———————————————— 20
   1.4. 말하기의 상호작용 ———————————————— 22
2. 말하기의 특성 ———————————————————— 24
   2.1. 말하기의 개념과 특성 ——————————————— 24
   2.2. 말하기를 어렵게 만드는 요인 ——————————— 26
3. 한국어 교육 대상과 말하기 학습 목적 ————————— 28
   3.1. 일반 목적 학습자 ————————————————— 29
   3.2. 학문 목적 학습자 ————————————————— 31
   3.3. 직업 목적 학습자 ————————————————— 33
   3.4. 결혼 이민자 및 결혼 귀화자 ———————————— 34
   3.5. 다문화 배경 자녀 ————————————————— 36
   3.6. 해외 거주 학습자 ————————————————— 37

더 생각해 보기_39

제2장 구어 연구와 말하기 교육의 이슈 · 41

1. 구어의 특성과 구어 문법에 대한 연구 ————————— 41
2. 말뭉치를 통해 본 한국어 구어의 특징 ————————— 47
   2.1. 구어 말뭉치의 개념 ———————————————— 48
   2.2. 구어 말뭉치의 연구 및 활용 ———————————— 49

　　3. 말하기의 유창성과 정확성 ──────────── 51
　　　　3.1. 말하기의 유창성 ──────────── 51
　　　　3.2. 말하기의 유창성과 정확성 ──────────── 52
　　　　3.3. 말하기의 정확성과 발음 ──────────── 53
　　4. 말하기에 필요한 지식과 전략 ──────────── 58
　　　　4.1. 사회문화적 지식 ──────────── 58
　　　　4.2. 장르 지식 ──────────── 59
　　　　4.3. 담화 지식 ──────────── 59
　　　　4.4. 화용론 지식 ──────────── 60
　　　　4.5. 문법적 지식 ──────────── 60
　　　　4.6. 의사소통 전략 ──────────── 61
　　　　　　　　　　　　　　　더 생각해 보기__63

제3장 제2언어 교육과 습득 이론 · 65
　　1. 행동주의 심리학과 구조주의 언어학 ──────────── 66
　　2. 생성 언어학과 인지주의 심리학 ──────────── 67
　　　　2.1. 결정적 시기 가설 ──────────── 69
　　　　2.2. 중간언어와 오류 ──────────── 70
　　3. Krashen의 '자연적 접근법' ──────────── 72
　　　　3.1. 습득/학습 가설(The Acquisition-Learning Hypothesis) ──────────── 72
　　　　3.2. 모니터 가설(The Monitor Hypothesis) ──────────── 73
　　　　3.3. 자연적 순서 가설(The Natural Order Hypothesis) ──────────── 73
　　　　3.4. 입력 가설(The Input Hypothesis) ──────────── 74
　　　　3.5. 정의적(감성적) 여과장치 가설(The Affective Hypothesis) ──────────── 74
　　4. Micheal Long의 상호작용가설 ──────────── 75
　　5. 기능주의적 접근법 ──────────── 77
　　6. 구성주의적 접근법 ──────────── 77
　　　　　　　　　　　　　　　더 생각해 보기__79

제4장 말하기 교수법 · 81

    1. 제2언어 교수법과 말하기 교육 —————————————————— 81

        1.1. 문법 번역식 교수법과 말하기 교육 —————————————— 82

        1.2. 직접식 교수법과 말하기 교육 ——————————————————— 83

        1.3. 청화식 교수법과 말하기 교육 ——————————————————— 84

        1.4. 의사소통적 접근 방법과 말하기 교육 ——————————— 85

        1.5. 과제 중심 교수법과 말하기 교육 ———————————————— 88

    2. 아동을 위한 활동 중심 말하기 교수법 ——————————— 89

        2.1. 과제 중심 교수법 ——————————————————————————— 90

        2.2. 게임 활동 ————————————————————————————————— 92

        2.3. 협동 학습 ————————————————————————————————— 93

    3. 이주 여성을 대상으로 한 스토리텔링 교수법 ——————— 94

    4. 말하기 교육과 새로운 첨단 기술 ——————————————————— 96

        4.1. 모바일 기반 수업 ——————————————————————————— 96

        4.2. 애플리케이션을 통한 말하기 교수-학습 ———————— 100

        더 생각해 보기__105

제5장 말하기 활동(1) · 107

    1. 드릴 ——————————————————————————————————————— 109

        1.1. 드릴의 개념 ———————————————————————————————— 109

        1.2. 드릴의 특징 ———————————————————————————————— 110

        1.3. 드릴의 유형과 교육 방법 ———————————————————— 111

    2. 대화 ——————————————————————————————————————— 114

        2.1. 대화의 개념 ———————————————————————————————— 114

        2.2. 대화의 특징 ———————————————————————————————— 114

        2.3. 대화의 유형 ———————————————————————————————— 116

        2.4. 교육 내용과 방법 ——————————————————————————— 117

3. 역할극 ————————————————————————— 123
    3.1. 역할극의 개념 ————————————————— 123
    3.2. 역할극의 특징 ————————————————— 124
    3.3. 역할극의 유형 ————————————————— 126
    3.4. 교육 내용과 방법 ————————————————— 126
               더 생각해 보기__131

제6장 말하기 활동(2) · 133

1. 토론 ————————————————————————— 133
    1.1. 토론의 개념과 목적 ————————————————— 133
    1.2. 토론의 특징 ————————————————— 134
    1.3. 토론의 주요 규칙과 요소 ————————————— 135
    1.4. 교육 내용과 방법 ————————————————— 136
2. 발표(Presentation) ————————————————— 145
    2.1. 발표의 개념 ————————————————— 145
    2.2. 발표의 특징 ————————————————— 146
    2.3. 교육 내용과 방법 ————————————————— 148
               더 생각해 보기__157

제7장 말하기 교육의 실제 · 159

1. 교사의 역할 ————————————————————— 159
2. 말하기 수업의 진행 방식 ————————————————— 161
    2.1. 말하기 활동의 상호 대응 방식 ————————————— 161
    2.2. 모둠 활동 ————————————————— 162
3. 숙달도별 교안 작성 사례 ————————————————— 164
    3.1. 초급 ————————————————————— 164
    3.2. 중급 ————————————————————— 177
    3.3. 고급 ————————————————————— 181
4. 말하기 오류와 교사의 피드백 ————————————————— 190
    4.1. 오류의 정의와 유형 ————————————————— 190
    4.2. 오류 수정 방법 ————————————————— 190
               더 생각해 보기__193

제8장 말하기 평가 · 195

    1. 말하기 평가의 목적 ——————————————— 195

    2. 말하기 평가의 목표와 범주 —————————————— 196

        2.1. 숙달도에 따른 말하기 평가 목표 ———————— 196

        2.2. 말하기 평가 범주 ——————————————— 196

    3. 말하기 평가의 문항 유형 ——————————————— 198

    4. 한국어 말하기 평가의 등급 기술 ———————————— 199

    5. 말하기 평가의 유형에 따른 구인 ———————————— 200

             더 생각해 보기__202

제9장 외국의 말하기 표준화 시험 · 203

    <영어 말하기 숙달도 평가>

    1. ACTFL OPIc(Oral Proficiency Interview – Computer) ——— 204

        1.1. 소개 ————————————————————— 204

        1.2. 평가 체계 —————————————————— 205

        1.3. 평가 등급 —————————————————— 212

    2. TOEIC Speaking ——————————————————— 214

        2.1. 소개 ————————————————————— 214

        2.2. 평가 체계 —————————————————— 215

        2.3. 평가 등급 —————————————————— 220

    <중국어 말하기 숙달도 평가>

    1. HSKK ———————————————————————— 222

        1.1. 소개 ————————————————————— 222

        1.2. 평가 문항 유형 ———————————————— 222

    2. BCT ————————————————————————— 228

        2.1. 소개 ————————————————————— 228

        2.2. 평가 체계 —————————————————— 228

        2.3. 평가 등급 —————————————————— 232

\<프랑스어 말하기 숙달도 평가\>

1. DELF-DALF ————————————————— 234
   1.1. 소개 ————————————————————— 234
   1.2. 평가 문항 유형 ————————————————— 234
   1.3. 평가 등급 ———————————————————— 240

\<독일어 말하기 숙달도 평가\>

1. TestDaF ——————————————————— 242
   1.1. 소개 ————————————————————— 242
   1.2. 평가 문항 유형 ————————————————— 242
   1.3. 평가 등급 ———————————————————— 246

더 생각해 보기__247

참고문헌 249

찾아보기 267

제1장 말하기와 말하기 교육

　사람은 겉모습만 보고 제대로 알기가 어렵다. 외모나 표정에서 풍겨 나오는 이미지로 그 사람에 대해 추측해 보기도 하지만 이야기를 몇 마디 나눠 봄으로써 비로소 처음에 가졌던 인상이 바뀌게 되는 경우도 많이 있다.

　그 사람이 쓰는 어휘들은 어떠한지, 문장은 이해할 수 있고 논리적인지, 음성은 어떤 느낌을 주는지, 온화한지 날카로운지 등과 같이 말을 통해 사람에 대해 좀 더 잘 이해할 수 있다. 사람은 언어를 부려 쓰는 주체이지만 사실상 말은 말하는 사람과 떼어놓을 수 없는 동질성을 가지며 자아를 세상에 투영하는 가장 기본적인 방식이 된다. 말을 나눠 봄으로써 그 사람이 어떤 성격인지, 어떤 생각을 가지고 있는지, 지식은 얼마나 가지고 있는지까지도 어느 정도 가늠해 볼 수 있는 것이다. 그렇기 때문에 화자의 입장에서는 말로써 자신을 잘 드러내고 표현하는 것이 대단히 어려우면서도 중요한 일이기도 하다. 사회 속에서 다른 사람들과 소통하며 살아가야 하기 때문에 사람들은 말을 잘하고 싶어 하고 말을 잘하는 것을 목표로 삼고 훈련하기도 한다.

　이처럼 모국어 화자에게도 효과적으로 말하기는 어려운 과제인데 한국어를 외국어나 제2언어로 접하는 학습자들에게는 말하기가 언어 학습의 가장 근본적인 기능이면서 도달하기 어려운 지향점이 되기도 한다. 모국어의 음운 체계와 상이한 방식으로 소리를 만들어내는 것부터 익혀야 하며, 발화된 문장이 문법적이어야 할 뿐만 아니라 상황과 격식에 맞게 말하는 것도 필요하기 때문이다.

1. 말하기에 대한 이해

1.1. 말하기의 본질

말하기 교육과 직접적으로 관련되는 연구 분야는 어느 정도로 넓히거나 제한할 수 있을까?

말하기는 독립된 기능이 아니다. 단지 조음 방법을 알고 문법과 어휘를 연결하는 것만으로 성공적인 화자가 되는 것은 아니다. 말하기에는 여러 요소들이 복합적이고 중첩적으로 작용하기 때문이다. 이는 말하기의 본질을 파악하고 말하기를 효과적으로 교육하는 데에 어려움으로 작용한다.

말하기에는 언어적인 지식 이상의 더 많은 측면들, 즉 목표어의 언어 공동체가 공유하고 있는 관습과 문화, 행위 규범, 언어 예절과 같은 다양한 사회 문화적 요소가 관여한다. 이러한 요인들이 작용하여 상황 맥락에 따라 혹은 대화 상대자에 따라 똑같은 의미의 말도 다양하게 표현될 수 있는 것이다.

Hughes(2012/2019 : 38-40)에서는 모국어 습득 측면에서 보았을 때 구어가 우선적이기 때문에 언어학에서는 '언어'를 습득하는 것과 '말하기'를 습득하는 것이 개념적으로 혼용되어 사용되었음을 밝히고 있다. 하지만 말하기는 단순한 수업의 그릇이나 도구가 아니라 학습자의 언어적 지식의 상태가 형성되고 변화하는 실제적인 수단이다. 언어 교수의 초점이 자발적인 말하기에 있지 않고 언어의 구조와 정확한 발화에 그친다면 진정한 의미의 말하기라고 할 수 없을 것이다.

Widdowson(1972 : 16)에 의하면 의사소통은 본질적으로 사회적인 성격을 띠는 다양한 행동을 수행하기 위해 문장을 만들어낼 때에만 발생한다. 문장을 구성함으로써 의사소통을 하는 것이 아니라, 다양한 종류의 발언을 하고, 묘사하고, 기록하고, 분류하기 위해서, 또는 질문하고, 요청하고, 명령하기 위해서 문장을 사용함으로써 의사소통을 하는 것이다.

화자가 타 언어의 화자로서 능숙하게 의사소통하는 것을 배우기 위해서는 적절하게 말을 하기 위한 언어적 선택 사항들, 즉 문화적, 사회적 요인들을 배우면서 정체성을 변화시키고 확장시켜 나아가야만 한다. 교사들은 적절한 의사소통의 방식으로 이러한 요소들을 함께 통합하여 사용할 수 있도록 함으로써 제2언어 학습자들이 유창한 화자로 성장하도록 도와야 한다.

1.2. 말하기의 산출 과정

말하기의 심리적 과정을 보여주는 단 하나의 확실한 접근법은 존재하지 않지만 언어 교육 분야에서 자주 인용되는 Levelt(1989/2008 : 34-66)의 정보처리적 모형에 의하면 발화 산출 과정은 대체로 화자의 표현 의도를 개념화하는 단계로부터 시작하여 언어 형식 만들기, 조음하기의 계열적 과정을 거친다. 이에 Levelt의 모형에서 화자의 각 단계에서 이루어지는 과정은 다음과 같다.

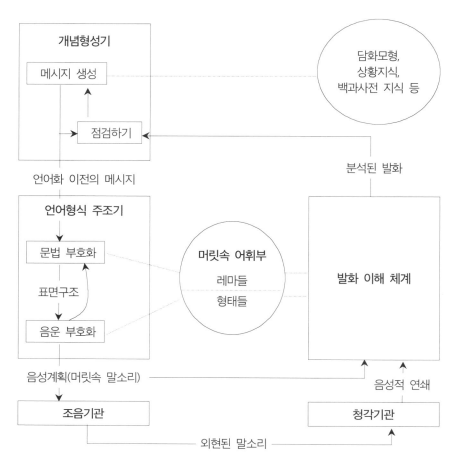

*네모상자는 처리 구성부문을 나타내고, 타원은 지식 창고를 나타냄.

[그림 1] 화자에 대한 청사진(Levelt, 1989/2008 : 34)

1.2.1. 개념 형성하기(conceptualization)

화자는 뭔가를 말함으로써 어떤 목적을 이루고자 하며, 말해진 바로부터 청자가 그 의도를 인식하기를 원한다. 개념화 단계는 화자가 표현하고자 하는 의도를 실현하기 위하여 관련 정보를 선택하고 순서 짓는 일, 담화 상황의 진행에 따라 이전에 무엇이 말해졌는지를 되짚어 보는 일 등을 포함한다. 화자는 이처럼 머릿속에서 '언어화 이전의 메시지'(preverbal message)를 생성하기 위해 담화 모형, 상황 지식, 백과사전적 지식 등을 활용한다.

1.2.2. 언어 형식 주조하기(formulation)

언어의 형식화 단계로, 개념구조를 언어구조로 변환하는 단계이다. 형식화는 두 단계로 진행되는데 첫째는 '문법 부호화'(grammatical encoding) 과정으로 담화, 통사, 단어의 차원에서 발화의 요소들을 선택하고 순서대로 진행되도록 결정하는 것을 의미한다. 둘째는 '음운 부호화'(phonological encoding) 과정으로 발화를 위한 조음 계획을 세우는 것이다. 조음 계획에는 단어의 개별적 소리만이 아닌 강세, 억양 등도 포함한다. 문장 강세와 억양은 새롭고 중요한 정보들을 나타낸다. '문법 부호화'와 '음운 부호화'는 아직 음성으로 실현되기 전에 메시지를 언어적으로 조직하고 적절하게 조음할 수 있도록 계획하는 '내적 발화'를 의미한다.

1.2.3. 조음하기(articulation)

내적으로 형성된 단어는 음성 계획을 실행하기 위해 조음을 필요로 한다. 조음은 음성 기관의 사용을 포함하는데, 폐에서 공기의 흐름을 발생시켜 성대를 통해 발성하며 혀, 치아 그리고 입술의 움직임과 위치에 따라서 말소리가 다르게 형성된다. 모음 소리는 혀의 높낮이와 전후 위치, 입술의 움직임으로 만들어진다. 자음 소리는 공기의 흐름이 방해받는 소리로 입술이나 치아, 코 등에 의해 만들어지고 공기 흐름의 수축으로 파열되거나 마찰되는 소리가 난다.

음성 기관의 사용은 때로는 이웃한 근육들의 협동적인 움직임을 수반한다. 가령 화자가 음식물을 먹느라 특정 근육들이 그 움직임을 방해받는다면, 이웃한 근육들이 대신 운동함으로써, 대체로 동일한 조음 목표가 달성될 것이다.

또한 소리들은 많은 발성 기관들로 인해 동시에 발생하므로, 하나의 조음은 이웃 소리들의 조음에 영향을 미친다. 이런 방법으로 유창한 말이라는 것은 다른 소리들과 함께 어우러지거나 탈락되기도 한다. 때로는 아주 빠르게 말할 때, 이웃한 단어들의 방해로 인해 발음이 미끄러질 때도 있다. 이러한 조음 과정은 소리의 크기, 높낮이, 속도, 휴지 등으로 지속적으로 변화되고 의미를 지닌 단어 형태들이 되며, 단어들은 의미를 지닌 발화가 되는 것이다.

1.2.4. 스스로 점검하기

화자의 내적 발화와 외적 발화는 모두 '발화 이해 체계'(Speech-Comprehension System)에 의해서 분석된다. 이는 스스로 '듣는 것'(Audition)을 의미하며 화자는 스스로 자신의 발화를 듣고 산출 내용을 점검할 수 있다. 이때 의미 오류뿐만 아니라 언어의 적격한 형태에 대해서도 점검이 이루어진다. 또한 담화의 현재 상태 및 대화 상대방들과 공유된 지식의 관점에서, 화자는 메시지가 의도된 효과를 지닐 것인지 여부를 살펴보면서, '언어형식 주조기'로 보내어지기 '이전에' 그 메시지를 수정한다.

언어 형식 주조 단계에서 자기 모니터링을 수행하면 속도가 느려지거나, 일시 중지되고 발화를 되짚어 보거나 뜻을 더 분명히 하기 위해 고쳐서 말할 수 있다. 발음의 자기 모니터링은 잘못된 단어가 튀어나오거나 발음이 잘못되면 유창한 화자라도 고쳐야 하는 수정을 초래하게 된다.

1.3. 산출 과정의 자동성

말하기의 산출 과정, 즉 메시지 생성과 언어 부호화 처리, 조음의 각 단계는 화자가 의식을 기울여 제어하는 부분이 있는가 하면, 별로 힘들이지 않고 자동적으로 처리되는 부분도 있다.

먼저 개념화 단계에서 화자는 말하기의 의도를 성취하기 위해 담화의 유형, 상황 맥락, 배경지식과 같은 활용 가능한 자원을 동원하여 사고한다. 말하기는 유동적이고 상호작용적인 특징을 갖기 때문에 화자의 의도 역시 대화 상황에 따라 다양한 방향과 방식으로 바뀔 수 있으며, 이때마다 화자는 의도를 표현할 수 있는 새로운 정보들을 찾아내게 된다(Levelt, 1989/2008 : 55). 화자는 이러한 과정들에 주의를 기울이는 동시에 자신의 머릿

속에서 일어나는 사고 과정을 일정 수준 자각할 수 있다. 한편 '스스로 점검하기' 과정 역시 주의를 기울여 처리해야 하는, 즉 화자의 제어가 필요한 과정이다.

이와는 대조적으로 언어 형식 주조하기 단계는 대체로 자동적으로 이루어진다. 장미 꽃을 보고 '장미'라는 낱말을 인출하는 데에 그다지 많은 주의력이 필요하지 않으며 청각 영상을 통해 별 자각 없이 신속하게 발화할 수 있다.

Levelt(1989/2008 : 20)는 발화 산출의 전 과정이 고도로 자동적이고 반사적으로 기능할 때 유창한 발화 산출이 가능하다고 말한다. 대체로 모어 화자의 말하기가 외국인보다 유창한 이유는 발화 산출의 각 단계가 거의 병렬적으로 일어나는 듯이 자동화되었기 때문이다.

한국어의 경우는 대부분의 학습자들에게 낯선 언어이다. 한국어 교실에 들어오기 전 까지 한국어를 익힐 기회를 거의 갖지 못하므로 한국어에 대한 기본적인 지식과 이해가 부족하다. 발화 산출의 유창성을 획득하기까지 발음이나 문법에 대한 연역적 설명이나 통제된 연습과 같은 이해와 규칙의 내재화가 필수적이라 할 수 있다.

한편, Thornbury(2005 : 6)에서는 어느 정도의 유창함을 획득하기 위해서는 어느 정도 의 자동화(automaticity)가 필요하다고 보고, 자동성(Automaticity)은 형식 주조(formulation) 단 계에서 조립식 덩어리(prefabricated chunks)를 사용하여 부분적으로 달성된다고 하였다. 덩어리 표현, 관용어, 연어 등의 사용을 교육하는 것이 유창성과 연결된다는 주장이다. 한국어 학습자들에게도 오류를 줄이고 유창성을 향상시키기 위해 덩어리 표현을 교육하 는 것이 중요하다.

조수진(2013 : 37-39)에서는 말할 내용에 대한 개념화 단계와 언어적인 표현 단계를 구분 하고 있는 Levelt의 정보처리적 모형이 한국어 말하기 교육의 교수 방향을 설정하기에 적합하다고 보았다. 이에 한국어 학습자들도 개념화 단계에서 깊이 있는 사고 활동을 통해 말할 내용을 생성하고 자신이 말할 내용에 대해 점검하는 과정을 거칠 수 있도록 발화 전에 조금 더 생각할 시간을 주는 것이 즉각적인 말하기 반응을 유도하는 방식보다 효과적임을 주장하였다. 또한 형식 주조하기 단계에서도 어휘와 문법의 정확성과 담화 차원의 적절성까지 총체적으로 고려되어야 함을 강조하였다.[1]

1.4. 말하기의 상호작용

발화의 가장 근원적이고 보편적인 무대는 둘 또는 그 이상의 대화 참여자들 사이에 일어나는 자유로운 상호작용 대화이다. 대화란, 맥락 의존적이며 목적 지향적인 활동이다. 대화에 참여하는 화자는, 알맞은 대화 행위를 지배하는 규칙들의 어떤 체계를 준수한다. 대화에서 상호 협동을 지배하는 규칙은 두 종류이다.

1.4.1. 발언기회 배당(allocation of turns)을 위한 규칙

이 규칙은 일반적으로 서로 다른 참여자들이 한꺼번에 동시에 말하는 것을 막아 주고, 모든 사람의 말할 권리를 보장해 주며, 대화에 참여하고 대화에서 빠져나가는 일을 조절한다. 이러한 규칙들은 문법이 아니다. 오히려 대화에서 상호 협동적인 참여자들이 정상적으로 충실히 따르는 행위 원리들을 구체적으로 만들어 놓은 것이다(Levelt, 1989/2008 : 86).

현재의 화자가 다음 화자를 배당하거나 임의의 다른 대화 상대가 다음 발언기회를 스스로 차지할 수 있다. 임의의 대화에서 다른 사람을 참여시키는 가장 분명한 방법은, 현재의 화자가 다음 화자를 지정한다는 점을 이용하는 것이다. Schegloff & Sacks(1973)은 그런 발언의 짝들을 '인접쌍'으로 불렀다. 가장 전형적인 인접쌍은 '질문-대답' 순서 열이며 '인사-인사', '불평-부인', '도전-거부' 등의 사례가 있다. 대화를 열어 나가고 지속해 나가는 데에는 인접쌍 이용보다 더 많은 것들이 있는데 특히 중요한 것이 Yngve(1970)가 말한 '맞장구(backchannel behavior)'이다. 이는 고개를 끄덕이거나, 'hmms[음]' 하고 자주 반응을 해 주는 것과 같이, 현재의 화자에게 그가 계속 말을 지속해 나가야 함을 암시하는 것들이다.

회의나 수업과 같은 맥락에서, 이러한 상호 작용 움직임의 공식적인 신호는 자신의 손을 들어 올리는 것이다. 그러나 친구 간의 대화와 같은 일상적인 대화에서는 대체로

---

1   위의 1.2.절과 1.3.절이 '정보처리기'로서의 화자에 대한 내용이라면 다음 1.4.절은 '대화 참여자'로서의 화자에 대한 것이다.

담화 표지를 사용함으로써 대화 의도에 대한 신호를 보낼 수 있다. 담화 표지는 자동차의 표시등이 무엇을 의도하는지 말하기 위한 것과 같다. 그것은 다른 화자들이 말하는 이의 의도가 무엇인지 알게 한다(Thornbury, 2005 : 9).[2]

1.4.2. 기여 내용의 성격(character of the contributions)을 지배하는 규칙

이 규칙은 기여 내용이 그 대화에 관련되도록 하며, 참여자들이 그 발화와 맥락으로부터 화자의 의사소통 의도를 추론할 수 있도록 한다. 상호 협동의 가정은 대화에서 참여자 쪽에서 발언 기회를 차지하는 방식뿐만 아니라, 또한 발언 기회가 올 경우 말을 해야 하는 방식에도 적용된다.

수사학의 오랜 역사를 통해 이들 행위의 기준이 계속 논의되어 왔다. 오늘날 화용론의 논의에 이런 개념을 재도입한 사람이 Grice(1975)이다.

협동의 원리(cooperation principle)는 대화의 가장 기본적인 전제인 상호성에서 기인되는 것으로, 사람들이 대화를 할 때는 반드시 지금 하는 말이 대화의 흐름과 목적에 합치되도록 말을 한다는 것이다.

Grice(1975)에 따르면, 대화에서 참여자들이 상호간에 그들의 기여가 이런 원리에 의해서 지배되는 것으로 가정한다. Grice는 이 원리의 특정한 구현 내용인 네 가지 묶음의 대화 규범을 제시하였다.[3]

---

2 Thornbury(2005 : 9)에서는 영어 화자들의 Turn-taking을 위한 일반적인 담화 표시로 아래와 같은 표지들을 들고 있다.
    that reminds me (= I'm continuing the same topic)
    by the way (= I'm indicating a topic change)
    well anyway (= I'm returning to the topic)
    like I say (= I'm repeating what I said before)
    yes, but (=I'm indicating a difference of opinion)
    yes no I know (=I'm indicating agreement with a negative idea)
    uh-huh (=I'm listening)

3 1974년 한 논문에서 maxim을 격률(格律)이라고 소개한 이후 지금까지 학계에서도 이 용어를 사용하고 있지만 의미를 알기 어려워 Levelt(1989/2008 : 91)에서의 논의를 빌어 '대화 규범'이라는 용어를 사용하였다.

① 양의 규범
- 필요한 양만큼의 정보를 전달하도록 기여할 것.
- 요구되는 것 이상으로 많은 정보성을 가지게 하지 말 것.
② 질의 규범
- 거짓이라고 생각하는 것은 말하지 말 것.
- 타당한 증거가 결여되었다고 생각하는 것은 말하지 말 것.
③ 관련성의 규범
- 진행 중인 이야기 주제에 관련이 있거나, 목적을 달성하기 위하여 적합한 말을 할 것.
④ 방식의 규범
- 분명치 않은 표현을 피할 것.
- 중의적인 표현을 피할 것.
- 간략히 할 것.
- 순서대로 할 것.

Grice(1975)는 과장법 및 은유법과 같이 말하기의 다른 특징들도 또한 대화 규범들을 위배하여 이용하는 데에서 나온다고 시사하였다. 문화마다 더 특징적인 대화 규범들이 존재한다. 이 규범들을 충실히 따름으로써, 화자는 축자적으로 발화하지 않은 의도를 전달할 수 있다. 또한 의사소통에서 특별한 극적 효과를 만들어 내기 위하여 화자들은 정상적인 행위 규칙들의 위배를 이용한다. 이 모든 것은 대화 참여자들이 상호 협동적이기를 요구하며, 관련 정보와 관련 맥락 정보를 공유하기를 요구한다.

2. 말하기의 특성

2.1. 말하기의 개념과 특성

말을 한다는 것은 혼잣말이 아니라면 기본적으로 누군가가 듣고 있다는 것을 전제로 한다. 발표나 연설과 같은 일방향적인 말하기 장면도 있고, 대화나 면접과 같이 말하고 듣고 주고받는 장면도 있다.

강승혜 외(2006 : 161)에서는 말하기의 개념을 '상대방의 말을 듣고 판단하여 자신의 의도에 맞게 언어적 또는 비언어적으로 의사소통하는 상호작용/양방향 활동'이라 정의하였다. 혼자서 아무리 준비를 잘 했어도 상대방과 의사소통이 제대로 이루어지지 않았다면 성공적인 말하기라 할 수 없다. 상호작용으로서의 말하기는 듣기와의 연계를 극대화해야 한다. 실제로 말하기 평가표에도 상호작용과 관련한 항목이 포함된다. 인터뷰 평가의 경우 '주어진 질문을 이해하고 적절하게 반응하는가?', 역할극의 경우에는 '두 사람이 대화 상황에 맞게 상호작용을 하는가?'와 같은 의사소통능력 항목이 들어간다. 그리고 전은주(1999 : 57)에서는 말하기와 듣기는 단순한 상호작용의 의미가 아니라 그 이상의 의미로 의사소통 체계 각 부분이 상호 의존되어 있고 또 완전한 상호 인과관계에 놓여 있기 때문에 상호 교섭적(transactional)이라고 보는 것이 더 합당하다고 하였다.

말을 한다는 것은 의사소통을 위한 중요한 수단이 되는 행위로 화자는 청자에게 어떤 영향을 미치기 위하여 말을 하게 된다. 그러므로 화자는 청자의 지적 상태를 변화시키기 위하여 어떤 일을 주장하기도 하며, 어떤 정보를 제공받기 위하여 질문을 하기도 하고, 어떤 일을 해 주도록 요청하기도 한다. 이러한 말하기의 여러 가지 특성은 실제로 발화를 생성해 내는 과정에서 중요한 역할을 하게 된다(박영목 외 2003 : 169).

말하기는 철저하게 대인 간 기능을 수행하는 형식으로, 이 형식은 그 생산 방식으로 인해 장점과 단점을 가지고 있다. 음성언어는 청각의 감각기관을 수단으로 하며 시간과 공간적으로 제한을 받지만, 문자언어는 시각적인 수단에 의한 것으로 시·공간의 제한을 받지 않는다. 또한 음성언어는 화자의 발화에 직접적인 반응으로 동적인 특성으로 나타나지만, 문자언어는 간접적인 반응으로 정적인 특성을 갖는다. 문어 형식은 가시적 형태를 지니며 지속적으로 유지되는 특성이 있어서 기록 보관이나 법률적 과제(legal tasks)와 같이 사회에서 논리적이고 계약을 가능하도록 하는 기능을 지니는 반면에, 구어 형식은 발화가 생산되는 시간과 공간에 필수적으로 더 의존하기 때문에 더욱더 비공식적이고 수사학적인 과제에서 사용된다. 1970년대에 이르러 독서 효율성을 내세워 음성언어보다 문자언어가 더 중요하다는 Vacheck(1973)의 이론이 있었지만, 어느 것이 더 중요하다고 단정 지을 수는 없다. 다만, 분명한 것은 인간은 글보다는 말을 먼저 배운다는 사실이다 (박덕유 2003 : 38, Hughes 2012/2019 : 40).

2.2. 말하기를 어렵게 만드는 요인[4]

다음에 제시하는 음성언어의 특징은 말하기를 어렵게 만들 수도 있지만 경우에 따라서는 쉽게 만들 수도 있는 요인들이다.

2.2.1. 무리 짓기

유창한 표현은 단어가 아니라 구 단위로 이루어진다. 학습자는 자신의 발화를 인지적으로, 물리적으로(호흡 단위로) 무리 짓기를 활용하여 조직할 수 있다.

말하기와 쓰기의 가장 큰 차이점 중에 하나는 화자들이 보통 문장으로 말하지 않는다는 것이다. 문장이 아니라 '생각 단위(idea unit)'로 이루어진다. 이는 화자가 청자 쪽에서 이해할 필요가 있는 생각들을 실시간으로 말하기 때문이다. 보통은 단어가 아니라 구나 절의 형태로 이어진다. 생각 단위의 앞뒤로 pause(멈춤)나 주저하는 표지를 통해 경계가 표시된다.

2.2.2. 잉여성

화자는 잉여적 표현을 통해 의미를 분명하게 할 수 있다. 학습자들은 음성언어의 이러한 특성을 잘 활용할 수 있다.

우리가 발화하는 모든 문장이 새로운 정보를 담고 있는 것은 아니다. 오히려 반복함으로써 화자에게 생각할 수 있는 시간적 여유를 주고, 반복하기, 부연 설명하기 등을 통해 의미를 더 명확하게 전달한다.

---

4   Brown(2007/2012 : 377-378)의 내용을 인용하여 해석을 덧붙임.

2.2.3. 축약형

축약형이나 모음 탈락, 모음 약화와 같은 현상은 모두 말하기를 지도하는 데 특별한 문제를 야기한다. 음성언어의 축약형을 배우지 않은 학생들은 가끔 과장되고 교과서적인 어투를 갖게 되고 그 결과 불명예스러운 오명을 얻게 된다.

'언어 경제성'의 원리에 의하면 최소의 노력으로 최대의 효과를 얻으려는 건 인간의 본성이라고도 할 수 있다. 축약형 표현을 통해 화자는 짧고 간결하게 자신의 의사를 전달할 수 있다. 축약에는 음성, 어형적 축약뿐만 아니라 구조적으로 반복되는 부분을 생략하는 통사적 축약이나 주변의 맥락적인 상황까지 고려하는 화용적 축약도 있다.

2.2.4. 수행 변인

말을 하면서 화자가 누릴 수 있는 특권 중의 하나는, 말하는 동안 머릿속에서 생각하면서 주저하거나, 잠시 쉬거나, 했던 말을 되짚어 보며, 수정을 할 수 있다는 점이다. 실제로 학습자들은 쉬거나 주저하는 방법에 대해 배울 수도 있다. 예를 들어, 영어의 경우 '생각하는 시간'에도 우리는 조용히 있는 것이 아니라 'uh, um, well, you know, I mean, like' 등과 같은 '채움 말(filler)'을 끼워 넣는다.

간투사는 전략이면서 동시에 간섭 요인으로 작용하기도 한다. 화자가 자신의 생각을 정리하고 좀 더 적당한 표현을 찾기 위한 전략이지만 청자의 집중력을 분산시키는 요인이 되기도 한다.

2.2.5. 구어체

교사는 학생들에게 구어체의 어휘와 관용적 표현, 구를 지도해야 하며, 이러한 형태들을 표현할 수 있도록 연습시켜야 한다.

2.2.6. 발화 속도

유창성의 특성 가운데 또 하나 현저하게 드러나는 것이 발화 속도이다. 음성언어 지도에서 교사는 학습자들이 유창성을 구성하는 다른 요소들과 함께 적절한 속도를 기를 수 있도록 도와주어야 한다.

2.2.7. 강세와 리듬, 억양

강세와 리듬, 억양은 의미를 전달하는 데 중요한 요소가 된다. 음성언어 지도에서 적절한 억양이나 어조로 의미를 전달할 수 있도록 연습시켜야 한다.

2.2.8. 상호작용

진공 상태에서 -대화자 없이- 혼자서 일정한 음파 발생을 익히는 것은 말하기에 있어 가장 풍성한 요소라 할 수 있는 창조적 의미협상을 배제하는 것이다.

대화란 둘 이상의 사람이 의미 협상에 참여하는 협동적 과정이다. 대화 상황에서 상호작용적 특성 때문에 무엇을 말할지보다 '언제, 어떻게' 말할 것인지를 더 중요하게 여긴다.

3. 한국어 교육 대상과 말하기 학습 목적

한국어 교육은 세계 각국에서 다양한 목적과 형태로 이루어지고 있다. '국어'라는 명칭은 '한 나라의 국민이 쓰는 말'로 국내에 거주하는 한국인을 위한 대내적인 용어라면, '한국어'는 대외적인 명칭으로 국어가 모어가 아닌 학습자들을 대상으로 한국어를 가르치는 용어이다. 이에 외국어로서의 한국어 교육으로 통칭한다. 한국어 교육의 대상은 기본적으로 외국인이나 재외 동포를 상정할 수 있을 것이나 최근에는 국제결혼으로 형성된 다문화 가족이나 북한이탈주민과 그들의 자녀들, 직장이나 유학을 목적으로 한국어를 배우는 학습자들, 한류의 영향으로 한국 문화에 대한 관심으로 한국어를 배우는 해외의 학습자들까지 한국어 교육의 저변이 폭넓게 확대되고 있다. 따라서 이들에게 보다 효과적인 한국어 교육을 제공하기 위하여 한국어 교육의 대상이 누구인지 그리고 그들의 요구와 특징은 무엇인지를 파악하는 일은 매우 중요하다고 할 수 있다.

Thornbury(2005 : 112)에서는 언어 교육과정을 계획하고 실행하는 데 있어 각 영역의 상대적인 중요도는 학습자의 필요에 따라 크게 달라진다고 하였다.

교육과정 속의 말하기

ESL(English as a second language, 제2언어로서의 영어) 맥락에서 공부하는 학습자들은 말하기 능력을 가능한 한 빨리 증진시키고 싶은 동기가 높을 것이고, EFL(English as a foreign language, 외국어로서의 영어) 맥락에서 그리고 그들 자신의 문화 속에서 배우는 학습자들은 장기적으로는 말하기가 중요할 수 있지만 그렇게 절박하지는 않을 것이다. 학문 목적에 더 가까운 학습자들은 말하기보다는 쓰기에 집중할지도 모른다. 영어를 인터내셔널 언어(EIL : English as an international language, 국제어)로서 배우며 주로 다른 비모국어 화자와 대화해야 하는 학습자들은 발음과 관련해서는 정확성보다는 이해가능성(intelligibility)을 우선시할 것이다. 비즈니스맨에게 요구되는 말하기 기술은 장르와 사용역의 더 폭넓은 다양성을 만족해야 한다는 점에서 여행자에게 필요한 말하기 기술과는 현저히 다를 것이다.

— Thornbury(2005 : 112-113)

본 장에서는 한국어 교육의 다양한 학습자 집단에 대한 요구 조사를 종합해 고찰하였다. 일부 연구는 표본이 적어서 일반화하기는 어렵지만 각 대상이 지닌 특징과 한국어 교육에의 시사점을 도출해 낼 수 있을 것이다.

3.1. 일반 목적 학습자

어떤 유형의 학습자이든지 한국어 학습의 입문부터 일정 단계에 이르기까지는 일상생활에서 필요한 순수 어학 목적의 한국어를 학습하게 된다. 이처럼 기본적인 의사소통으로서의 한국어를 일반 목적 한국어라 칭하는데 2000년대 이후 한류 열풍의 영향으로 국내외의 한국어 교육기관뿐만 아니라 온라인 매체[5]에서도 일반 목적의 한국어 교육을 제공하고 있다. 일반적으로 한국어교육기관의 정규 과정 역시 일반 목적의 한국어 학습자를 대상으로 개설된 것이라 볼 수 있다.

일반 목적의 한국어 교육은 학습자의 개인적인 가치를 실현하는 과정에서 필요한 한국어 능력과 관련되는 것이라 할 수 있다. 조수진(2013 : 87)에서는 일반 목적의 한국어와 특수 목적의 한국어가 서로 다른 측면에 초점을 맞추고 있기는 하지만 이들이 이분법적으로 나뉘는 것은 아니므로 특수 목적의 한국어와 공통 부분을 가지면서 학습자 개개인의 일상적인 의사소통에 초점을 맞춘 것이어야 함을 밝히고 있다.

Nunan(1988/2003 : 99-102)에서는 학교 수준에서 개발된 교육과정으로 일반적인 의사소통 중심의 목적을 제시하였다.[6] 이는 제2언어와 외국어로 영어를 배우는 학생들을 위한 것으로 교수요목 설계자, 경험이 많은 교사들, 교육 전문가들로부터 얻어낸 것이다.

일반적인 의사소통 중심의 목적

① 다른 사람들과 공동 활동을 추구하는 것과 관련된 대화에 참석한다.
② 대화 또는 통신을 이용해서 물건과 서비스를 받는다.
③ 정보, 생각, 의견, 태도, 감정, 경험, 계획을 교환함으로써 관계를 이루고 유지한다.
④ 사회적 합의를 하고, 문제를 해결하여 함께 결론에 이른다.
⑤ 관심 있는 화제를 토론한다.
⑥ 주어진 목적에 맞는 자세한 정보를 찾고, 그것을 처리하고, 그것을 어떤 방식으로 이용한다.
⑦ 정보를 듣거나 읽고, 그것을 처리하고, 그것을 어떤 방식으로 이용한다.
⑧ 개인의 경험에 기초하여 구어 형태나 문어 형태를 사용하여 정보를 준다.
⑨ 이야기, 시, 연극, 영화 등등을 듣고, 읽고, 보고 난 후 개인적으로 어떤 방식이든 그것에 반응한다.

— Nunan(1988/2003 : 99-102)

---

5   공공기관, 교육기관, 비영리단체, 기업/사설학원, 개인 등 다양한 주체에서 한국어 교육 웹사이트를 운영하고 있다(구체적인 정보는 '차은정(2018 : 10), 「온라인 한국어 학습 사이트의 문법 항목 분석 연구」'를 참고하기 바람).

6   오스트레일리아 언어수준(ALL) 프로젝트로부터 발췌 및 수정되었다.

일반 목적 한국어 말하기 교육에서 다양한 구어 유형을 활용할 수 있으나 가장 주된 구어 유형은 '대화'이다. Brown(1994 : 377)에 의하면 초급에서 중급 학생들이 하는 음성언어의 표현활동이 대부분 회화나 대화 형태이며 이는 사교적 대화와 정보 교류적 대화로 나뉜다고 하였다. 조수진(2013 : 91-92)에서는 공식적인 말하기는 특수 목적의 한국어에 더 가깝기 때문에 일반 목적 말하기의 범위를 '비공식적 말하기'로 규정하고 있으며, 이 중 '독백'에 대해서는 특별한 담화 유형을 설정하지 못하므로 일반 목적 말하기 교수에서 다루어야 할 부분은 '상대와 말하기'로 좁혀야 한다고 주장하였다. 노은희(1999 : 120)에서는 대화의 가치에 대해 ① 대화는 인간 언어 활동의 대부분을 차지하고, ② 대화는 인간 언어 활동의 기초이며, ③ 대화는 개인 간에 수행되는 언어 활동의 전형이라고 하였다.

이처럼 연구자들이 일반 목적 한국어 말하기 교육에서 '대화'의 중요성을 역설하지만 학습자의 요구와 목적에 따라 좀 더 다양하고 심화된 교육 내용을 제공할 필요가 있다.

정미지(2016)에서는 서울 시내 대학 부설 한국어 교육 기관 2곳의 고급 학습자 42명을 대상으로 요구 조사를 실시하였다. 일반 목적 학습자들인 만큼 한국어 학습 시작의 동기를 묻는 설문에 한국 문화 콘텐츠를 비롯한 한국 문화에 대한 관심이 가장 높게 나타났다. 하지만 향후에 한국에서 취직하거나 자국에 있는 한국 회사에 취업하고 싶은 욕구가 있는지 묻는 설문에서는 대다수의 응답자(86%)가 그렇다고 답했는데 한국어 숙달도가 높아지면서 취업과 같은 특수 목적의 한국어와 연결될 수 있음을 알 수 있다.

또한 정미지·김은주(2015)의 연구에서는 고급으로 갈수록 어휘, 관용표현, 속담, 신조어 등 표현을 상황에 맞게 쓰는 연습, 격식, 비격식어를 구별해서 쓰는 연습, 말하는 사람의 감정, 의도에 맞게 표현하는 연습, 문장을 연결하여 길게 말하는 연습과 같이 사회문화적 능력에 대한 요구가 상대적으로 높게 나타났다.

3.2. 학문 목적 학습자

학문 목적 한국어 학습자란 한국의 학문 공동체에 정식으로 편입되어 학위 과정을 밟는 유학생을 의미한다.[7] 학문 목적 학습자들은 한국어 모어 화자와 함께 생활하고 교육 받으면서 경쟁할 것이므로 한국 사회와 강한 결속력을 가지게 되며 이들에게 있어서 한국어는 외국어가 아닌 '제2언어[8]'로서 기능하게 된다(이혜경 2016 : 1). 단순히 의사소통상의 유창성만을 담보로 한국어를 교육해서는 이들이 한국의 학문 사회에 적응하고 학문 공동체의 일원으로서 기능하는 데에 한계가 있을 수밖에 없으므로 최대한 모어 화자와 비슷한 수준의 문식력을 계발시키는 것이 필요하다. 학문 목적 학습자들은 한국 사람이라면 누구나 공유하고 있을 법한 지식이나 정보를 그들도 똑같이 알고 싶어 하며 그러한 지식에는 언어적인 것뿐만 아니라 사회·문화적 배경을 전제로 하는 내용도 포함된다.

홍은실 외(2016 : 218)에서는 유학생 299명을 대상으로 입학 당시와 1년 후의 말하기 능력에 대한 인식 변화에 대해 설문하였다. 한국어 수준이 높을수록, 그리고 한국어 학습 기간이 길수록 말하기 영역에서 사회문화적 적절성, 조직에 대한 인식이 높아지는 것을 확인할 수 있다. 또한 학문 목적 말하기와 일상생활에서의 말하기 능력이 다른지에 대해 물었을 때 73%의 응답자가 '그렇다(매우 그렇다/약간 그렇다)'고 응답했다. 한국 대학의 수업 진행 방식은 발표(개인 발표, 팀 발표), 토론, 토의 등 학생들의 참여를 요구하는 경우가 많으며 이러한 과정에서 학습자들은 다양한 매체를 통해 정보를 습득하고 자신의 의사를 표현해 낸다(이혜경 2016 : 1-2). 하지만 이러한 수업 방식에 익숙하지 않은 외국인 유학생들은 자신의 의사와 지식을 표현해 내는 데 어려움을 겪는 것으로 보인다.

박선옥(2009)에서는 유학생 41명을 대상으로 말하기 활동에서 겪는 어려움에 대해 설문하였는데 학문적 말하기 활동인 발표, 세미나에서 질문이나 의견 말하기, 시사적 주제

---

7   2018년 통계청의 발표 자료에 의하면, 국내 학위 과정(학사, 석사, 박사) 재학 유학생은 8만 6천여 명으로, 약 20년 전인 2001년의 4천여 명에 비해 20배 이상 증가한 것으로 나타났다.

8   제2언어로서의 한국어(Korean as a Second Language : 이하 KSL) 교육은 한국어가 주류 언어인 공간에서 이루어지며, 학습자의 사회 생활 언어이자 교육에서의 매개어이기도 하다. 따라서 KSL 교육은 한국에서 생활하는 데 필요한 의사소통 능력을 중심으로 한국의 사회와 문화, 전통 등을 이해하고 학습자 자신의 언어와 문화를 유지할 수 있는 능력을 기르는 데 중점을 둔다(전은주, 2008 : 637-640).

대화, 토론 순으로 응답하였다. 학문적 말하기 활동 중에서도 '발표'는 대화 상대자가 없이 혼자서 말하기를 지속해야 하고 공적인 말하기로서 격식을 갖추어야 하므로 발표에 대해 학습한 적이 없거나 발표 경험이 많지 않은 유학생들에게 어렵게 인식된다.

이지용(2018 : 307)에서는 아카데믹 한국어를 수강하는 유학생 39명을 대상으로 자신에게 필요한 한국어 학습 영역과 가장 공부하기 힘든 영역을 설문한 결과 모두 말하기 영역이 가장 높게 응답됐다. 이훈호·신카 조피아(2015 : 125-126)에서는 정부초청외국인 장학생 중 석사 과정생 30명을 대상으로 설문하였는데 중요한 언어 기능을 묻는 질문에 말하기, 쓰기와 같은 표현 영역이 중요하다고 인식하고 있었으며 말하기의 중요성을 가장 크게 인식하고 있었다.

한편, 학문 목적 학습자들의 언어 전반에 대한 인식 연구에서는 '쓰기'에 대한 어려움도 높게 나타났다. Li qian(2017)에 의하면 중국인 학문 목적 한국어 학습자들이 겪는 언어적 어려움 중에서도 가장 문제가 되는 것은 학술적 글쓰기이며 학습자들은 쓰기의 내용 구성과 어휘 구사를 특히 어려워하는 것으로 나타났다. 이수정(2011)에서도 보고서와 같은 학술적 글쓰기의 장르와 형식에 대해 교육이 필요함을 제기하였다.

3.3. 직업 목적 학습자

직업 목적의 한국어는 일반적으로 일상생활에서 사용하는 한국어를 포함하면서 특정한 상황이나 전문 분야에서 사용하는 한국어이다.

유수정(2008 : 450)에서는 경희대학교 국제교육원에 위탁, 연계 프로그램을 수강 중인 외국인 직장인 83명을 대상으로 요구 조사를 실시했는데 직장에서 자주 사용하는 언어 기능으로는 듣기, 말하기, 읽기, 쓰기 순으로 나타나 문어보다 구어 기능을 자주 사용함을 알 수 있었다. 직장 내 언어맥락과 상황맥락에 대한 설문에서는 가장 빈번한 직장 내 의사소통 상황으로 직장 동료들과의 대화나 전화 업무를 꼽았으며 그 내용은 일상대화, 업무 상담, 요청, 의견 제안이나 거부, 한국인과 한국문화, 감정 표현 순으로 나타났다.

베트남에서 한국 기업에 취업하고자 하는 수요가 높아지는 만큼 베트남 소재 대학에서 한국어를 (부)전공하거나 사설학원 등에서 한국어를 공부한 '직업 목적 학습자'들과 새내기 직장인들을 대상으로 하는 연구도 이루어졌다. 김종숙(2017 : 114)에서는 베트남의 직업 목적 학습자 210명의 설문지를 분석하였는데 한국어 전공을 선택한 이유에 대해 '취업에 유리하기 때문'이라 응답한 학생이 69%에 달했다. 또한 응답자들은 직업 목적 교육 과정에서 제일 중요한 언어 기능으로 '말하기(34%)'와 '듣기(30%)'를 꼽았다.

동연(2016 : 116)에서는 중국에서 4년제 대학 한국어과를 졸업하고 취직한 졸업생 192명의 설문지를 분석하였다. 졸업생 94%는 직업목적 한국어 교육과정이 중요하다고 응답했다. 졸업생들은 언어 기능의 중요성에 대해 듣기, 말하기, 번역하기, 쓰기, 읽기 순으로 응답했는데 위의 연구들을 종합해 볼 때 직장인들은 주로 한국인들과 한국어로 업무에 관해 소통하는 경우가 빈번하기 때문에 구어 능력이 중요하며, 특히 업무를 배우고 지시 사항을 잘 듣기 위해 청자로서의 역할이 강조됨을 알 수 있다.

한편 이주 노동자의 경우 사무직과는 달리 현장에서 일하기 때문에 필요로 하는 의사 소통 기능이 다르다. 이들은 주로 제조업이나 농축산업 등 단순 기술 직종에서 근무한다는 특징이 있으므로 안전이나 작업 지침과 관련된 실질적인 내용들을 다룰 필요가 있다.

3.4. 결혼 이민자 및 결혼 귀화자

2018년 인구 주택 총조사에 의하면 국내 다문화 가구원이 100만 명을 넘어선 것으로 나타났다. 결혼 이민자(귀화자)와 한국인 배우자 및 그 자녀로 이루어진 다문화 가정은 가정 내·외적으로 발생하는 소통과 적응의 문제를 해결해야 한다는 이중의 부담을 가지고 있다(이은경 2017 : 268).

다문화 가정 구성원 중 결혼 이민자나 귀화자 대상의 한국어 교육은 주로 국공립기관 특히, 다문화 가족지원센터를 중심으로 진행되고 있는데, 무상 교육의 특성상 개별 학습자에 따른 맞춤형 학습이 제공되기 어렵고 한국어 학습 시간이 절대적으로 부족한 실정이다(심은지·유훈식 2019 : 498). 또한 2009년 이후 개설된 사회통합프로그램[9]을 통해 체계적인 한국어 교육을 제공하고 있음에도 시간상, 여건상 이유로 정식 프로그램을 통해

교육을 받지 못하는 경우도 많다.[10]

이상형(2020 : 36-37)에서는 결혼이주여성 72명을 대상으로 설문을 진행하였다. 한국 사회에서의 부적응 요인으로 '문화 차이(45%)', '의식 수준의 차이(22%)'와 같은 문화 관련 요소를 선택한 응답자가 가장 많았다. '한국어 능력 부족(27%)'을 선택한 응답자도 높게 나타났는데 한국어 학습의 장애 요인으로는 시간 부족, 흥미 부족, 교사 부재, 교육 정보 부재 순으로 응답하였다. 가족 간의 부적응 요인에 대한 설문에서는 경제권 갈등, 한국어로 대화하기, 부부 관계, 시부모 공경하기 순으로 응답하였다. 결혼 이주 여성들은 가족 내에서 소통이 원활하지 않아 원만한 관계 유지나 가족 내 지위 문제로 어려움을 겪는 경우가 많은 것으로 보인다.

이정희(2009), 김선정·강현자(2012 : 515)에서는 여성결혼이민자에게 말하기 교육이 강화되어야 하는 이유로 가족이나 주변 인물 등과 일상생활에서 한국어를 구사할 기회가 많고, 특히 구어적 접촉이 빈번함을 언급하고 있다. 김선정(2007 : 430)에서도 여성 결혼이민자에게 가장 시급하고 절실한 것은 가족이나 주변 인물들과 '한국말로 대화하기' 위한 말하기 기능이라 하였다.

한편, 이미혜(2019)에서는 사회통합프로그램 참여자를 대상으로 자신에게 필요한 공부가 무엇인지 설문하였는데 결혼 이민자의 경우 말하기와 듣기에 대한 요구가 가장 높게 나타났으며 발음 연습이 두 번째로 높았다. 이들은 가정이나 사회에서 한국어를 사용하고 있기 때문에 환경적으로 구어에 노출되어 있으나 체계적인 교육을 받지 못해 발음이나 문장의 정확도가 떨어지고 이는 자신감과 같은 정의적인 영역에도 영향을 주는 것으로 보인다.

---

9   이민자가 한국에서 생활하는 데 필요한 한국어와 경제, 사회, 법률 따위의 기본 소양을 체계적으로 익힐 수 있도록 마련한 프로그램으로 법무부에서 정한 기관에서 운영한다(내일신문, 2012년 1월 자).

10   이미혜(2019 : 820)는 사회통합 프로그램 참여자에 대한 조사에서 한국 체류 기간과 학습 단계가 정비례하지 않으며, 국내 체류 기간이 긴 이민자들이 초급 수업을 다수 수강하고 있다고 밝혔다.

3.5. 다문화 배경 자녀

다문화 배경 자녀를 위한 한국어 교육은 학교생활과 일상생활에서 필요한 기본적인 한국어 의사소통 능력뿐만 아니라 여러 교과를 학습하는 데에 필요한 학습 한국어 능력까지도 함께 신장시켜 주어야 한다.

민병곤 외(2016 : 304)는 한국 내에 거주하는 이주민 728명(이주민근로자[11] 246명, 결혼이주민 217명, 이주민자녀 265명)을 대상으로 설문조사를 실시하였다. 설문 참가자 자신의 '한국어 능력 인식'의 경우, 이주민근로자와 결혼이주민은 평균적으로 '조금 부족하다'와 '보통이다' 사이의 수준(각각 2.63, 2.87)[12]으로 자신의 능력을 인식하는 반면, 이주민자녀는 '조금 잘 한다'를 넘는 수준(4.03)의 능력 인식을 보여, 이주민자녀가 다른 두 집단에 비해 전반적으로 높은 능력 인식을 보이는 것으로 나타났다. 미성년인 이주민 자녀의 경우 대다수(93.7%)가 15세 이전에 한국어 학습을 시작한 것으로 나타나 영어권에서 논의되어 온 '결정적 시기 가설'이 한국어 습득에도 적용될 수 있음을 시사하였다. 의사소통 기능별로는 세 집단 모두가 '쓰기'에서 가장 낮은 수준의 능력 인식을 보였으며 그 다음으로 말하기가 낮은 수준을 보였다.

다문화 배경 자녀들은 국내에서 출생한 경우와 해외에서 출생한 경우로 나뉘는데 중도입국 학습자란 외국인 근로자나 국제결혼 가정의 자녀 중에서 외국에서 태어나 성장하다가 중간에 부모를 따라 동반 입국하거나 이미 한국에 살고 있는 부모를 통해 청소년기에 입국한 자녀들을 의미한다(한국어교육학사전, 2014 : 913).

백목원(2014 : 40, 54)에서는 중도입국 학습자들은 한국어를 모르는 상태로 입국하여 학령기의 연령대임에도 불구하고 학습의 기회를 얻지 못하고 있으며, 일상생활에서의 언어소통 문제, 학교 입학의 문제, 학교에서의 학습 문제, 정체성의 혼란 등 어려움을 겪고 있다고 밝혔다. 서울 D 다문화 고등학교 2학년에 재학 중인 2명의 학생을 심층 면담한

11 　이주민 근로자란, 근로 목적으로 한국에 입국하여 거주하는 한국 국적을 취득하지 않은 외국인으로 전체 외국인 주민의 34.9%를 차지한다(민병곤 외, 2016 : 295).

12 　5점 리커트

결과 학습자들은 기본적인 의사소통 능력뿐만 아니라 논리적인 말하기에서 많은 어려움을 느끼고 있는 것으로 드러났다.

3.6. 해외 거주 학습자

해외 거주 학습자는 재외 동포와 그 자녀들, 해외 중고등학교에서 외국어로서의 한국어를 학습하는 청소년들, 대학(원)에서 교양이나 전공과목으로 한국어를 배우는 학생들, 세종학당이나 한글학교 등에서 일반 목적으로 배우는 학습자들로 나눌 수 있으며 학습 목적이나 요구 사항은 학습 기관이나 지역적 특징, 연령 등에 따라 매우 다양하게 나타났다.

박기선(2019 : 130)에서는 일본 지역 17개 한글학교[13] 교사들을 대상으로 학습자들의 한국어 학습 목적에 대해 설문하였다. 50%의 교사들이 '한국인으로서의 정체성을 찾기 위해'라고 응답했으며, 한국, 한국 문화 등에 대한 동경으로(30%), 가족이나 친척과 대화를 하기 위해(20%)가 뒤를 이었다. 이는 일본 지역 한글학교의 주요 학습자들이 어린 학습자들(유치원~초등학생)이기 때문인 것으로 향후 이들이 한민족 정체성뿐만 아니라 거주국과 한민족으로서의 이중 정체성을 바탕으로 세계 시민으로서 기여할 수 있도록 지역적 특수성과 현지화 요구를 반영한 교육이 필요함을 강조하였다. 영어권 국가의 재외 동포를 대상으로 한 김선정(2017)의 연구에서도 성장기의 학습자들이 문화적 소속감이나 정체성에 혼란을 겪을 수 있어 민족 정체성 및 다문화적 감수성을 신장시킬 수 있도록 비교문화적 관점에서 교육할 필요가 있음을 밝혔다.

김중섭(2011)에서는 재외동포의 언어적 특성으로 이미 가정 안에서의 노출로 인해 구어 능력은 향상되어 있으나 정확도가 떨어지기 때문에 말하기의 정확도를 높이는 교육을 강화해야 한다고 주장하였다. 또한 읽기와 쓰기 능력이 상대적으로 취약하므로 이에

---

13   한글학교는 해외에 거주하는 재외 한인을 대상으로 하는 교육 기관으로 정규 교육 기관은 아니지만 접근성이 용이하여 재외 한인 교육의 구심점 역할을 해 오고 있다(한국어교육학사전, 2014 : 866).

대한 교육 방안도 세워야 함을 밝혔다. 재외동포 청소년을 대상으로 요구조사를 진행한 김록희(2013)에서도 응답자들은 가장 어려운 영역으로 '쓰기'를 꼽고 있어 이에 대한 체계적인 교육이 필요함을 알 수 있다.

런던대학교에서의 한국어 교육과정에 대해 소개한 연재훈(2015)에서는 대학의 외국어 교육과정에서는 명시적 문법 교육이 필요하며 특히 한국학 전공 과정이나 통번역 교육의 경우 의사소통 및 사용 중심의 교육법만으로는 한국어 구조의 습득이 용이하지 않기 때문에 구조 및 형태 교육이 강조되어야 함을 밝혔다.

송경옥(2017)에서는 카타르대학교의 한국어 수강생 78명을 대상으로 설문 조사를 실시했다. 응답자 대다수는 일반 목적의 학습자이며 한국어 학습 목적에 대한 응답으로 한국과 한국문화에 대한 관심이 가장 높게 나타났다. 한국어 수업에서 중요하게 생각하는 것에 대한 질문에는 의사소통 활동과 언어 지식이 모두 중요하다는 응답이 높았지만 상대적으로 의사소통 활동이 언어 지식보다 더 중요하게 인식되는 것으로 나타났다.

안주호·투무르바트 툽싱바야르(2016 : 262)는 몽골 현지 대학교, 세종학당 등에서 한국어를 학습하는 303명을 대상으로 요구 조사를 실시했다. 학습자들에게 영역별 자신의 한국어 실력을 평가해보라는 항목에서 '말하기'와 '듣기'가 부족하다는 의견이 많이 나타났다. 이는 해외 학습자의 경우에도 실제적 구어환경에서 사용할 수 있는 영역에 대한 교수학습 욕구가 큰 것을 볼 수 있다.

더 생각해 보기

1. Levelt의 정보처리모형은 발화 단계를 분할하여 보여준다. 한국어 모어 화자와 한국어 학습자의 말하기는 어떻게 다르며 어느 단계에 좀 더 집중해야 하는가?

2. 학생들이 교실에서 말을 잘 하지 않을 때 발화량을 늘릴 수 있는 방법은 무엇인가?

3. 학습자 변인-학습자 유형 및 학습자의 요구, 성향, 목표 등에 따라 교수 방법이 어떻게 달라져야 하는가?

4. 외국인 교사는 말하기를 지도할 수 있는가? 어느 정도로 지도할 수 있는가? 해외에서 외국인 교사가 말하기를 가르쳐야 한다면 어떻게 지도하는 것이 좋을까?

5. 한국어에 적용될 수 있는 대화규범을 추가해 보시오.

6. 대화를 유지할 수 있는 언어 형식은 문법적인 것과는 다르다. 이를 한국어 말하기 교육에서 명시적으로 가르치는 것에 대해 어떻게 생각하는가?

제2장 구어 연구와 말하기 교육의 이슈

1. 구어의 특성과 구어 문법에 대한 연구

듣기와 말하기는 구어적인 특질을 공유하며 듣기 교육과 말하기 교육은 모두 음성언어를 기반으로 한다는 점에서 밀접한 관련을 가진다. 지현숙(2006 : 13-14)에서는 구어 능력(spoken language ability)을 '구어를 사용하여 대화자와 성공적으로 의사소통을 해 낼 수 있는 독립적이고 내재적인 능력'이라 정의하고 있는데 이처럼 구어 능력은 말하기 능력만을 의미하는 것이 아니라 학습자가 한국어 말소리를 듣고 인지하고 의미를 이해할 수 있어야 하며, 자신의 생각과 감정을 말로 표현해낼 수 있어야 함을 의미한다.

듣기는 구어의 입력과 습득을 위해 선행되어야 하는 기능이지만 모국어가 아닌 외국어로서의 한국어 듣기는 학습자들에게 두려움을 느끼게 하는 기능이기도 하다. 듣기는 음성으로 전달되기 때문에 시간적인 제약이 있고, 한국어의 구어가 가지는 특성에 대처해야 하는 부담도 더해진다(박영순 외, 2010 : 403). 구어는 상대적으로 비격식적인 상황에서 이루어지는 경우가 많고 시간상의 제약을 받아 즉시성, 순간성 등의 특징을 가지므로 음운, 어휘, 문법, 화용 표현 등에서 쓰기와 구별되는 구어체를 많이 사용한다.

구어 특성에 관련된 구어 문법에 대한 연구로는 다음과 같은 주제들이 있다.

문금현(2001 : 235-241)에서는 방송 드라마 대본을 분석하여 구어 문법의 특질을 제시하였는데 구어 문법의 음운적 특질로는 음절이나 음운의 탈락·축약·첨가, 경음화, 모음의 변이를 들고 있으며, 문법상의 특징으로는 합성어 신어, 약어, 비속적 파생어의 사용이 많고 곡용과 활용 시의 축약 및 생략 현상이 나타남을 들고 있다. 또한 화용상의 특징으로 세대·성별·상황에 따른 차이를 들고 있다.

이미혜(2010 : 103)에서는 구어 문법의 하나로 연결어미의 종결화된 표현에 대해 제시하였으며, 한미월(2016)에서는 이러한 표현으로 '-거든, -라고, -다고, -는데, -고, -던데, -게, -면서, -려고, -면'을 들고 그 의미 기능을 분석하였다.

구종남(2000), 김태엽(2000), 안정아(2008), 심란희(2011), 조민정(2015)에서는 실제 언어 자료를 기반으로 '뭐, 그냥, 막, 좀'과 같은 구어 담화에 등장하는 담화표지의 실현 양상과 의미 기능의 변화를 다루고 있다.

서상규·구현정(2002 : 13)에서는 구어 연구가 문법론이나 화용론에서 다루는 개념으로서 소리(음성) 자체를 연구하는 음성학이나 소리의 체계와 변화를 연구하는 음운론과는 구분됨을 밝히고 있다. 구어는 음성을 매개로 하여 만들어진 언어 표현을 연구하는 것으로 의미 전달의 측면에서 그것이 청자에게 어떤 영향을 미치는가에 관심을 둔다.

이혜경(2019 : 223)에서는 [표 1]과 같이 드라마에 사용된 구어 문법·표현과 어휘의 특징을 유형별로 제시하였다. 해당 연구에서는 구어에서는 대화가 이루어지는 상황, 맥락을 고려하여 문법성 판단 단위를 담화로까지 확장하여야 하며 강세, 억양, 어조, 감정까지 복합적으로 의미 생성에 기여함을 밝혔다.

[표 1] 드라마의 구어 문법 및 표현[14]

구분	구어 문법 및 표현	대 본
①	(1) -지(?) (2) -아/어/여야지 (3) -구먼 (4) -잖아(요) (5) -거든(요) (6) -기는(요) (7) -더라고(요)	대체 명운이 왜 <u>바뀌었지?</u> 소원 빌어야지. 생일 축하한다. <u>혈혈단신 천애고아로구먼.</u> 아저씨도 몰랐던 <u>거잖아요.</u> 오늘은 내가 일이 있어서 가야 <u>되거든.</u> <u>잘 알기는...</u> 소는 이쪽. 조금 있다가 그 저승사자가 그 자리에 <u>찾아왔더라고.</u>
②	(8) -든가(요) (9) -(으)면서(요)? (10) -다면서(요) (11) -(으)ㄹ 테니까(요)	체포해 <u>가시든가.</u> 그럼. 좋아요? 그렇게 전화를 <u>피했으면서?</u> 인간한테는 네 번의 생이 <u>있다면서요.</u> 그냥 앉아만 있으라고요. 화보 보는 셈 <u>칠 테니까!</u>
③	(12) 왜 (13) 어디 (14) (-은/는) 무슨 (15) 거봐(요)	불쌍하면 같이 먹어 주지 <u>왜.</u> <u>어디</u> 예뻐지나 한번 봅시다. 야! <u>남친은 무슨.</u> <u>거봐요.</u> 만나면 이렇게 재밌잖아요.
④	(16) -(으)ㄹ래도 (17) -길래 (18) -아/어/여 가지고	전생? 황후? <u>믿을래도</u> 진짜! <u>파랗길래</u> 차가울 줄 알았어요. 그게 어떻게 설명을 해야 할지 <u>모르겠어 가지고</u>
⑤	(19) -(이)란	<u>인간들이란...</u>
⑥	(20) -(ㄴ/는)단 말이다 (21) 막	저 꼭 물어보고 싶은 게 <u>있단 말이에요.</u> 캐나다면... 그 단풍국..? <u>막</u> 오로라 거기?
⑦	(22) -(이)ㄴ 줄 알았다 (23) 잘하면 -겠다	전 너무 예뻐셔서 <u>손님인 줄 알았어요.</u> 너 <u>잘하면</u> 아주 대학 <u>떨어지겠다</u>
⑧	(24) 축약어 Ⅰ (25) 축약어 Ⅱ	니 <u>수호신이라곤</u> 안 했어. <u>근가?</u>

① 종결어미 '-지(?), -아/어/여야지, -구먼, -잖아(요), -거든(요), -기는(요), -더라고
(요)'는 문어에서는 나타나지 않는 구어 전용 어미이다. '-구먼'은 감탄을 나타내는
어미 '-군'의 본말 형태로 구어체에서 사용되며 어린 연령대에서는 잘 사용하지

---

14 이혜경(2019 : 223)에서는 tvn 드라마 '도깨비'에서 사용된 구어 문법과 표현의 의미 기능 및 화용적
정보를 기술하고 구어적 특징을 도출하였다.

않는다는 특징이 있다. '-기는(요)'는 명사형 전성어미 '-기'와 보조사 '-는'이 결합한 형태로 상대방의 말에 '-기는 뭐가 -ㅂ니까?'로 대답할 것을 줄여서 표현하는 말이다[15]. '-더라고(요)'는 시상어미 '-더-'에 종결어미 '-라고(요)'기 결합한 형태로 '-고' 뒤에 말이 생략된 느낌을 주어 함축적이다.[16]

② 연결어미 '-든가(요), -(으)면서(요)?, -다면서(요), -(으)ㄹ 테니까(요)'는 구어체에서 종결어미처럼 쓰이기도 한다. '-든가(요)'는 뒤의 말이 생략된 것이며 여러 가지 가능성이 있는 사실 중 '이것을 선택해도 좋음'을 나타낸다. '-(으)면서'는 대조적인 상황이 함께 존재함을 나타낸다. '-다면서(요)'는 '다고 했으면서'가 줄어든 말로 그렇게 말한 데 대하여 따져 묻는 뜻이 들어 있다.[17]

③ '왜, 어디'와 같은 의문사는 맥락에 따라 질문이 아닌 감탄을 나타내는 의도로 쓰일 수 있다. '무슨'도 의문사이지만 여기서는 반의적인 뜻을 강조하는 말로 쓰여 '-은/는 무슨'의 문형으로 사용된다. '거봐'는 단어의 조합 그대로 그것을 보라는 의미로 해석하지 않고 감탄사로서 어떤 일이 자신의 말대로 되었다는 새로운 의미를 나타낸다. 이를 통해 구어 문법 표현에는 문어 중심의 문법 표현과는 대비되는 특징이 있으며 단어의 의미가 단지 1차적 의미로만 해석되는 것이 아니라 전체적인 담화 맥락 속에서 전혀 다른 쓰임을 가진다는 것을 알 수 있다.

④ '-(으)ㄹ래도'는 '-(으)려고 하여도'가 표준 형태이지만 구어에서는 방언 형태인 '-(으)ㄹ래도'도 사용된다. '-길래'는 비표준어였으나 2014년 이후 복수표준어로 인정되었으며 '-기에'의 구어 변이로 사용된다. '-아/어/여 가지고'는 '-아/어/여서'의 구어형 변이로 일상생활에서 빈번하게 사용하지만 명시적으로 배우지 않을 경우 학습자들은 그 의미를 알기 어렵다. '가지고'는 보조 동사로 활용이 불가능하여 항상 '가지고' 혹은 준말 형태인 '갖고'로만 사용하다는 것을 교육해야 한다.[18]

---

15   백봉자(2006 : 128) 참조.

16   백봉자(2006 : 215) 참조.

17   표준국어대사전(1999) 참조.

⑤ 조사 '-(이)란'의 경우 일반적으로 단어의 의미를 정의할 때 사용한다고 교육하지만, 이 맥락에서는 특정한 대상을 비난하는 의도로 사용하였다. 해당 대사는 드라마에서 한 등장인물이 "할아버지가 갖다 주면 용돈 준댔어요."라고 말하자, 상대방이 "인간들이란…"이라고 대꾸하는 장면에 나오는데 인간이라는 집단을 싸잡아서 돈을 너무 밝힌다는 것을 비난하는 어조로 말하는 것이다.

⑥ '-말이다'는 담화표지로서 강조, 확인, 주의 끌기, 군말 등 대화 상황에서 다양한 의미·기능을 갖는다. '막' 역시 담화표지로서 선·후행 발화의 경계 표시, 선행 발화의 보충 설명, 주의 집중, 시간 벌기 등의 기능을 수행한다.

⑦ '-(이)ㄴ 줄 알았다, 잘하면 -겠다'와 같은 구문은 사용 맥락과 화자의 억양에 따라 상반된 의미로 사용할 수 있으므로 강세가 어디에 놓이는지를 지도해야 한다. '손님인 줄 알았어요'라는 문장은 '손님'에 강세가 놓일 경우 예상한 것과 실제가 다르다는 의미이며, 뒤에 강세가 놓이면 예상한 것과 실제가 같다는 의미이다.

⑧ 구어 상황에서는 명사와 조사가 어울려 준말 형태인 '축약어 I'과 같이 사용되기도 한다. 조사 앞에 오는 단어의 마지막 음절이 개음절일 때 준말 형태로 바뀌는 것이다. 예컨대 '오늘 밤은 누가 죽는 걸(=것을) 보는 게 싫어서', '니 수호신이라곤(=수호신이라고는) 안 했어.'와 같이 사용된다. 하지만 '축약어 II'와 같이 줄어드는 근거가 없는데도 구어 상황에서는 발음상의 편의로 준말 형태가 많이 쓰이기도 한다. 예컨대 '근가?(=그런가?)', '있었음(=있었으면) 좋겠다'와 같이 사용되는 것이다.

또한 이혜경(2019 : 223)에서는 드라마에 사용된 어휘적 특징으로 다음과 같은 내용을 들고 있다. 먼저 의태어와 같이 동작성을 가미하여 생동감을 주는 어휘가 많이 사용된다는 것이다. '알아서 척척 잘 하다, 목도리를 둘둘 두르다, 금 나와라 뚝딱, 대학에 철썩 붙다, 아픈 데를 콕콕 찌르다' 등 다양한 의태어와 의성어가 등장한다. 이러한 어휘들은

---

18   이정애(1998)에서는 한국어 화자가 '가지고'를 잉여적으로 첨가하는 것을 일종의 화용 표지화되는 것으로 설명하고 있다.

고유어의 특징을 보여 주는 것으로 한국어 교육에서는 주로 고급 수준에서 다루게 된다. 두 번째 특징은 '고딩, 껌이다, 전번 따다'와 같은 유행어나 신조어의 사용을 들 수 있다. 외국인 학습자들은 한국에서 한국인과 함께 생활하고 교류하지만 젊은 사람들이 흔히 사용하는 유행어나 신조어를 모를 경우 대화에서 공감대를 형성하기가 어렵다는 면에서 이러한 어휘들을 듣고 이해할 수 있도록 교육할 필요가 있다. 세 번째 특징은 '완전 미인, 그지(=거지), 걍(=그냥), 니(=너)'와 같은 비문법적인 표현을 들 수 있다. 이런 표현들을 학습자들에게 적극적으로 사용하도록 교육하는 것은 바람직하지 않지만 구어 상황에서 듣고 이해할 수 있도록 이해 어휘로 접근한다면 의사소통에 도움이 될 것이다. 네 번째 특징은 '레드 카펫, 사이코패스, 해피 엔딩'과 같은 외국어가 마치 한국어의 일부인 양 대화 속에서 자연스럽게 등장한다는 것을 들 수 있다. 마지막으로 구어에서는 짧은 관용 구절의 사용으로 상황을 정확하고 강하게 표현할 수 있으며 관용구절의 고정된 형태를 변형해서 의도를 효과적으로 나타내는 경우가 많다는 것이다. 예컨대 드라마 속 대화에서 '찬 도깨비 더운 도깨비 가릴 처지가 아니다'처럼 변형된 형태로 활용되었는데 이 경우 학습자는 원래 형태인 '찬밥 더운밥 가리다'의 의미를 알고 해당 표현이 드라마의 맥락 속에서 '도깨비가 나를 사랑하든 안 하든 따질 형편이 못 된다'는 의미임을 유추해 낼 수 있어야 한다.

이상과 같이 연구자들이 제시한 구어의 특징 및 구어 문법 현상들은 한국어 교육에서 현재 다루고 있는 내용도 있지만 적극적으로 반영되지 못하는 측면도 있다. 박덕유 외 (2018 : 17)에서는 그 원인으로 외국어로서의 한국어 교육은 표준적인 한국어를 널리 알리고 보급하는 데 일차적인 목표가 있기 때문에 구어의 불완전성, 즉 비표준적인 어휘 표현과 비체계적인 문장 등 규범적이지 않은 내용에 대해서는 대부분 배제하고 있다는 것을 들고 있다. 문금현 외(2017 : 60)에서도 구어적 표현에 나타난 화용론적인 특징으로 표현 양상이 자유로우며, 구어의 특징상 비격식적인 말하기 상황에서 많이 사용되므로 다소 거친 표현이나 부정적인 감정 표현을 자주 사용하게 되고 비속적, 유행어적인 성격이 강하다고 하였다. 하지만 유창한 화자가 되기 위해서는 구어 어휘를 잘 이해하고 사용할 필요가 있다. 구어 어휘에 나타나는 비속어, 은어, 유행어와 같은 어휘는 소통을 원활하게 해 주고 사회·문화를 이해하는 데에 도움이 되기도 하므로 표현 어휘보다는 이해 어휘 항목으로 구분하여 학습하는 것이 바람직하다.

김수은(2016 : 43)에서는 구어를 문어의 기준으로 판단할 수 없다고 보기 때문에 구어를 탐구하고 구어 교육을 강조하는 것이라 보았다. 문어에서는 문법의 적법성이 기준이 되지만 구어에서는 문장의 용인 가능성과 적절성이 문제가 되므로 문어의 기준으로는 실제 언어수행 상에서 용인되는 대화의 적절성을 판단할 수 없다는 것이다(강현화, 2009). 방성원(2013)에서도 구어 문법은 문어 문법의 계층적 구조와 달리 화자의 정보 처리 관점에서 기술되어야 함을 주장했다.

문어 표현과 대비되는 구어 표현의 특징을 밝혀 학습자들이 구어와 문어의 차이를 이해하고 구어적인 어휘와 표현을 상황과 문맥에 맞게 사용할 수 있도록 교육하는 것이 필요하다. 이를 위해 드라마, 영화 대본과 같은 준구어 자료뿐만 아니라 실제 구어 자료 등을 말뭉치 자료로 구축하여 문어와의 차이점을 객관적으로 비교하고 좀 더 체계적인 구어 문법 항목을 개발하고 교육에 활용할 수 있어야 한다.

2. 말뭉치를 통해 본 한국어 구어의 특징

경험주의를 바탕으로 하는 구조주의 언어 연구에서는 구어 말뭉치를 기반으로 하는 연구 방법이 보편적이었으나 언어 수행이 아닌 언어 능력을 연구해야 한다고 주장했던 Chomsky의 영향으로 말뭉치에 의한 연구는 잠시 퇴조하는 듯했다. 하지만 최근 언어학의 큰 흐름을 이루고 있는 기능주의 언어학에서는 언어 수행에 바탕을 둔 구어 연구의 중요성이 강조되면서 화용론, 담화 분석, 대화 분석 등의 연구가 활발해지게 되었다. 이러한 연구들은 1980년대 이후 컴퓨터의 발달에 힘입어 세계적으로 말뭉치 기반 언어 연구의 활성화를 가져왔다(서상규·구현정 2002 : 11-12, 올리비에 보드 2012 : 7).

한국어 교육에서 구어 교육 연구는 의사소통 능력에 대한 관심과 맞물려 2000년대 이후에 주목 받기 시작했으며 21세기 세종계획을 기점으로 말뭉치 구축도 활성화되고 있다. 또한 언어 교수-학습의 원리로서 실제 언어 사용의 양상이 가진 성질을 그대로 반영해야 한다는 구어 진정성에 대한 연구도 관심을 받고 있다.

2.1. 구어 말뭉치의 개념

말뭉치란 언어 자료의 집합체로서 한 언어의 보편적인 모습을 총체적으로 드러내 보여주는 언어 연구 재료이다. 말뭉치는 그 크기나 내용이 말뭉치의 구축 목적에 따라 다양하지만 일정 규모 이상의 크기를 갖추고 내용 면에서도 다양성과 균형성이 확보되어야 한다(서상규·한영균 1999 : 27, 고석주 외 2004 : 3). 구어 말뭉치란 구어의 언어학적 분석을 위하여 구어적 특징인 실시간성과 상호교류의 특징을 가지는 모든 구어의 장르를 포함한 대량의 언어 자료 모음이다(서상규·구현정 2002 : 19).

말뭉치 연구를 통해 통계를 낼 수 있는 계량적인 자료를 빠르게 얻을 수 있는데 이를 통해 연구자들은 언어 직관이 아닌 객관적 근거를 통해 현재 사용하고 있는 언어의 특징과 언어의 변화를 알 수 있다는 데에 의의가 있다.

구어 전사 말뭉치의 요건

① 신뢰할 수 있어야 한다. 텍스트 수집 과정에서 원래의 것과 달라지거나 누락되는 것이 없이 정확해야 한다.
② 균형성이 확보되어야 한다. 교육·사업·정치·공공·문화·일상 등의 여러 분야에서의 구어 자료를 확보해야 하고, 참여자의 나이·성별·직업·출신지 등의 변인이 다양하게 들어간 자료의 구성이 필요하다.
③ 대표성이 있어야 한다. 구어 전사 말뭉치에서 대표성이 가장 높은 자료는 구어성의 척도가 높은 일상대화나 전화대화, 방송대화이다.

— 서상규·구현정, 2002 : 22

2.2. 구어 말뭉치의 연구 및 활용[19]

국어학 분야에서 가장 두드러진 연구의 경향은 말뭉치 자료를 통해 구어와 문어의 차이를 객관적으로 밝힐 수 있다는 것이다.

① 국어 어휘의 어원적 분포는 일반적으로 한자어의 비율이 가장 높은 것으로 알려져 있다. 표준국어대사전의 주표제어 기준으로 한자어가 약 58%, 고유어가 약 25%에 이른다(국립국어원 2010). 그러나 임소영·서상규(2005)에서 실제 구어 말뭉치를 바탕으로 살펴본 결과 고유어 52%, 한자어 26%로 나타났다. 이를 통해 실제 입말에서 사용되는 어휘는 고유어 비중이 두 배 가량 높다는 것을 알 수 있다.

② 박석준·남길임·서상규(2005)에서는 조사와 어미의 사용 분포에 대해 연구하였다. 문어 텍스트에서는 조사가 전체 어절수의 33.56%로 나타나지만, 구어 텍스트에서는 20.40%로 나타나 구어에서는 문어에 비해 전반적으로 조사가 덜 사용됨을 알 수 있다. 조사의 유형을 좀 더 구체적으로 살펴보면 구어 텍스트에서는 격조사 : 접속조사 : 보조사의 비율이 각각 13.26% : 0.47% : 6.67%로 나타나는데 반해 문어 텍스트에서는 28.97% : 1.45% : 8.62%로 나타났다. 조사가 사용되는 비율 자체는 동일하게 격조사>보조사>접속조사의 순으로 나타나지만, 구어에서는 특히 격조사의 생략이 두드러짐을 알 수 있다. 일반적으로 격조사는 문장에서 자리를 나타내는 문법적 역할을 하기 때문에 생략이 되기 쉽지만 보조사는 의미 기능을 나타내기 때문에 잘 생략되지 않는데 이를 말뭉치 연구를 통해 통계적으로 증명해 주는 것이다.

③ 어미의 사용은 구어와 문어에서의 차이가 수치상으로는 두드러지지 않았다. 박석준·남길임·서상규(2005)에 의하면 어미의 실현은 문어 텍스트에서 전체 어절수의 41.63%에 달했고 구어 텍스트 역시 39.04%로 큰 차이를 보이지 않았다. 조사는

---

19   이 절의 내용은 주로 구현정(2005)을 참고하였으며 해설을 덧붙여 작성하였다.

대화 상황에 따라 생략(비실현)이 가능하지만 어미는 문장의 용언에 반드시 실현되어야 하기 때문이다. 또한 종결어미의 사용 비율은 구어 텍스트(14.66%)가 문어 텍스트(7.41%)의 두 배 정도로 나타났는데 이는 구어의 평균 문장 길이가 문어보다 짧으며 구어에서는 연결어미가 종결어미화되어 사용되는 경우가 많기 때문인 것으로 풀이된다.

④ 의향법[20]의 실현 양상에 있어서 권재일(2004)에서는 구어에서 범용어미[21]에 의해 실현되는 문장종결법이 전체 63.78%로 가장 높음을 보이고 있다. 특히 구어에서 범용어미 '-어'가 43.01%로 매우 높게 나타났는데 이는 현대 한국어의 구어에서 범용어미가 문장종결법 실현에서 가장 주요한 기능을 수행하고 있음을 보여준다.

⑤ 서은아·남길임·서상규(2005)에 의하면 구어의 문형에서는 조각문[22] 43.30%, 단문 32.92%, 복문 23.78%의 순으로 나타나지만, 문어의 문형으로는 복문이 69.12%, 단문이 30.88%, 로 나타나고 조각문의 형태는 나타나지 않는다. 이에 대해서 해당 연구에서는 화자와 청자가 공유하는 화용적인 맥락 때문에 구어에서 문장의 많은 성분이 생략되기도 하고, 감탄사나 부사어, 명사구 등과 같은 문장의 한 조각만으로도 문장을 이루기 때문이라고 설명하고 있다.

한국어 교육에서도 말뭉치 연구가 활발하게 이루어지고 있다. 구어 말뭉치의 경우 문어 말뭉치와 달리 녹음과 전사의 과정이 필요하기 때문에 확보하기가 어렵다는 특징이 있어 문법이나 표현의 사용 양상을 분석하기 위해 드라마나 영화 대본과 같은 준구어 자료가 함께 이용되기도 한다.

말뭉치 연구를 통해 개별 언어 항목에 대한 빈도뿐만 아니라 공기 관계, 결합 관계에

---

20 의향법은 화자가 청자에게 어떠한 요구가 있는지를 나타내는 문법 범주이다.

21 범용어미란 동일 형태의 종결어미가 한 의향법에 고정된 쓰임을 보이지 않고 평서, 의문, 명령, 청유 등 다양한 의향법을 실현하는 것을 이른다.

22 조각문(fragments)은 실제 상황에서의 필요에 따라 완전문의 일부를 생략한 문장으로 소형문(minor sentence)라고도 한다.

관한 정보를 얻을 수 있어 언어 교육에서 활용할 수 있는 측면이 많다. 또한 말뭉치를 통해 다양하고 실제적인 용례를 얻을 수 있어 사전 및 교재 제작에도 활용될 수 있다.

한국어 학습자의 오류에 대한 연구는 그동안 개별 연구자들이 구축한 소규모 자료를 바탕으로 이루어져왔으나 2019년 국립국어원에서 구축한 '한국어 학습자 말뭉치'가 배포되어 한국어 교수-학습 연구 및 학습자의 중간언어 양상에 대한 연구 등에 새로운 전기가 될 것으로 보인다.[23]

3. 말하기의 유창성과 정확성

3.1. 말하기의 유창성

말하기의 '유창성'은 '막힘없이 자연스럽게 발화하는 것'이라는 다소 추상적인 의미를 지닌다. '유창성'에 대한 논의는 그 정의와 측정 방법에 있어서 다양한 견해가 있어 왔는데 평가의 측면에서는 주로 발화 속도나 휴지(pause)와 같은 물리적으로 측정 가능한 요소를 기준으로 삼고 있다(Ellis 2003, Wood 2001, Lennon 1990, Mehnert 1998, 김태경·이필영 2007, 김상수 2009). 김상수(2009 : 54-55)에서는 '유창성은 말의 연속성 및 지속성 같은 시간적인 개념과 밀접한 관계가 있다'라고 하며 유창성의 구성 요소로 발화 속도, 휴지, 반복, 망설임, 자기 수정을 들었다.

Faerch, Haastrup & Phillpson(1984)에서는 의사소통 능력을 구성하고 있는 요소로서 유창성을 포함시키면서 유창성을 '그들이 가진 언어적, 화용적 능력을 사용할 수 있는 화자의 능력(the speaker's ability to make use of whatever linguistic and pragmatic competence they have)'이라고 정의하며 의미론적 유창성, 어휘-통사론적 유창성, 조음적 유창성의 세 가지로 구분하고 있다(이정희 2009 : 375).

---

23   한국어 학습자 말뭉치는 원시 말뭉치, 형태 주석 말뭉치, 오류 주석 말뭉치 세 종류로 구축되었다.

허선익(2013 : 108-109)에서는 유창성을 발화 단위들을 연결시킬 뿐만 아니라 지나친 긴장이나 머뭇거림 없이 발화를 산출할 수 있는 능력을 가리킨다고 한다. 이를 위해서는 일반적으로 세 가지 측면에서 유창성이 있어야 한다고 지적한다(Hedge 2000 : 54).

① 의미적 유창성 : 명제와 발화 행위를 연결하기
② 어휘-통사적 유창성 : 통사적인 성분과 낱말들을 연결하기
③ 조음 유창성 : 말소리 마디를 연결하기

신지영(2008), 이정희(2010) 등에서는 '휴지'가 유창성 판단에서 중요한 요인으로 작용한다고 보았다. Wood(2001 : 575-578) 역시 유창성에서 휴지의 중요성을 강조하고 있는데 말의 속도와 휴지, 전체 휴지 시간과 빈도, 휴지의 위치 중에서 가장 강력한 유창성의 척도는 '휴지의 위치'라고 주장하였다. 한편 Thornbury(2005 : 6-7)는 유창성 평가에서 '휴지의 빈도'가 휴지의 길이보다 더 중요하다고 주장하며, 자주 멈추는 것은 화자가 발화를 어려워하고 있다는 확실한 신호라고 하였다. 또한 휴지의 위치 역시 중요한데 자연스럽게 들리는 휴지는 절의 교차점이나 의미 단위 사이에 발생하는 것이라 하였다.

3.2. 말하기의 유창성과 정확성

유창성과 정확성이라는 두 가지 중요한 목표 중 어느 것을 우선시해야 하는가? 언어 수행과 관련된 문제를 다룰 때 빠지지 않고 언급되는 것이 바로 정확성(accuracy)과 유창성(fluency)의 구별이다.

Brown(2007/2012 : 374)에서는 의사소통적 언어 과정에서 '유창성'이 학습의 초기 단계에서 강조되며, 초기에는 발화량 자체를 늘리는 것이 중요하다고 이야기한다. 정확성은 학습자들로 하여금 자신의 음성언어 발화에서 음성학적, 문법적, 담화적 요소에 관심을 집중하게 함으로써 어느 정도 달성될 수 있다고 보았다.

하지만 오랫동안 많은 양을 발화했다고 해서 그 화자를 무조건 유창하다고 보기는 어려울 것이다. 유창성에는 어느 정도의 정확성이 뒷받침되어야 하므로 유창성과 정확성

을 대립적인 개념으로 보는 것은 바람직하지 않다. Brumfit(1984 : 52-67)에서는 정확성을 정의내리는 것에 비해 유창성에 대해 정의내리는 것은 매우 어려운 작업이라고 하면서 이는 언어 학습의 오랜 논의 과정에서 항상 유창성은 정확성 위에서 그 내용을 언급해 왔기 때문이라고 지적하고 있다.

한편, 이정희(2009 : 375)에서는 모국어 화자와 외국인에게 적용되는 유창성의 개념에 차이가 있음을 밝히며 모국어 화자의 경우 '언어의 형식'보다는 '내용'에 초점을 두게 되고, 외국인의 경우 '내용'보다는 사용하고 있는 '언어 형식'과 '표현 방법'에 주목하는 경향이 있다고 하였다. 또한 이정희(2011)에서는 유창성을 '언어를 사용하는 화자의 전체 적인 언어능력'이라는 광의의 개념으로 보았으며 인상적 평가 방식의 유창성 개념을 제안하였다.[24] 해당 연구에서는 '정확성'이 배제된 '유창성'과 정확성 훈련이 없는 유창 성은 완전하지 못한 '자연스러움'이 될 것이라고 보았다.

3.3. 말하기의 정확성과 발음[25]

말하기 교육에는 발음 지도가 포함된다. 발음 개선의 목표는 모국어 화자의 억양을 완벽하게 모방하는 것이 아니라, 학습자가 다른 화자에게 쉽고 편안하게 이해할 수 있을 정도로 충분히 정확하게 발음할 수 있는 것이다(Ur 1996 : 52).

학습자들은 한국어를 배우는 과정에서 목표어 자체의 어려움 때문에 오류를 발생하기

---

24   이정희(2011)에서 실시한 인상적 평가 방식의 유창성 판단을 통한 유창성의 하위 요소는 다음과 같다.
   (1) 언어적 요소 : 문법 사용의 정확성, 발음, 억양의 자연스러움, 어휘 사용의 실제성, 적절성, 다양성
   (2) 태도 및 내용 : 자신감 있는 태도, 주제에 집중하는 능력, 대화 내용의 일관성
   (3) 비언어적 요소 : 적절한 휴지, 적절한 속도, 즉각적 반응, 총 발화량, 표정, 몸짓언어 사용
   (4) 전략적 요소 : 코드스위칭, 신조어, 풀어말하기, 회피
   (5) 담화적 요소 : 고쳐 말하기, 접속어 등 담화 표지 사용, 맞장구 등
   (6) 사회언어학적 요소 : 경어법 사용, 적절한 호칭과 지칭 사용
25   본 절의 내용은 대조언어학적 관점에서 본 한국어 발음상의 특징으로 허용·김선정(2013), 박덕유(2017, 2019)를 참조하였다.

도 하지만 모국어의 영향을 받아 오류를 범하기도 한다. 대조언어학적 관점에서 음운, 형태, 통사, 의미, 표현 등 각 영역에서 언어권별로 학습자들이 어떤 어려움을 겪을 수 있는지에 대한 연구들이 나와 있지만 말하기 수행과 밀접하게 관련된 한국어의 '발음' 상의 특징과 외국인 학습자들이 특별히 어려워하는 부분에 대해서만 살펴보면 아래와 같이 제시할 수 있다.

우선 단모음 체계는 혀의 최고점의 높낮이(고모음, 중모음, 저모음)와 혀의 앞뒤 위치(전설모음, 중설모음, 후설모음), 입술 모양(원순모음, 평순모음)에 따라 분류된다. 한국어의 단모음 중 'ㅡ'는 영어, 일본어, 중국어 등 다른 언어에 없는 유표적인 음소로 입모양이나 혀의 위치를 어떻게 해야 하는지 설명하기 어려워 학습자들은 조금만 잘못 발음해도 'ㅓ'나 'ㅣ'로 발음하기 쉽다.[26] 또 외국인 학습자들이 어려워하는 모음으로 'ㅓ'를 들 수 있는데 모국어에 모음 'ㅓ'가 없을 경우 'ㅗ'와 'ㅓ'를 구분하기가 어렵다. 한편, 한국어 모음 'ㅜ'는 일본인 학습자의 경우 정확하게 소리내기 어려워하는 경우를 종종 보게 되는데 이는 한국어 모음 'ㅜ'가 일본어의 모음 [ɯ]와 대응되지만 일본어의 [ɯ]는 원순성이 약하여 평순모음에 가깝기 때문이다.

한국어 모음의 발음 특성으로 우선 전설모음화를 들 수 있다. 인간은 언어를 편리하게 발음하려는 속성이 있다. 혀 뒤에서 발음하려는 후설모음보다는 혀 앞에서 발음하려는 전설모음이 편리하기 때문이다. 전설모음화(前舌母音化)는 후설모음인 'ㅡ' 음이 치음 'ㅅ, ㅈ, ㅊ' 밑에서 전설모음 'ㅣ'로 변하는 현상으로 18세기 말 이후에 나타나는 일종의 순행 동화 현상이다. '즛>짓, 즈레>지레, 츩>칡, 거츨다>거칠다, 슳다>싫다' 등을 들 수 있다. 현대어에 와서 후설모음인 'ㅏ'를 'ㅐ'로, 'ㅓ'를 'ㅔ'로 발음하려는 것도 전설모음화이다. 예를 들어 '[남비] → [냄비]', '[나기] → [내기]', '[장이] → [쟁이]', '[수수꺼끼] → [수수깨끼]'로 발음한다. 다음으로 고모음화가 있다. 고모음은 입이 조금 열려서 혀의 위치가 높은 모음으로 폐모음이고, 저모음은 입이 크게 열려서 혀의 높이가 낮은 모음으로 개모음이다. 인간은 발음할 때 입을 작게 벌리려는 속성을 갖는다. 입의 크기가 커질수록

---

26   한국어의 'ㅡ'는 학교문법에서 후설고모음[ɯ]으로 다룬다(박덕유, 2017 : 87).

소리도 커지므로 그만큼 에너지가 많이 사용되기 때문이다. 따라서 고모음화(高母音化)는 입의 크기를 작게 발음하려는 것으로 'ㅐ'를 'ㅔ'로, 'ㅗ'를 'ㅜ'로 발음한다. 예를 들어 '[찌개] → [찌게]', '[동이] → [둥이]', '[나하고] → [나하구]'를 들 수 있다. 또한 원순모음화를 들 수 있다. 원순모음화(圓脣母音化)는 순음 'ㅁ, ㅂ, ㅍ' 아래 오는 모음 'ㅡ'가 'ㅜ'로 변하는 현상으로, 이는 발음의 편리를 꾀한 변화라고 볼 수 있다. 이 현상은 15세기에 나타나기 시작하여 18세기에 많이 나타났다. 원순모음화가 일어나는 경우는 순음과 설음 사이에서 나타난다. 예를 들면 '플 → 물, 블 → 불, 플 → 풀' 등을 들 수 있다. 그리고 단모음화(單母音化)는 치음인 'ㅅ, ㅈ, ㅊ' 뒤에서 이중모음인 'ㅑ, ㅕ, ㅛ, ㅠ'가 앞의 치음의 영향을 받아 'ㅏ, ㅓ, ㅗ, ㅜ'의 단모음으로 바뀌는 현상으로 일종의 순행동화이다. 이는 18세기 말에 나타나기 시작하여 1933년 '한글맞춤법통일안'에서 확정되었다. '셤 → 섬, 셰상 → 세상, 둏다 → 죻다 → 좋다, 쇼 → 소' 등을 들 수 있다. 마지막으로 이화 현상을 들 수 있다. 이화(異化)는 한 낱말 안에 같거나 비슷한 음운 둘 이상이 있을 때, 그 말의 발음을 보다 분명하게 하기 위해 그 중 한 음운을 다른 음운으로 바꾸는 것을 말한다. 여기에는 자음의 이화와 모음의 이화가 있는 데, 모음의 이화로는 '소곰 → 소금, ㄱㄹ → 가루, 보롬 → 보름, 처엄 → 처엄 → 처음, 서르 → 서로' 등을 들 수 있다(박덕유 2019 : 50-52).

자음의 경우 한국어는 파열음 계열(파열음, 파찰음)이 무성음만으로 구성되며 동일한 조음 위치에서 각각 예사소리(ㅂ, ㄷ, ㄱ, ㅈ), 거센소리(ㅍ, ㅌ, ㅋ, ㅊ), 된소리(ㅃ, ㄸ, ㄲ, ㅉ)가 체계적으로 대립하여 삼지적 상관속을 이룬다.[27] 하지만 이는 보편적인 언어 현상은 아니다. 영어, 일본어, 프랑스어 등 대부분의 언어에서 장애음은 성대의 떨림이 있는 유성음과 성대의 떨림이 없는 무성음으로 대립하는 데 반해 한국어는 유성음과 무성음의

---

27 소리를 내는 조음 방법에 따라서는 크게 저지음과 공명음으로 분류된다. 안울림소리인 저지음에는 파열음, 마찰음, 파찰음이 있다. 파열음은 폐쇄음이라고도 하는데 폐에서 나오는 공기를 막았다가 그 막은 자리를 터뜨리면서 내는 소리로 'ㅂ, ㅃ, ㅍ ; ㄷ, ㄸ, ㅌ ; ㄱ, ㄲ, ㅋ'이고, 마찰음은 입안이나 목청 사이의 통로를 좁혀서 공기가 그 사이를 비집고 나오면서 마찰하여 나는 소리로 'ㅅ, ㅆ ; ㅎ'이며, 파찰음은 처음에는 폐쇄음, 나중에는 마찰음의 순서로 두 가지 성질을 다 갖는 소리로 'ㅈ, ㅉ, ㅊ'이다(박덕유, 2019 : 53).

대립이 아닌 기식성 유무와 긴장성 유무로 대립하고 있어 이는 유표적인 특징이라 할 수 있다.

한국어에 나타나는 여러 가지 음운 현상도 외국인 학습자들에게 생소하게 인식된다. 음절 말 중화 현상은 음절의 끝소리 규칙으로 태국어나 베트남어와 같은 일부 언어에는 존재하지만 다른 언어에는 나타나지 않는 유표적 현상이다. 한국어 음절의 끝소리 규칙은 비동화과정의 하나로 음절의 끝소리로 발음될 수 있는 자음은 /ㅂ, ㄷ, ㄱ, ㅁ, ㄴ, ㅇ, ㄹ/ 7개이다. 따라서 음절 끝에 7개 소리 이외에 자음이 오면 이 7개 자음 중의 하나로 바뀌어 발음하는 것을 의미한다(박덕유 2017 : 96). 태국어와 베트남어도 이러한 음운 현상이 있는데 태국어는 음절 말에서 [p, t, k, m, n, ŋ]의 6개의 자음만 소리날 수 있고, 베트남어의 경우 8개의 자음 /m, n, ŋ, p, t, k, ɲ, c/밖에 오지 못한다. 한국어와 베트남어, 태국어에서는 이러한 음절 말 불파 현상이 나타난다는 공통점이 있다. 하지만 한국어에서는 음절 말의 위치에 유음(ㄹ)이 소리 날 수 있는 반면 나머지 두 언어에서는 이 위치에서 유음이 불가능하다. 이 때문에 베트남어나 태국어권 학습자들은 한국어의 종성 자음 'ㄹ'을 'ㄴ'으로 발음하는 오류가 많이 나타난다(허용·김선정 2013 : 136).

한국어의 자음 발음 특성은 저지음의 장애음(파열음, 파찰음, 마찰음)에서 공명음(비음, 유음)으로 발음되는 특성을 갖는다. 자음은 장애를 받는 소리이다. 그러므로 공명음인 모음보다 발음하기가 어렵다. 그런데 자음 중에서도 공명음이 있다. 폐에서 나오는 공기의 흐름을 저지당하지 않는 편한 음으로 발음하려는 것이다. 공명음에는 비음인 'ㅁ, ㄴ, ㅇ'과 유음인 'ㄹ'이 있다. 이 가운데 폐쇄음이 공명음 사이에서 비음으로 발음하려는 것을 비음화(鼻音化)라 한다. 즉, 'ㅂ'이 'ㅁ'으로, 'ㄷ'이 'ㄴ'으로, 'ㄱ'이 'ㅇ'으로 발음된다. 예를 들어 '[밥물] → [밤물]', '[닫는] → [단는]', '[국물] → [궁물]'로 발음한다.[28] 또한 설측음화

---

[28] 영어의 경우 good news, pop music, nickname, pork ribs에서 확인할 수 있는 바와 같이 d-n, p-m, k-n, k-r 등의 자음 연쇄를 글자 그대로 발음한다. 이에 반해 한국에서는 '닫는, 밥물, 독립, 막내'를 글자대로 발음하지 않고 반드시 각각 [단는], [밤물], [동닙], [망내]로 발음해야 한다. 이를 통해 '장애음+비음'과 '장애음+유음'의 경우 영어에서는 서로 다른 방법으로 소리가 나는 자음연쇄가 가능한 반면, 한국어에서는 같은 방법으로 소리가 나야함을 알 수 있다. 한 가지 흥미로운 사실은 한국어에서 나타나는 위와 같은 자음 간의 조음 방법 동화 현상이 힌디어에서도 발견된다는 사실이

가 있다. 유음(ㄹ)은 초성에서 날 때에는 혀굴림소리(설전음)로 발음되며, 종성에서 날 때에는 혀옆소리(설측음)로 발음된다. 예를 들어 '나라[nara]'의 'ㄹ'은 설전음[r]으로 혀를 굴려 내는 소리이며, '달아[tala]'의 'ㄹ'은 설측음[l]로 이는 혀끝을 잇몸에 대고 공기를 혀 옆으로 흘려보내는 소리이다. 이러한 설측음화(舌側音化) 현상은 15, 16세기에 'ㄹ/르' 어간에 모음이 연결될 때, 'ㆍ', 'ㅡ'가 탈락되면서 'ㄹ'이 분철되어 설측음으로 발음되었다. 다르다(異)는 '다ㄹ + 아 → 달아 → 달라', 오르다(登)는 '오ㄹ + 아 → 올아 → 올라' 모르다 (不知)는 '모ㄹ + 아 → 몰라', 흐르다(流)는 '흐르 + 어 → 흘러' 등을 들 수 있다. 현대어에서도 설측음화 현상이 있다. 받침 'ㄴ'은 'ㄹ'의 앞이나 뒤에서 [ㄹ]로 발음한다. 예를 들면 '신라 → [실라]', '난로 → [날로]', '칼날 → [칼랄]' 등을 들 수 있다. 다음으로 경음화를 들 수 있다. 받침 'ㄱ(ㅋ, ㄲ), ㄷ(ㅌ, ㅅ, ㅆ, ㅈ, ㅊ), ㅂ(ㅍ)' 뒤에 연결되는 'ㄱ, ㄷ, ㅂ, ㅅ, ㅈ'은 된소리인 [ㄲ, ㄸ, ㅃ, ㅆ, ㅉ]으로 발음한다. 예를 들어 '먹고 → [먹꼬], 국밥 → [국빱], 부엌도 → [부억또], 깎다 → [깍따], 닫다 → [닫따], 입고 → [입꼬], 덮개 → [덥깨], 옷감 → [옫깜], 꽃집 → [꼳찝] 등처럼 경음으로 발음된다(박덕유 2019 : 54-56).

한편 한국어의 조음 방법 동화와는 대조적으로 일본어에는 조음 위치 동화가 나타난다. 일본어에서는 음절 말의 비음 N(발음, 撥音)이나 장애음 Q(촉음, 促音)가 후행하는 자음의 조음 위치에 동화되어 발음된다. 한국어에서는 후행 자음이 무엇인지에 상관없이 삼(三)은 늘 [sam]으로 발음되지만, 일본어는 선행하는 음절의 종성 발음 /N/이 뒤에 오는 자음이 양순음이면 [m]으로, 치조음이면 [n]으로, 연구개음이면 [ŋ]으로 소리 난다(허용·김선정 2013 : 139).

한편 연음은 모음 사이의 자음이 뒤 음절의 초성으로 음절화되는 현상으로 거의 모든 언어에 적용되는 매우 보편적인 현상이다. 이를 음운론에서는 최대초성원리라 하는데 앞 음절의 종성으로도 가능하고 뒤 음절의 초성으로도 가능한 자음(군)은 우선적으로 초성으로 음절화하라는 것이다(허용·김선정 2013 : 135). 하지만 이와 같은 보편적인 원리가

다. 이 언어에서 발견되는 자음 산디(Sandhi)는 한국어와 매우 비슷한 음운현상으로 알려져 있다(허용·김선정, 2013 : 145).

적용되지 않는 언어가 있다. 중국어, 일본어, 베트남어 등은 연음을 적용하지 않으므로 이들 언어권의 학습자들은 한국어를 발음할 때도 분절음의 개별소리를 하나씩 정확하게 발음하려는 경향을 보인다. 특히 베트남어의 경우 연음으로 발음하면 아예 다른 단어가 되기 때문에 이에 대한 지도가 필요하다.

4. 말하기에 필요한 지식과 전략

말하기와 관련된 지식은 언어의 특징에 대한 지식과 언어 외적인 독립적인 지식으로 분류될 수 있다. 본 절에서는 제2언어 화자에게 필요한 사회문화적 지식, 장르 지식, 담화 지식, 화용론 지식, 문법적 지식, 의사소통 전략에 대해 살펴보도록 한다.

4.1. 사회문화적 지식

사회문화적 지식은 언어 외적인 것과 언어적인 지식을 모두 포함하는데 말하기에 영향을 미치는 언어 외적 지식의 종류에는 말하기의 주제, 문화, 상황에 대한 지식 및 다른 화자와의 친소 관계 등이 있다.

Thornbury(2005 : 12)는 문화적 차이가 고정 관념을 낳을 우려도 있지만 불쾌감을 일으킬 위험이 있는 특정한 말하기, 즉 인사, 요청 또는 사과와 같은 말하기 방식에 대해 각기 다른 사회 문화적 규칙이 무엇이며 어떻게 체계화되는지를 아는 것도 화자의 지식 중 일부가 되어야 한다고 밝혔다.

한국어 학습자들 역시 한국어 사용과 관련된 관습과 문화에 대한 이해가 필요하며 비격식적 상황과 격식적 상황에 맞는 어법의 사용, 경어법의 사용, 여러 기능들을 수행할 때 필요한 언어 사용 능력 등이 요구된다.

한편 Thornbury(2005 : 31)는 사회문화적 관습들에 대한 지식도 필요하지만 더 중요한 것은 문화간 역량(intercultural competence)을 개발시키는 것이라 주장하였다. 이는 사용되는 언어의 문화에 관계없이 문화 간 접점을 관리할 수 있는 능력으로 모든 의사소통에 차이와 모호함이 내재되어 있다는 것을 고려하는 능력을 말한다.

4.2. 장르 지식

말하기의 목적은 크게 거래 기능(transacional function)과 대인 관계 기능(interpersonal function)으로 나뉘는데 거래 기능이란 정보를 제공하거나 상품이나 서비스의 교환을 용이하게 하는 것을 말하며 대인 관계 기능은 다른 사람들과 사회적 관계를 유지하는 것이다.

이러한 말하기의 기본적인 목적은 다양한 유형의 말하기 장르(genre)를 생성하는데 특정한 언어 공동체 안에서 이러한 언어 사건들을 실현하는 방법들은 특정한 장르로 진화했을 정도로 관습화되었다. 이러한 특정 장르가 어떻게 실현되는지에 대한 지식은 담화 공동체가 공유하는 언어지식의 일부이다.

장르의 구조를 결정하는 중요한 요소는 말하기 참여자에 따라 대화식/독백식/다자간 연설로 구분되며 말하기 상황에 따라 공적인 말하기/사적인 말하기로 구분할 수 있다. 사전에 준비된 계획된 말하기로서의 연설이나 프레젠테이션의 경우 말하기의 기능이 문어 기능과 좀 더 유사하다는 특징이 있다.

4.3. 담화 지식

담화 지식(discourse knowledge)은 말하기 차례를 연결하고 화자의 의도를 알려주기 위한 문법과 어휘의 사용을 포함하여 말하기 차례를 조정하는 방법을 아는 것으로 목표어 학습을 통해 형성되기보다는 모국어 능력과 좀 더 밀접한 관련이 있다.

한국어 학습자들은 관습화된 담화 표지의 사용에 익숙해질 수 있도록 고정된 표현에 대해 학습할 필요가 있다.

4.4. 화용론 지식

화용론은 언어가 사용되는 목적을 포함하여 언어와 그 사용 맥락 사이의 관계성을 설명한다. 화용론 지식은 화자들이 맥락을 고려하여 메시지를 어떻게 조정하는지, 듣는 사람들은 그들이 듣고 있는 것을 이해하기 위해 어떻게 맥락 정보를 사용하는지에 대한 지식을 말한다.

한국어의 경우 간접적인 표현을 사용하여 공손성을 실현하는 경우가 많으므로 발화의 표면적인 의미와 함축적인 의미가 어떻게 다른지에 대해서 학습하는 것이 중요하다.

한편 Halliday 외(1964 : 87-94)는 '언어 사용 상황에 따라 구별되는 변이형'을 언어 사용 역이라 정의하였다. Halliday가 제시한 세 가지 맥락적 요소들(field, tenor, mode)[29]은 말하기가 격식적인 상황부터 비격식적인 상황까지 연속선상에서 어디에 놓이는지, 그리고 특정 분야의 전문 용어인지, 특정 집단의 언어 형태인지 등의 사용역을 화자가 선택하는 데에 영향을 준다. 언어를 사용할 때 같은 의미 기능을 하더라도 상황 맥락에 따라 표현이 다르게 선택될 수 있다.

학습자들은 역할극을 통해서 여러 사회적 상황들이 만들어내는 다양한 차이와 같은 사용역의 가변성을 연습할 수 있다.

4.5. 문법적 지식

'문법적 지식'은 알맞은 발음, 어휘, 문장 구조 등을 적절하게 사용하여 올바른 문장을 생성할 수 있어야 함을 말한다. 이는 구체적으로 개별 음소의 발음 차이를 인식하여 정확하게 발음하고 음운 현상에 맞게 발음하는 것, 전달하고자 하는 의미에 맞게 자연스

---

29 텍스트를 둘러싼 상황 맥락은 담화의 목적이나 주제를 뜻하는 field, 화자와 청자의 관계를 뜻하는 tenor, 담화의 방식을 뜻하는 mode 세 요소로 구성된다. 언어 사용자는 이 세 가지 차원을 고려하여 해당 상황에 따라 문법 구조와 어휘를 선택하면 언중은 관습에 비추어 보아 발화의 적절성 여부를 판단한다.

러운 억양으로 발음하는 것, 적절한 어휘를 사용하는 것, 문법적 규칙에 맞게 문장을 구성하는 것, 특정한 의미를 표현하기 위해 다양한 문법적 형태를 활용하는 것 등을 의미한다(김선정 외 2010 : 21).

하지만 앞에서 살펴본 바와 같이 말하기의 문법이 쓰기의 문법과 동일하지는 않다. 음성언어의 특징인 Chunk(말의 덩어리)의 사용, 잉여적 표현, 축약형, 구어체 표현, 자연스러운 속도와 억양, 상호작용과 같은 요인들을 고려하여 교육할 필요가 있다.

4.6. 의사소통 전략

4.6.1. 의사소통 전략의 개념

의사소통 전략이라는 용어는 Selinker(1972)의 연구에서 중간언어의 5가지 과정 중 하나로 언급되면서 사용되기 시작했다.[30]

Corder(1981 : 103)는 의사소통 전략을 '어려움에 직면했을 때 화자가 의미를 표현하기 위해 사용하는 체계적 기술'로 보았으며 Stern(1983)에서는 '불완전하게 아는 제2언어로 의사소통할 때 나타나는 어려움에 대처하기 위한 기술'이라 하였다. Bialystock(1990 : 35)의 연구에서는 의사소통 전략을 '화자가 의도한 의미를 표현할 수 있는 대체 형식을 사용해 의사소통 상의 장애를 극복하는 소통 전략'으로 보았다.[31]

이상의 연구들은 의사소통 전략을 문제 상황에서 사용하는 것으로 전제하고 있다. 화자와 청자가 의사소통을 하는 과정에서 장애를 겪을 것이라고 가정하고 그 장애를 극복하기 위해 활용하는 것이 의사소통 전략이라고 설명한다.

하지만 이런 관점에서 벗어나 의사소통 전략을 넓은 의미로 수용하는 연구들도 있다. Yule & Tarone(1990)은 '제2언어 학습자가 상대에게 자신이 전달하고자 하는 내용을 성공

---

30   Selinker(1972)에서는 중간언어의 과정을 ① 언어 전이, ② 목표언어 규칙의 과도일반화, ③ 훈련의 전이, ④ 제2언어의 학습 전략, ⑤ 제2언어 의사소통 전략으로 제시하였다.

31   김은혜(2011 : 366)에서 재인용함.

적으로 전달하기 위하여 취하는 여러 가지 기술과 메시지를 전달하는 과정에서 생긴 문제를 해결하는 데 사용하는 기술'을 모두 의사소통 전략으로 보았다.[32] Brown(2007 : 145)에서는 '정보의 생산적인 의사소통을 위한 언어적 또는 비언어적 수단의 사용에 관한 것'이라고 정의했다.[33] 이러한 연구들은 의사소통 상의 장애를 극복하기 위한 전략뿐만 아니라 효율적, 효과적인 의사소통을 위해 사용하는 모든 전략까지를 포함해야 한다고 주장한다.

4.6.2. 의사소통 전략의 유형

Tarone(1981)은 의사소통 전략을 바꾸어 말하기(paraphrase), 회피하기(avoidance), 의식적 전이(conscious transfer), 도움 요청(appeal for assistance), 몸짓 표현하기(mime)로 유형화하여 제시하였다.

한국어교육에서의 의사소통 전략 연구인 정명숙(2014)에서는 발화를 시작하기 전부터 발화가 끝나는 단계까지 모든 단계의 말하기 전략이 필요하다고 보았다.

정명숙(2014)에 의하면 말하기 전 단계는 말할 내용과 순서, 화법 등 전반적인 말하기의 계획을 세우는 단계이다. 그런데 말하기는 상황에 적합한 담화를 생산하는 활동이므로 '담화 차원의 전략'을 활용해 발화하기 전에 담화 상황에 적절한 발화 계획을 세운다. 말하기 단계에서는 화자가 자신이 표현하고자 하는 바를 청자에게 명확하게 전달하기 위한 '전달력을 높이는 전략'과 말하기 과정에서 발생하는 문제를 해결하기 위한 '장애를 극복하는 전략'으로 범주를 설정하였다. 말하기 후 단계에서는 자신의 발화에 대해 평가하고 점검하여 이를 수정 및 보완하는 전략을 하위 범주로 설정하였다. 또한 '점검하기'는 말하기 전, 중, 후의 모든 단계에서 필요한 전략으로 설정하였다는 것을 알 수 있다.

---

32   정명숙(2014 : 176)에서 재인용함.

33   Brown(2007)은 학습 전략을 '흡수(intake), 기억, 저장, 회상이라는 수용적 영역에 관한 것'이라고 보았다. 이에 반해 의사소통 전략은 '생산'이라는 측면을 강조하고 있으므로 앞서 밝힌 바와 같이 학습 전략은 수용적 측면, 의사소통 전략은 생산적 측면과 관련된 것이라 볼 수 있다.

더 생각해 보기

1. 구어는 상대적으로 비격식적인 상황에서 이루어지는 경우가 많다. 하지만 외국인 학습자가 유창한 화자가 되기 위해서는 구어 어휘와 구어 문법을 개발하여 교육에 활용해야 함을 여러 학자들이 언급하고 있다. 이러한 주장에 동의하는가? 동의한다면 어떠한 범위까지 가르치며 또 어떠한 방법으로 교육을 해야 할 것인지 논의해 보시오.

2. Brown(2007/2012 : 374)에서는 학습자의 숙달도에 따라 정확성과 유창성의 가중치가 달라진다고 주장한다. 이에 대한 여러분의 생각을 논하시오.

3. 외국어나 제2언어로 말할 때 모국어 때문에 방해를 받은 적이 있는가? 발음, 어휘, 문법, 표현 중 어떤 영역이 가장 영향이 크다고 생각하는가?

제3장 제2언어 교육과 습득 이론

사람들은 태어나서 처음 접하는 언어를 제1언어로 습득하며, 그 이후로 다양한 시기에 다양한 목적으로 제2언어, 혹은 외국어를 배우고 사용한다. 이 과정은 결코 간단하거나 빠르게 이루어질 수 없으며 많은 시간과 노력이 소요된다.

인간이 제2언어를 습득하는 원리나 과정을 밝히기 위한 연구는 지금까지 주로 서양의 영어 교육 이론들에 대한 연구에 기대어 왔으며 한국어 교육도 마찬가지로 외국의 이론들을 수용하고 접목시키고자 노력해 왔다. 하지만 이러한 전통적인 외국의 이론들을 받아들이는 데서 그치는 것이 아니라 독립된 학문 영역으로서의 한국어가 자체적으로 가지고 있는 특질에 대해서도 논의가 필요하다.

본 장에서는 제2언어교육과 말하기 교육의 배경이 되는 전통적인 언어 습득 이론들을 등장한 순서에 따라서 살펴보고 뒤이어 4장에서는 말하기 교육과 관련한 교수법에 대해 알아보고자 한다.

1. 행동주의 심리학과 구조주의 언어학

먼저 1940년대의 언어 습득 이론은 행동주의 심리학과 구조주의 언어학의 영향을 받게 된다. 이 시기에는 아직 언어교수이론이 본격적으로 발달하지 않았기 때문에 언어 학습을 일반적인 기능 학습과 동일시하는 경향이 나타났다.

심리학자들 중에서도 행동주의자들은 과학적이고 객관적인 접근을 강조하였으며 명백하게 관찰 가능한 행동만을 탐구하고자 하였다. 행동주의 학습 이론의 대표적인 학자 Watson(1924)은 '자극-반응-강화-습관화'라는 학습의 원리를 제시하였는데, 행동주의에서의 '학습'이란 경험의 결과로 나타나는 관찰할 수 있는 행동의 변화를 의미한다. 이들은 언어를 배우는 것도 사고 과정이 아닌 자극과 반응을 연결하는 습관 형성으로 보았다. 태어날 때 자전거 타는 방법을 알고 태어나지 않듯이 넘어지고 다시 시도하면서 배울 수 있다는 것이다. 언어도 마찬가지로 아기들의 두뇌는 백지 상태(라틴어 tabula rasa)로 태어나며 경험을 통해서 하나씩 귀납적으로 배워나간다고 본 것이다.

잘 알려진 'Pavlov의 개'와 같은 고전적인 실험은 어떠한 조건을 형성함으로써 유기체(동물 혹은 인간)의 반응을 유도해낼 수 있음을 보여준다. 이는 개에게 고기를 줄 때 종소리를 먼저 들려주는 실험으로 개는 고기를 받아먹기 전에 항상 종소리를 듣기 때문에 반복적으로 훈련이 되어 나중에는 고기가 없이 종소리만 들어도 반사적으로 침을 흘리게 된다.[34]

행동주의 학자인 Skinner는 교정의 정도와 강화의 계획에 따라서 실험자가 원하는 방식으로 유기체가 반응하도록 조건화할 수 있다고 보았다. Skinner(1975)에 의하면, 다른 행동과 마찬가지로 언어 행동은 그 결과에 의해 좌우된다. 그는 결과에 보상이 따르면 행동도 유지되고 그 강도와 빈도도 증가될 것이라 보았다. 예컨대 어린이가 "want milk"라고 말하고 부모가 그 어린이에게 우유를 주게 되면 조작소(operant : 하나의 문장이나 발화)

---

[34] 생리학적으로 어떤 자극에 대해 의식적 작용 없이 신경계의 작용에 따른 본능적인 움직임을 뜻하는 개념인 '반사'는 인간과 동물의 행동에 적용되면서 '반응'으로 확대되었다(조숙환, 2017 : 21).

가 강화되고, 반복적인 경험을 통해 조건화되는 것이다. 그러나 결과에 벌이 따르거나 강화가 전혀 없는 경우, 그 행동은 약화되고 점차 사라지게 된다(Brown 2004/2008 : 11, 29).

행동주의 심리학의 과학적인 성격은 언어를 관찰 가능한 물리적 실재로 보았던 구조주의 언어학과 잘 맞아떨어졌다. Leonard Bloomfield, Edward Sapir, Charles Hockett, Charles Fries 등의 학자들을 위시한 구조주의 언어학파는 언어의 관찰을 통한 과학적 원리를 엄격히 적용하였으며(Brown 2004/2008 : 11), 언어의 공시태를 있는 그대로 기술하여 그 구조 및 기능을 분석하고자 하였다(한재영 외 2005 : 21). 구조주의 언어학에서 가장 보편적인 패러다임은 언어를 문장을 구성하는 독립적인 요소들이라는 관점에서 문법적 인과 관계를 기술하는 선형적이고 구조화된 체계로 간주했다.[35] 언어를 작은 단위로 분해하고 대조할 수 있다는 입장으로 언어 간의 차이를 연구하는 대조언어학의 발달에 근거가 되었으며 구조 위주의 학습을 강조한다는 방침에 따라 문형학습에 중점을 둔 청화식 교수법의 발달을 가져오기도 하였다. 청화식 교수법은 자극에 대한 반사 행동처럼 구문의 반복을 통하여 무조건 반사식으로 구문을 익숙하게 표현하도록 한다는 점에서 행동주의 심리학에도 근거를 두고 있다(한재영 외 2005 : 21).

2. 생성 언어학과 인지주의 심리학

1950~1960년대에 이르러, 행동주의는 생득가설에 의해 도전을 받게 된다. 언어 습득에 있어서도 주변 환경과 경험의 역할을 강조했던 행동주의자들에 반대해, 인간의 타고난 선험적인 언어 지식을 내세우는 새로운 시각이 등장한 것이다.

생득주의의 주창자 Chomsky는 인간의 언어 습득 양상을 설명하는 데에 환경과 경험

---

35 구조주의 언어학은 주어진 언어의 특정한 시기의 언어 상태를 공시적 관점에서 있는 그대로를 객관적으로 관찰하고 기술하므로 기술언어학이라고도 한다(이철수·문무영·박덕유, 2010 : 51).

만으로는 충분하지 못하다고 역설하며, 환경과 경험의 빈곤을 플라톤의 문제(Plato's Problem)와 연결 지었다. 고대 그리스의 철학자 플라톤(Platon BC 429?~347)은 '유아들에게 주어진 자료는 아주 적은데 어떻게 아이들은 그렇게 많이 알 수 있는가' 하는 궁금증을 제기한 바 있다. Chomsky는 이를 '자극의 빈곤'이라 하였는데 아이들이 어른으로부터 받는 언어적 자극에 모든 문법 지식이 완벽히 들어가 있지는 않다는 것이다.

Chomsky는 언어란 인간만이 가진 특별한 능력이며 생득적인 언어능력(linguistic competence)이 존재한다고 주장하였다. 언어는 모방과 반복을 통한 습관 체계가 아니라 최소한의 환경적 노출로 촉발된 생득적 유산이라는 것이다. Chomsky는 이러한 내재적인 언어 지식이 인간의 마음 또는 두뇌에 '언어 획득 장치(language acquisition device, LAD)'로써 존재한다고 주장하였으며 이를 언어학적으로 증명해 내고자 한 것이 보편 문법이다.

생성 언어학(generative linguistics)은 합리론에 입각한 생성이론을 바탕으로 하며 변형·생성문법이라고도 한다. 과거의 기술언어학이 기계적으로 언어자료를 수집 분류 정리하는 데 대한 강한 반발로 등장한 언어이론으로 인간 내부에 숨겨져 있는 무한한 언어생성 능력을 기술함을 목적으로 한다(이철수 외 2010 : 52). Chomsky의 '생성문법이론'에 따르면 인간은 유한개의 규칙에 따라 무한개의 문장을 만들 수 있다. 언어를 획득하는 자질은 인간에게 생득적으로 구비되어 있고, 이것에 기초하여 개개 사람은 모국어를 접촉함으로써 언어 능력을 체득하는 것이다.

또한 Chomsky는 '언어 능력'과 대비되는 개념으로 개별 화자의 특성이나 다양한 상황에서의 말하기 사례는 '언어 수행'으로 구분하였는데 이는 변이성이 있기 때문에 언어 연구의 대상으로 삼기에는 적합하지 않다고 판단하였다. 따라서 당시에 구어 데이터는 순수한 언어 과학의 범주에 놓이지 못했다.

촘스키주의자들의 합리주의(rationalism)는 실제 세계의 자료에 더 가치를 두는 경험주의 학파(empricism)와 양 극단에 놓인 접근 방법을 취한다. 합리주의자들은 '언어'를 연구하기 위해서는 정신의 내부를 관찰해야 한다고 주장한다. 하지만 데이터를 기반으로 하는 경험적 언어 연구에서는 기술의 발달로 인해 구어 단어의 대규모 코퍼스가 개발되기 시작하면서 말하기 패턴과 말하기 행위에 대해 일반화된 결론을 이끌 수 있는 가능성이 커지고 있다. Huges(2012/2019 : 44-45)는 앞으로 일관성(coherent) 연구 프로젝트가 점점 성장함에 따라 이러한 코퍼스 기반의 일반화는 합리주의자의 관점에서의 이론적으로 명백한 결론들과 일치점을 확인할 수 있게 될 것이라 전망했다.

2.1. 결정적 시기 가설

한편, 생득적인 언어 능력이라는 이론에 '나이'가 논쟁의 요소가 되었다. 성인은 아동에 비해 새로운 언어를 배우는 데 시간과 노력이 더 많이 든다는 일반적인 신념 등이 작용하여 성인도 LAD에 접근할 수 있는지 견해가 일치하지 않았던 것이다.

Penfield와 Roberts(1959)는 결정적 시기 가설(critical period hypothesis)을 주장했다. 이는 한 언어를 자연스럽게 배울 수 있는 능력은 사춘기 무렵인 10세 정도에 끝나는 대뇌 유연성과 관련이 있다는 이론이다. 언어 기능이 대뇌의 좌반구로 편중화(lateralization)하는 결과로서 결정적 시기 가설이 등장했다.

Lenneberg(1967)는 언어 발달이 환경보다는 생물학적으로 결정된다는 실험적 증거를 제공했다. 좌반구의 수술을 받은 아동들은 언어 통제력을 완전히 회복한 반면 어른들은 그렇지 못했다(Ellis 1990/2014 : 45, 72).

결정적 시기 가설은 이후에도 계속해서 논란이 되었다. Long(1988)은 모어 화자의 발음을 습득하는 결정적 시기는 6세경인 반면에, 제2언어 문법 습득의 결정적인 시기는 사춘기라고 주장한다. 반면 White(1985)는 성인들도 언어 습득 장치에 지속적인 접근이 가능하며, 전체적인 습득 과정이 나이와 상관없이 제1언어 습득과 제2언어 습득에서 동일하다고 주장한다. Macnamara(1973) 역시 한 언어가 사춘기 이후에 배울 수 없다는 주장에 의심을 표했다. 하지만 일반적으로 알려진 바에 따르면 이전에 배운 언어에 대한 지식과 나이는 제2언어 학습과 제1언어 학습을 질적으로 구별되게 해 준다는 것이다(Ellis 1990/2014 : 73).

1960년대부터 1970년대 초까지 제1언어 습득 연구는 촘스키 언어학에서 선도적인 역할을 담당했다. Chomsky의 자연주의적인 언어학의 접근은 정신과 언어의 철학에 많은 영향을 주었다.

Chomsky는 언어의 '의미'와 독립적으로 '문법(통사)'이 자신만의 법칙을 가지고 있다고 가정하였다. Chomsky의 형식 언어학을 기반으로 한 외국어 교육은 인간이라면 공통적으로 가지고 있는 '보편 문법' 체계를 중심으로 자신의 모국어 문법 체계를 어떻게 외국어의 문법체계로 전환하느냐에 초점을 두었다. 하지만 이는 교육 현장에서의 실제적인 교수 방법론을 제시한 것은 아니었다. Chastain(1971) 등이 주장한 인지 규칙 교수법(cognitive code method)은 언어 능력과 언어 수행의 구분에 의존하여 제2언어 교육에서 문법 지식에 대한 인지와 인식이 선행되어야 한다고 하였으나 교실에서의 구체적인 방법론으로 연결된 것은 아니었다.

Chomsky의 인지주의에 영향을 받은 인지적 反 교수법(cognitive anti-method)도 등장하였는데 제1언어 습득과 마찬가지로 제2언어 학습자들이 스스로 인지 규칙을 습득한다는 주장이다. 이들은 교수를 통하지 않는 '습득'을 강조하였다. Newmark(1966)는 아동의 언어 습득 장치는 아동과 성인 제2언어 학습자에게 선천적으로 부여되었고 나이에 관계없이 이 장치에 지속적으로 접근할 수 있다고 하였다. 또한 제1언어가 문법 형식에 대한 분석 없이 자연스럽게 습득된 것과 같이 언어적 자질을 부분적으로 분리해서 배우기보다는 전체 덩어리를 한꺼번에 배워야 한다고 주장하였다. 학습자에게 제공할 입력을 선택하여 등급화하려 하기보다는 자연스러운 맥락을 제공해야 한다고 강조했다.

이처럼 인위적인 교육을 배제하고 자연스러운 습득을 강조한 인지적 反 교수법은 LAD 이론에 기반하고 있으며 Krashen의 자연적 접근법에 영향을 주었다.

2.2. 중간언어와 오류

제1언어 습득과 제2언어 습득 사이의 유사성은 가설 형성과 가설 시험의 과정에 있다. 학습 전략에 기초하여 형성된 가상의 규칙은 이해와 생성에서 시험을 받으며, 만일 이해에서 결함이 생기거나 생성된 발화가 의사소통에 실패할 경우 이러한 규칙은 수정된다.

모어 화자가 언어 능력에 의존하는 것과 마찬가지로, 제2언어 학습자는 추상적 언어 규칙 체계를 구성하는데 이를 '중간언어'라 한다(Selinker 1972).

McLaughlin(1987)은 중간언어 이론에서 소위 보편 문법의 발달을 따라간다고 말한다. 이 문법에서는 학습자의 제2언어 지식은 추상적인 언어 원리에 관한 매개변수를 설정하는 과정으로부터 비롯된다고 주장한다. 제2언어 학습자의 언어는 규칙 규제를 받으며, 학습자들이 목표언어에 대한 가설을 시험하면서 일련의 발달단계를 거친다. 중간언어가 구성되는 과정은 제1언어 전이, 과잉 일반화, 단순화 등 인지적 학습 과정을 거친다 (Cancino 외, 1974).

중간언어는 학습자 고유의 언어 체계이다. 학습자들은 외국어를 점진적이고 체계적으로 발전해 나가기 때문에 원어민의 기준에서는 틀린 문장이더라도 학습자 입장에서는 나름의 체계와 논리를 가지고 있다. 예를 들어서 '저는 어제 어머니와 함께 쇼핑을 하셨어요.'라고 말한다면 그 학습자는 한국어의 높임법이라는 규칙을 내면화하고 있었기 때문에 그 문장이 문법적으로 맞다고 믿는 것이다. 또한 "오늘 날씨가 덥어요"라고 말한다면 그 학습자는 한국어의 모음조화라는 규칙을 내면화하고 있기 때문에 그 문장이 문법적으로 맞다고 보는 것이다.

생득주의 이론은 오류의 역할에 대해 사고를 전환하는 데 크게 기여했다. 오류는 습득이 발생하고 있다는 증거이며 필수적인 것이고 학습 과정의 일부라는 것이다. 그들은 학습자의 오류가 제2언어 규칙에 대한 가설을 검증해 나가는 적극적인 방법을 반영하는 것이라 주장했다. 따라서 오류는 허용되어야 하며 학습자들이 모험을 시도하도록 권장하기 위해서 오류를 기꺼이 수용해야 한다고 보았다. Corder(1967)는 오류가 학습자들이 최종 목표를 향해서 얼마나 많이 진보하였는가를 나타내기 때문에 중요하다고 주장하였다. 또한 오류는 언어를 어떻게 학습하는가에 대한 증거를 제공할 수 있기 때문에 중요하다고 하였다(Ellis 1990/2014 : 49, 76, 93-95).

또한 학습자들은 언어적 지식이 부족한 상황에서 의사소통을 하기 위해 다양한 전략을 사용하게 된다. 전형적인 의사소통 전략은 풀어서 말하기, 언어 바꾸기, 도움 요청하기 등이다.

한편 Selinker는 중간언어 체계의 독특한 특징으로 '화석화(fossilization)'라는 개념을 제시하였는데 중간언어 발달이 더 이상 나아가지 못하고 중지된 경우를 일컫는다(Selinker & Lamendella 1978). 하지만 영구적인 중지를 의미하는 '화석화'라는 용어 대신에 일시적인 중지를 의미하는 '안정화(stabilization)'이라는 용어가 사용되기도 하는데 이는 일정 시간이 흐른 뒤에 중간언어가 다시 발달될 수 있다는 가능성을 열어둔 개념이다.

중간언어 이론은 아동과 성인이 제2언어를 어떻게 습득하는가에 대한 설명을 제공했으며 언어 교육에 큰 영향을 끼쳤다. Corder(1976 : 78)는 "학습자들에게 노출되는 언어적 자료를 등급화하는 대신에, 우리는 학습자에게 제공하는 의사소통 요구를 등급화함으로써 학습자가 자신의 근사 체계를 더욱 다듬도록 유도할 수 있을 것이다"라고 하였다. Corder는 진정한 의사소통 기능을 수행하기 위해서 진정한 상황에서 언어를 사용해야 한다고 주장하며 '자연적 교수법'을 권장하였다. 중간언어의 연구는 제2언어 습득 이론인 감시 장치 모형의 구성에 영향을 주었다.

3. Krashen의 '자연적 접근법'

인지적 反 교수법을 지지했던 제2언어 학습 이론은 중간언어 이론에 영향을 미쳤으며 중간언어 이론은 Krashen의 이론을 구성하는 데에 공헌하였다. Krashen의 '자연적 접근법'은 모국어를 배우는 것처럼 많은 입력을 통해 습득해야 한다는 자연주의적 원리를 강조하였으며 언어 규칙의 체계적인 제시와 연습을 통한 습득을 부정하였다.

자연적 접근법(Krashen & Terrell 1984)의 목표는 의사소통 기능이며 아래와 같은 5가지 가설을 내세우고 있다.

3.1. 습득/학습 가설(The Acquisition-Learning Hypothesis)

Krashen(1978)은 촘스키의 '언어습득장치(LAD)'라는 개념을 제2언어 습득에 수용하였다. 습득-학습 가설에 따르면 언어 습득과 언어 학습은 서로 다른 독립적인 과정으로 이루어져 있다. 습득(acquisition)은 아이들이 모국어를 배울 때처럼 무의식적인 과정으로서 자연스럽게 언어를 흡수하는 과정으로 실제적인 의사소통을 위한 과정이다. 반면에 학습(learning)은 언어를 논리적으로 알아가며 생기는 의식적인 과정으로 문법 수업, 독해, 작문, 발음 연습 등의 의식적 지식활동으로 이루어진다. 따라서 외국어 수업 중에는 의식적인 학습이 실질적으로 언어를 사용하는 데 도움이 되지 못하므로 문법 수업을 지양하고 습득을 목표로 한 자연스러운 상호 소통적 방식이 강조되어야 한다고 주장하였다.

하지만 의식적이고 무의식적인 과정에 대한 정의가 분명하지 않으며 습득과 학습이 다르기 때문에 서로 영향을 끼치지 않는다는 주장에 대해 여전히 논란이 많다.

3.2. 모니터 가설(The Monitor Hypothesis)

모니터 가설은 습득이 아닌 학습의 한 측면이며, 학습한 지식이 언어를 생산하는 데 있어서 일종의 감시자(monitor) 혹은 편집자의 역할을 한다는 이론이다. 학습자는 습득한 지식으로 문장을 만들고 학습한 지식으로 그것이 맞는지 틀리는지를 생각해보고 수정해서 발화한다. 이 때 감시자의 역할은 최소여야 하며, 정상적인 발화에서 나오는 작은 오류를 수정하거나 좀 더 정련된 발화를 위해 기능할 뿐이라는 것이다(김선정 외 2010 : 37). 모니터 가설의 조건은 수정할 충분한 시간이 있어야 하고, 모니터링하고자 하는 부분의 문법규칙을 이미 알고 있어야 한다.

모니터 가설에 따라 어린 아이들은 유창한 말하기를 위해 명확한 문법 교육이 필요하지 않을 수도 있지만, 고급 수준의 정교한 문장을 말하기 위해서는 명시적 교육이 필요하다.

3.3. 자연적 순서 가설(The Natural Order Hypothesis)

학습자는 일정한 순서에 따라 언어의 규칙을 배운다. 이에 따르면 어떤 문형은 다른 특정 문형보다 더 빨리 배우게 되는데, 이는 학습과는 관계없이 이미 처음부터 자연적으로 정해져 있다는 것이다. 따라서 외국어를 배우는 교실에서도 문법규칙의 습득은 일정한 순서대로 일어나며 그 순서는 학습에 의해서 바뀌지 않는다. 즉, 언어 형태나 규칙에는 이미 자연적 순서가 정해져 있다. 외국어 습득이 모국어의 습득 순서와 유사하다는 점을 강조하고, 학습자들이 말하기 준비 전인 침묵기에 목표어의 충분한 듣기 입력이 선행되어야 한다는 가설이다(김선정 외 2010 : 37).

3.4. 입력 가설(The Input Hypothesis)

입력 가설은 위의 자연적 순서 가설에 따라 순서대로 학습자의 언어가 발달된다면 각 단계에 맞는 이해가능한 입력(comprehensible input)이 충분히 필요하다는 가설이다. 이해가능한 입력이란 현재 학습자의 수준보다 약간 더 높은 수준의 입력을 말하는데 만약 현재 학습자의 수준을 i라고 한다면 이해가능한 입력은 'i+1'이라고 수식적으로 표현할 수 있다.

입력은 현재의 수준을 지나치게 상회해서 학습자가 학습에 부담을 느끼거나(i+2, i+3) 너무 쉬워서 학습 욕구가 떨어지는 수준(i+0)은 학습에 도움이 안 된다고 보았다.

의사소통능력은 입력되는 언어자료의 의미를 이해함으로써 얻게 되는 것이다. 이 가설 역시 언어습득장치(LAD)를 통해 언어자료를 파악하고 그 언어의 자연적 순서에 따라 언어를 습득하게 된다는 것을 전제로 한다. 따라서 이 가설을 따를 경우 듣기, 읽기 교육이 언어 교수에서 일차적이며, 말하기와 쓰기는 시간이 지나면 자연스럽게 구사하게 된다는 것이다.

3.5. 정의적(감성적) 여과장치 가설(The Affective Hypothesis)

학습자의 자신감 또는 의욕과 같은 감정적인 요소 때문에 발생하는 개인적인 차이에 대한 것으로서 외국어습득은 학습자의 감정과도 관계가 있다는 가설이다. 정의적 여과가 낮으면 들어오는 입력을 거르지 않고 받아들이기 때문에 자신감을 갖고 상호작용하며 보다 더 수용적인 태도를 보인다. 반면 부담스러움, 불안함, 초조 등의 정의적 여과를 높게 가지고 있는 습득자의 경우 이러한 감정적 특징 때문에 언어 습득이 방해를 받는다.

'이머전 수업'은 Krashen의 입력 가설에 기초하여 등장하였다. 첫째, 제2언어는 제1언어와 비슷한 방식으로 습득되고, 둘째, 언어는 그 언어의 자연스러운 환경에 노출될 때 가장 잘 배우게 된다. '이해 가능한 교과 교수'에 근거한 몰입 학급은 캐나다에서 큰 성공을 거두었다(Swain & Lapkin 1982). Krashen은 몰입 학급이 학습자에게 많은 이해 가능한 입력을 제공하였기 때문이라고 주장한다.

Ellis(1990/2014 : 171)는 습득을 촉진하는 교수법이 그렇지 않은 교수법보다 더 많은 이해 가능한 입력을 제공한다는 것을 보여주는 어떤 증거도 제시하지 못한다고 하였으며 Krashen의 주장은 순환적이라고 비판하였다.

그러나 Krashen의 입력 가설은 언어 교육에 영향력이 있는 이론을 제공하였다. 이 가설은 성공적인 교실 습득을 위해서는 학습자들이 이해할 수 있는 메시지 지향의 의사소통에 접근해야 한다는 것을 알려준다(Ellis 1990/2014 : 177).

4. Micheal Long의 상호작용가설

상호작용가설(Interaction Hypothesis)은 이해 가능한 입력의 중요성을 강조하지만 입력을 이해 가능하게 만드는 특정한 방법에 대해 강조한다는 점에서 입력 가설과 차이가 있다.

Long(1981)은 상호작용가설을 내세우면서 학습자가 이해하기 어려운 입력(input)도 대화자와 상호 교류를 하는 중에 이해 가능한 입력으로 바뀔 수 있다고 하였다. 즉, 잘 모르는 것을 알기 위해서 서로 '의미 교섭(negotiation of meaning)'을 하는데 이는 모국어 화자와 다른 대화 상대자들이 그들의 입력을 학습자에게 이해 가능하도록 하기 위해서 만들어내는 다양한 수정된 발화라고 정의할 수 있다. 의미 교섭에서는 명확화 요구, 확인 체크, 이해 체크와 같은 질문들이 중요하며 모국어 화자들이 제2언어 학습자에게 보다

신중하게 말을 하면서 말을 느리게 하는 것이나 다른 말로 바꿔 말하는 것 등이 포함된다. Long은 이러한 조정을 전략(strategies)이라고 부른다.

Long의 상호작용 가설 이후에 원어민 화자와 비원어민 화자 간의 상호작용이 학습자의 제2언어 발달을 촉진시킨다는 사실이 인정되면서 상호작용을 구성하는 입력, 출력, 수정적 피드백, 학습자 즉각적 교정 반응(uptake), 알아차리기(noticing) 등이 제2언어 습득 학계의 큰 주목을 받게 되었다. 특히 Long은 '수정적 피드백'이 제2언어 습득에 필요한 부정적 증거를 제공하여 중간언어 발달을 촉진한다고 주장하였다.

> Krashen의 'I (Interlanguage : 중간언어)+1'의 개념은 학습자의 현재 발달 상태와 잠재적 발달 사이의 거리를 가리키는 Vygotsky의 근접 발달대(ZPD)와 유사한 것으로 보인다. 하지만 근접 발달대는 학습자들이 혼자서 할 수 없는 것에 대해서 학습자들을 돕기 위해서 타인의 중요성을 강조한 사회적 상호작용주의자들의 관점으로부터 나왔다는 점에서 구별된다.

'형태 초점'은 Long(1991)이 제안한 개념으로 유창성과 정확성을 함께 추구하고자 하는 것이 가장 큰 특징이다. 'Focus on Form'은 언어 형식의 초점화를 의미하며 Focus on Forms(FonFs : 형식 중시 교수법)[36]와 구별된다. FonF는 의미에 초점이 있는 교수 활동이 주가 되고 필요에 따라 언어 형식을 다루는 접근법이다. 이것은 언어 형식을 커뮤니케이션과 분리시키는 것이 아니라 언어를 자연스럽게 사용하면서 가르치는 것이 목표이기 때문에 형식 그 자체가 목적이 되어서는 안 되고 의사소통중심 수업을 방해해서는 안 된다.

초기의 형태 초점은 우연히, 암시적으로 형태에 초점을 맞추었다면 이는 점차 계획된 초점과 명시적인 형태에 대한 교수까지 모두 포함하는 개념으로 확장하였다(한국어교육학

36 　전통적인 형식의 문법 교육으로 문맥이 결여된 단문 형식의 예문을 통해 많은 규칙들을 명시적으로 설명하고 연습하는 형식의 문법 교육을 의미한다.

사전 2014 : 971).

한편 Celce-Murcia 외(1999)는 문법 교육이 성인이 될수록 더 바람직하고 쓰기와 같은 활동에서 더 중요하다고 주장하여 문법 교육의 가치가 여러 가지 변수에 따라 달라져야 한다고 보았다.

5. 기능주의적 접근법

언어 습득을 인간의 내재적인 언어능력에 초점을 두어 설명하는 보편문법의 생성문법적 입장이 아닌 언어 습득의 외부적인 요인에 초점을 둔 방법론이 기능주의적 접근법이다. 생성문법에서 언어를 '규칙들의 일정한 집합'(a set of rules)으로 보았다면 기능주의적 관점에서는 언어를 '의사소통의 체계'(a system of communication)로 파악하고 있다. 언어 습득에서 이는 경험론적 관점에 기인한 실제 언어사용과 발화의 기능을 강조한다고 볼 수 있다. 이때 기능이라는 것은 언어의 특정 형태에 대한 구조적 기능뿐 아니라 사회적 의사소통 기능(화행)과 관련한 화용적 기능도 포함한다.

기능주의 언어학의 제2언어습득연구는 아래의 특징을 포함한다(Saville-Troike 2006 : 53).

① 기저에 깔려 있는 언어 지식(underlying knowledge, competence)뿐만 아니라 실제 상황에서의 언어사용(performance)에 초점이 맞추어졌다.
② 제2언어 습득 연구는 언어의 목적이 의사소통에 있고 언어적 지식의 발달은 의사소통적 사용을 필요로 함을 전제하고 있다.
③ 관심의 영역이 언어의 문장 단위가 아닌 담화 구조와 언어 소통 상황까지 확대된다.

6. 구성주의적 접근법

'구성주의'란 개개인의 지식과 경험을 바탕으로 새로운 지식을 구성해 나가는 과정에 초점을 두는 교육 이론으로 크게 내향적인 방향과 외향적인 방향으로 나누어진다.

내향적인 방향은 Piaget의 인지 발달 이론에 근거한 '인지적 구성주의'를 의미하며 개인이 가지고 있는 지식과 경험을 토대로 새로운 내용에 대한 의미를 재구성한다는 것이다.

외향적인 방향은 '사회적 구성주의' 이론을 토대로 하며 개인이 사회와 접촉하면서 인지를 발달시켜 간다는 입장이다. 사회적 구성주의에서는 Vygotsky의 '근접 발달 영역(zone of proximal development : ZPD)'이라는 개념이 잘 알려져 있는데 이것은 학습자들의 현재의 발달 상태와 잠재적 발달 사이의 거리를 가리킨다. 사회적 구성주의에서는 학습자가 아직은 혼자서 할 수 없는 과업일지라도 더 능력 있는 동료들이나 성인들의 도움과 같은 적절한 자극이 주어지면 학습이 일어날 수 있음을 주장한다. 따라서 사회적 상호 작용과 협력 학습의 중요성을 강조한다.

구성주의는 학습자의 지식과 경험이 학습의 중요한 자원이 되고 지식이 실제로 활용되는 맥락을 중시한다는 점에서 과제 중심 언어 교수법의 기초가 되었다(한국어교육학사전 2014 : 946).

더 생각해 보기

1. Nickel(1973)은 근사 체계(approximate systems)의 순서를 가르침으로써 중간언어에 분명하게 나타나는 점진적인 복잡성을 조절해야 한다고 주장했다. 이처럼 중간언어의 오류 형식을 가르치는 데 동의하는가?

2. 입력 가설은 교사들이 학습자에게 자연스러운 습득이 가능하도록 충분한 입력을 제공하는 것이 중요하며 특히 언어 학습의 초기에는 말하기를 강요받지 말아야 함을 주장한다. 이러한 Krashen의 주장에 동의하는가?

3. 습득/학습 가설에서 Krashen은 제2언어를 배우는 데 있어서 의식적인 학습(문법 수업, 독해, 작문, 발음 연습 등)이 실질적으로 언어를 사용하는 데 도움이 되지 못하기에 습득을 해야 한다고 주장하였다. 이러한 Krashen의 주장에 동의하는가?

제4장 말하기 교수법

1. 제2언어 교수법과 말하기 교육

교수법(teaching method)이란 준비된 교육 내용을 체계적으로 가르치는 방식을 의미하며 언어 교수법은 학습자에게 언어를 어떻게 가르칠 것인지와 관련한 접근법, 교수법, 기법을 포괄한다.

Anthony(1963)에 의하면 접근법, 방법, 기법은 수직적 관계를 갖는다. 접근법(approach)은 언어와 언어 교수-학습법의 본질에 대한 기본 가설과 원리들을 말하며 방법(method)은 특정 접근법에 근거하여 언어를 체계적으로 제시하기 위한 전반적인 계획을 말한다. 기법(technique)은 방법과 일관성이 있으며 접근법과도 조화를 이루는 구체적인 교실 활동과 전략 등을 의미한다.

본 장에서 소개할 외국어/제2언어 교수법들은 시대의 요구에 따라 변화해 왔다. 하지만 과거에 나온 교수법이라고 해서 낡은 것이라는 관점보다는 각각의 교수법들이 서로 다른 특징들을 가지고 있으므로 절충적으로 사용하는 것이 바람직하다.

대부분의 교수법에서는 언어 제시 방법, 언어 항목과 기능의 교수 순서와 강조점, 구체적인 수업 활동 등에 대해 이야기한다. 한국어 교실 상황에서는 수업의 목표에 따라 혹은 학습자의 단계나 수업 상황에 맞춰 교수법을 선택적으로 활용할 수 있다.

이 장에서는 몇 가지 주된 교수법들을 선별하여 말하기 교육과 관련하여 살펴보고자 한다. '문법 번역식 교수법'과 '청화식 교수법'은 형태 중심의 교수법이며, '직접식 접근법, 의사소통적 접근 방법, 과제 중심 교수법'은 의사소통 중심의 한국어 교수법으로 구분된다.

1.1. 문법 번역식 교수법과 말하기 교육

문법 번역식 교수법(Grammar-Translation method)은 원래 라틴어나 희랍어와 같은 고전어의 수업에서 행해졌던 방식으로 외국어를 가르칠 때 문법 규칙의 설명과 원전의 번역에 중점을 두는 교수법이다. 문법 번역식 교수법은 이론에 근거를 두지 않고 유럽의 외국어 교육 현장에서 경험적으로 실천해 온 것으로 전통적 교수법 혹은 고전적 교수법이라고도 부른다.

이 교수법은 1940년대까지 유럽의 외국어 교육 현장에서 널리 사용되었으며, 현재도 많은 교사들은 특정한 문법 요소를 설명할 때나 단어의 미묘한 차이를 알려주고자 할 때 종종 활용한다. 대다수의 학습자들 역시 언어 학습 과정에서 문법 번역 활동을 경험한다.

문법 번역식 교수법을 도입한 수업은 학습자의 모어로 진행하며 수업 방식은 대체로 '연역적인 문법 설명 → 문장의 의미 이해 → 모어로의 번역 → 어휘의 암기'와 같이 구성된다.

문법 번역식 교수법은 의사소통 능력의 신장보다는 읽기나 쓰기 능력을 향상시키려는 학습자들에게 적합하다. 특히 학습자의 모어를 매개어로 수업하므로 동일한 언어권의 학습자들을 대상으로 한 해외에서의 교육 상황에서 효용성이 있는 교수법이라 할 수 있다.

한편 Horwitz, E. K.(2008/2010 : 70-71)에서는 문법 번역식 교수법이 기초 단계의 학습자들보다는 사고를 정확하게 표현하는 능력을 길러야 하는 고급 단계의 학생들에게 유용한 교수법이라 주장한다. 이덕희(2003)는 특히 학문적인 언어 기술에 있어서 정확한 언어 기술을 요구하는 학업 상황을 고려해 볼 때 의미를 강조한 문법 번역식의 교수 방법이 유용함을 주장하였다.[37]

문법 번역식 교수법에서 말하기 활동은 문법 규칙을 연습하거나 번역을 소리 내어 읽는 정도로 이루어질 수 있으나 목표어의 능동적인 사용이 거의 없어 학습자가 하고자 하는 말을 표현하는 데에는 한계가 있으며, 발음 등 음성 언어에는 거의 관심을 기울이지 않는 교수법이다.

1.2. 직접식 교수법과 말하기 교육

문법 번역식 교수법에 대한 반발로 새로운 교수법이 차츰 등장하였다. 그 가운데 유아가 모어를 습득하는 과정을 외국어 교육에 응용하여 자연스러운 구두 언어 기능을 향상시키고자 하는 자연 교수법과 심리학적 교수법이 개발된다. 이는 1900년을 전후하여 직접식 교수법(Direct Method)으로 틀이 잡히기 시작하였다.

직접 교수법은 독일과 프랑스에서 정립된 구어와 대화 중심의 교수법으로 거의 모든 수업이 목표어로만 이루어진다는 것이 특징이다. 직접 교수법이라는 명칭도 이러한 특징에서 유래했으며 자연적 교수법(Natural Method)이라고도 한다. 이는 당시 외국어 교육의 목표가 '말을 하게 하는 것이라는 것'이라는 인식의 변화가 있었으며 목표어에 학습자들을 그대로 노출시킴으로써 보다 자연스럽게 의사소통 능력을 신장시키고자 하는 데에 주안점을 두었기 때문이다.

직접 교수법을 활용한 수업에서는 문법 규칙 등을 직접 설명하지 않으며 직접적이고

---

[37]   학습자의 숙달도에 따라 응용할 수 있는 영역이 구분된다. 초급 단계의 학습자라면 문법 번역식 교수법을 통해 목표 문법을 모국어로 빠르고 쉽게 이해시킬 수 있을 것이다.

자연스럽게 목표어를 사용하는 과정 속에서 귀납적으로 추론하게 된다. 따라서 수업 활동은 구두 상호 작용(질문과 응답)이 중심이 된다.

한국어교육학 사전(2014 : 950)에서는 직접식 교수법을 도입한 수업의 과정으로 '텍스트 읽기 → 텍스트와 관련하여 질문하고 대답하기 → 일반적인 상황으로 확장하여 질문하고 대답하기 → 텍스트와 관련된 내용으로 빈칸 채우기 → 텍스트 관련 내용으로 한 단락 받아쓰기'를 제시하였다. 독해 자료를 이해하는 단계에서 질문과 응답을 활용하는데 말하는 것을 직접 행동으로 보여주거나 실물로 제시하기도 하고 상황 속에서 예를 들어 설명하여 문맥적으로 의미를 유추하기도 한다.

직접식 교수법은 20세기 초에 사설 어학원을 중심으로 인기를 누렸으나 공공 학교에서는 예산 부족, 상대적으로 큰 학급 규모, 시간적인 비효율성, 교사 확보의 어려움 등으로 별로 받아들여지지 않았다.

직접식 교수법은 듣기와 말하기를 통해 구어 의사소통 능력의 신장에 도움을 주고 발음의 정확성을 기할 수 있다는 장점이 있다. 그러나 새 어휘나 문법을 이해시키는데 시간이 많이 걸려 비효율적이며 설명이 장황하고 체계적이지 못할 수 있다는 단점이 있다. 특히 초급 학습자의 경우는 목표어를 이해하지 못하여 참여에 한계가 있으므로 어느 정도 한국어에 익숙해진 다음에 사용하는 것이 효과적이다.

1.3. 청화식 교수법과 말하기 교육

19세기 미국에서는 외국어를 교육시킬 교사가 부족하여 직접식 교수법이 적용되기 어려웠다. 청화식 교수법(Audio-Lingual Method)은 미국에서 1950년대에 등장한 교수법으로 제2차 세계대전의 발발로 군인들에게 외국어를 가르칠 필요성이 높아져 등장하게 되었으며 흔히 군대 교수법(Army Method)이라고도 부른다. 청화식 교수법은 구조주의 언어학과 행동주의 심리학의 원리에 바탕을 둔 교수법으로 당시 언어학자들은 외국어를 학습하는 데 있어서 구두식 접근 방법과 강도 높은 훈련의 중요성에 대해 중시하였다.

청화식 교수법을 도입한 수업은 대체로 '수업의 목표를 대화로 제시 → 대화 모방과 반복 연습 → 교사에 의한 즉각적 오류 수정 → 강화'로 구성된다. 수업 시간에 사용할 자료는 대조 분석을 통하여 도출되며 구조들의 난이도 순서를 따른다. 학습자들은 우선 수업의 목표가 되는 주요 구조를 포함한 대화문을 듣는다. 대화문의 문장은 하나씩 반복 하여 따라하는데 교사는 이 때 발음, 억양, 유창성에 관심을 두고 학습자의 오류가 나타 났을 때에는 직접적이고 즉각적으로 수정해 준다. 문법 설명은 거의 배제하며 귀납적으로 추론하게 한다.

이처럼 청화식 교수법은 문형에 대한 집중적이고 기계적인 훈련으로 언어 학습에 대한 습관을 길러 주고 주어진 상황에서 적절한 반응을 즉각적으로 할 수 있도록 설계되 었다. 반복 훈련을 통해 말하기 영역을 가장 중점적으로 개발하였으며 발음의 정확성을 추구하였다. 하지만 실제의 맥락을 무시하고 형태 위주의 통제된 수업 방식으로 학습자 의 창의적인 언어 활동이 결여되었으며 실제 상황에서의 의사소통 능력을 가르치는 데 에는 역부족이었다.

청화식 교수법의 패턴 드릴(Pattern Drill) 방식은 오늘날에도 언어 교육 현장에서 여전히 널리 사용하고 있다. 교재에는 문형이나 구문을 따로 분리하여 제시하며, 학습자들은 문형이나 구문을 자동적으로 사용할 수 있게 될 때까지 연습한다. 한국어 교육에서 패턴 드릴은 어휘 대치, 어미 활용 연습, 문형 변화 등을 중심으로 이루어진다. 이러한 청화식 교수법은 외국어 교육의 초기 단계에서 발음, 억양, 문형을 가르칠 때 사용하면 효과적이 다. 하지만 반복적인 과잉 학습으로 지루한 면이 있으므로 긴 시간의 연습은 피하는 것이 좋다.

1.4. 의사소통적 접근 방법과 말하기 교육

의사소통적 접근 방법(Communicative Approach)은 1960년대 후반 기능주의적 습득 이론 을 근간으로 등장한 접근법이다. 당시 영국의 응용 언어학자들은 언어를 독자적인 체계 로서가 아니라 그것이 실제로 사용되는 맥락 속에서의 기능을 위주로 분석하여야 하며 의사소통 능력 신장에 언어 교수의 초점을 맞추어야 한다고 주장하였다. 문법 규칙보다는 의사 전달 능력을, 정확성보다는 적절성과 유창성을 우선시했으며 중간언어 이론을 수용하여 학습자의 목표어 체계의 발달 과정을 존중하였다.

'의사소통 능력(communicative competence)'이라는 용어는 Chomsky의 언어능력의 한계를 극복하기 위한 대안으로 Hymes(1972)에 의해 제창되었다. Hymes의 의사소통 능력은 하나의 발화 공동체에서 유능하게 의사소통하기 위해 언어 사용의 지식과 능력을 모두 습득해야 함을 의미한다. 그는 언어능력에 문법 능력 외에 문법적 적합성과 용인 가능성을 포함하였다.

Widdowson(1972 : 16)은 단순히 문장을 구성할 수 있는 능력만으로 의사소통을 하는 것이 아니라 의사소통은 본질적으로 사회적인 성격을 띠는 다양한 행동을 수행하기 위해 우리가 문장을 만들어낼 때에만 발생한다고 보았다. 또한 Halliday(1975)는 의사소통 능력에 대한 관점을 보충하는 언어의 7가지 기능을 제시하였는데 도구적 기능, 통제적 기능, 상호작용 기능, 개인적 기능, 발견적 기능, 상상적 기능, 표상적 기능이 그것이다.

한편 Hymes(1972)의 의사소통 능력을 확장하고 좀 더 정교화하려는 시도가 이어졌는데 Canale & Swain(1980)이 제시한 의사소통 능력을 구성하는 4가지 하위 요소는 현재까지도 큰 영향력을 미치고 있는 제2언어 습득 모델이라 할 수 있다. 이 중 '문법적 능력'과 '담화적 능력'은 언어의 내적인 체계와 관련된 것이고, '사회언어적 능력'과 '전략적 능력'은 의사소통이라는 기능적 양상에 관련된 것이다. 먼저 문법적 능력은 Hymes(1972)가 말한 '문법적으로 가능한' 것에서 의도한 개념으로 어휘에 대한 지식과 음운론적, 형태론적, 통사론적, 의미론적 지식을 포함하며 문법적으로 올바른 문장을 생성해 내는 능력을 의미한다. 담화적 능력은 전체 담화 혹은 텍스트와 관련지어 형태적인 응집성(cohesion)과 내용상의 결속성(coherence)을 이루기 위해 아이디어를 조직하는 능력으로 문장 사이의 상호 관계와 연관된 것이다. 사회언어학적 능력은 의사소통이 일어나는 사회적 문맥을 이해하는 능력을 가리키는데, 묘사·설명·설득·정보 전달 등의 특정 언어 기능을 수행하기 위해 사회적 맥락과 담화 상황에 맞게 언어를 사용하거나 이해하는 능력을 말한다. 전략적 능력이란 의사소통 참여자들이 소통의 효율성을 높이고 소통 장애를 보상하기 위해 사용하는 전략의 사용 능력으로 의사소통을 시작하고, 끝맺고, 유지하고, 정정하고,

방향을 바꾸기 위해 사용하는 전략들을 포함한다.

의사소통적 접근 방법에서는 교실에서의 말하기 활동을 강조하고, 학생들의 참여를 높이는 데에 관심을 둔다. Hughes(2012/2019 : 244)에 의하면 이전에는 학생과 교사 사이의 말하기 시간에 대한 상관관계에 관심이 있었으나, 최근 들어서 교사와 학생 간에 혹은 학생과 학생 간에 말하기 상호작용이 어떻게 언어 학습에 영향을 주는가를 더 잘 이해하자는 방향으로 강조점이 바뀌고 있다. 의사소통적 교수법에서 교사는 언어 학습 활동의 관리자, 조언자 혹은 공동 참여자로서의 역할을 한다.

Littlewood(1981)에서는 외국어 의사소통 행위를 실행하기 위한 학습 활동을 아래와 같이 네 단계로 제시하였다.[38]

① 이해 연습 : 의사소통 수행 능력들을 작은 단위로 연습하게 한다.
② 재표현 연습 : 특정 언어 단위들을 다시 표현하게 한다.
③ 표현 연습 : 배운 것을 독자적으로 사용하게 한다.
④ 창의적 연습 : 자유롭게 언어를 사용하게 한다.

Littlewood(1981)는 의사소통 연습을 기능적 의사소통 활동(functional communicative activities)과 사회적 상호작용 활동(social interaction activities)으로 구분하였다. 기능적 의사소통 활동에서는 주로 '정보 차 활동(information gap activities)'이 이루어지는데, 놀이나 인위적 성격을 띨 수 있다. 반면에 사회적 상호작용 활동은 역할극, 논쟁, 토론, 시뮬레이션, 시나리오 등 언어의 '사회적 상호작용' 측면도 실제로 포함되어 있다.

의사소통적 접근법이 거시적인 차원에서 큰 틀을 제시한다면 이러한 접근법을 지향하는 구체적인 언어 교수 방법론으로는 자연적 접근법(natural approch), 내용 중심적 교수법(content-based language teaching), 과제 중심적 교수법(task-based language teaching) 등이 있다.

---

38   Willis J(2012 : 124-125)에서 재인용함.

1.5. 과제 중심 교수법과 말하기 교육

과제 중심 교수법[39]은 언어 교수에 있어서 학습자가 목표어를 사용하는 환경에서 자주 일어날 수 있는 일들을 수업의 활동 과제로 제시함으로써 의사소통과 상호 행위를 수반하여 언어 습득을 촉진시키는 교수법이다. 이는 의사소통 중심 접근법에서 발전되었는데 1980년대 이후 언어 교육에서 의사소통의 부분적 사용이 아닌 총체적이고 의미 중심적이며 학습자 주도적인 의사소통의 사용이 중요하다는 인식이 확산되면서 과제는 제2언어 교육에서 중요한 관심의 대상이 되었다(김영주 2012 : 15).

과제 중심 교수법은 목표어를 사용하여 어떤 과제를 수행하거나 주어진 문제를 해결하는 과정에 초점을 두고 있다. 과제나 문제 해결을 위해서는 자연적으로 의사소통과 상호 행위가 수반되고 목표어를 사용해야 하는 동기를 유발할 수 있으며 자연스러운 의사소통 상황을 통해 학습 언어 습득을 촉진시킨다는 것이다.

과제 중심 교수법에서 '과제(task)'의 정의는 학자마다 다양하게 존재하지만, Willis(1996 : 11)에서는 과제는 문법 연습과는 달리 학습자들이 흥미를 가지고 참여하는 의미 중심의 활동들이라 정의하였고 결과물을 만들어 내야 하며 목표 형태를 미리 정할 수 없다고 하였다. Samuda & Bygate(2008 : 16)에서는 과제를 총체적 언어 사용으로 개인이나 그룹 활동을 포함하고 유의미한 결과물이 요구되며 입력 자료가 주어지고 다양한 단계로 구성되어지고 과제수행 조건을 조작하여 다양화할 수 있다고 하였다.

다음은 Long & Norris(2000)가 제시한 과제 중심 언어 교수-학습 단계이다.

---

39   과제 중심 교수법은 '과업 중심 교수법', '과업 중심 접근방법', 'Task-Based Language Learning', 'Task-based Language Teaching', 'Task-based Language Education', 'Task-based Instruction' 등으로 불린다.

> **과제 중심 언어 교수-학습 6단계**
>
> ① 학습자 필요 분석을 통해 학습자의 현재 및 미래의 언어 소통 필요 목적을 만족시키는 목표 과제가 무언인지 알아낸다. 문법 중심 교과과정에서 쓰이는 왜곡되고 인위적인 언어 자료가 아닌 실제 생활에서 쓰이는 담화 자료를 충분히 수집한다.
> ② 교육의 효율성과 필요가 다양한 학습자들을 수용하기 위해서 과제를 좀 더 추상적인 상위 범주로 분류한다.
> ③ 목표 과제에 피와 살을 붙여서 단계적으로 개발된 학습 과제로 나누어 놓는다. 간단한 과제로 시작해서 점점 복잡해지는 과제로 순서적으로 진행시킨다.
> ④ 복잡성의 정도와 과제 수행을 하는 시간과 장소 등의 정해진 기준을 가지고 학습 과제에 순서를 매겨 과제 중심적 실러버스를 만든다.
> ⑤ 실제 수업에서 과제 중심적 실러버스를 사용한다. 'focus on form' 같은 보편적인 방법론이나 현지에 맞는 교육적 과정을 통해서 만들어진 실러버스를 수행한다.
> ⑥ 과제 중심적 프로그램을 평가하여 학생들의 언어 습득을 측정한다.
>
> — Long & Norris, 2000[40]

2. 아동을 위한 활동 중심 말하기 교수법

활동 중심 언어교육(ICBA : Integrated Curriculum Based on Activities)은 Vale(1989)에 의해 제시되었다. 이는 아동의 타고난 활동성에 초점을 맞추어 흥미와 요구를 반영한 다양한 활동을 하면서, 전반적인 성장 발달을 고려하여 반복적으로 접하게 되는 언어를 간접 학습 원리에 따라 습득할 수 있게 하는 방법이다.

Driver & Oldham(1986)은 수업에서 아동들의 능동적인 참여를 강조하고 교사의 교수 활동보다 아동의 학습행위에 더 집중함으로써 경험을 통해 인지적 도식이 구성되고 정교화될 수 있다고 하였다. Brown(2001)은 학습자들이 교실 내에서 행하는 거의 모든 것을 교실활동이라고 말하며, 아동들이 교사의 지시에 따라 특정한 목적을 가지고 제한된

---

40   유영미(2006 : 1)에서 재인용함.

시간 내에 수행하는 일련의 행동을 활동 중심 교육이라고 정의하였다.

Clark & Yinger(1979)도 '활동'은 교수를 이해하는 데 핵심적인 개념으로 교사가 교수를 어떻게 개념적으로 해석하고 수업을 조직화하는지에 영향을 주며, 교실 내에서 계획하고 실행하는 가장 기본적인 단위라고 하였다.

국내의 연구로는 김창복(1998)에서 구체적인 활동 중심 교육은 아동들이 교육할 때 자연의 순리를 따라야 한다는 아동중심 교육관에서 따른 교육방식으로서 아동들을 인간으로서 마땅히 존중할 뿐 아니라 그들 나름대로의 사고방식을 갖고 있는 능동적인 학습자로 간주하고 그들의 발달 특징에 초점을 맞추어 교육하는 것을 뜻한다고 하였다.

아동을 위한 활동 중심 말하기 교수법의 다양한 형태 중에 몇 가지를 소개하면 다음과 같다.

2.1. 과제 중심 교수법

과제 중심 교수법은 지식을 수동적으로 수용하는 것에 그치지 않고 학습자들끼리 목표어로 의사소통을 하면서 과제[41]를 수행하는 교수법으로 교사의 통제를 거의 받지 않으며 활동 중심 교수법의 한 형태라고 볼 수 있다.

과제 중심 교수법은 비언어적 측면의 말하기 능력[42]을 향상시킬 수 있는 학습자 중심의 외국어 교육을 실현할 수 있는 교육방식이며, 실제 생활 및 상황과 근접한 과제 및 과업, 환경을 매우 중요하게 생각한다. 이와 관련해 Ellis(2003)는 과제 중심 교수법이

---

[41] Long(1985)은 과제(task)에 대해 아이 옷 입히기, 신발 구입하기, 비행기 예약하기 등 일상생활에서 자기 자신이나 다른 사람을 위해 자발적으로 또는 어떤 보상을 기대하면서 수행하는 일이라고 정의하였고, Breen(1987)은 보다 넓은 의미에서 과제란 특정한 목적, 적절한 내용, 구체적인 작업 절차, 그리고 과업을 수행하는 사람들을 위한 일련의 결과물이 있는 어떤 구조화된 언어 학습에 대한 노력이라고 정의하였다. Willis(1996)는 과업에 조금 더 실제적이고 목적성을 강조한 의미를 부여하여 학습자가 특정 결과물 또는 목표물의 산출을 위해 의사소통의 목적으로 목표어를 사용하는 활동이라고 정의하였다.

[42] 실제 말하기 상황에서 목표언어를 사용해 자신의 생각과 상황 등을 적절하고 유창하게 표현할 수 있는 능력을 말한다.

특히 외국어 말하기 훈련에 매우 적합하다고 주장하며, 특히 이 교수법은 발화가 부자연스럽고 제한적인 수준에 머물러 있는 아동의 의사소통 발화 촉진을 위해 중요하다고 하였다.

아동 학습자들에게는 의미 있는 상황 속에서 목표어를 연습하고 활용할 수 있는 기회를 충분히 제공해야 하는데 이에 대한 해결책으로 아동이 실제적인 과제를 해결하는 과정에서 언어를 학습하는 과제 중심 교수법이 유용하다. 아동 학습자들이 자신의 생활과 관계있는 내용의 과제를 수행하면서 학습에 대한 흥미도를 높임으로써 기존에 알고 있는 언어 형식 사용을 함께 활용할 수 있어 풍부한 내용의 의사소통을 할 수 있다(권완영 외 2018 : 12). 이때 교사는 아동 학습자들이 다양한 과제를 수행하도록 지도하고, 과제수행, 프로젝트 학습 등의 과제 중심 활동을 통해 아동은 의미에 초점을 두고 과제를 수행하는 과정에서 언어형식 연습에 국한되지 않으며 자연스러운 의사소통이 이루어질 수 있다.

아동을 대상으로 한 과제 중심 교수법의 활용 사례는 다음과 같다.

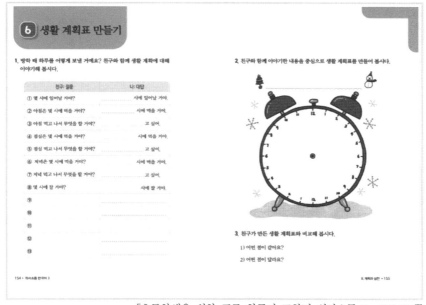

— 「초등학생을 위한 표준 한국어 고학년 의사소통 3」, 156-157쪽.

2.2. 게임 활동

아동 학습자에게 활동은 자신이 나타내는 흥미나 욕구의 시발점이 되어 교육이 아동에게 의미 있게 이루어지도록 돕는다. 학습활동에서도 최대한 아동이 활동의 주도권을 가지고 자신의 선택, 흥미, 필요 및 능력 수준에 따라 학습함으로써 교육의 효과를 최대한 높일 수 있다. 말하기 수업에서 활동은 여러 영역을 통합하여 아동이 즐겁게 무언가를 배우도록 도와주는 통합적 노력이라고 할 수 있다. 그러므로 아동 중심의 주제 선정이 매우 중요하며 아동들의 발달적 성향을 고려한 다양한 자료와 학습 방법을 택해야 한다. 게임, 노래, 역할놀이 등은 신체적으로 활동적인 자기중심적인 사고를 하며, 논리적인 분석이 어려운 시기에 있는 아동 및 초등학교 저학년 아동들에게 매우 바람직한 교육방법이라고 볼 수 있다.

아동의 입장에서 보았을 때 활동은 놀이로 인식되어야 하지만 교사의 입장에서 는 아무런 계획 없이 아동이 자유롭게 놀도록 놓아두는 것이 아니라, 일련의 교육 계획과 교육 목표에 의하여 체계적으로 구안한 교수-학습 활동으로서 제시되어야 한다.

활동 중심 말하기 교수법의 대표적인 유형인 게임을 활용한 수업의 예시는 다음과 같다.

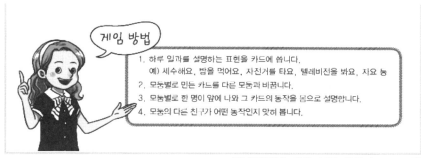

게임 방법

1. 하루 일과를 설명하는 표현을 카드에 씁니다.
   예) 세수해요, 밥을 먹어요, 자전거를 타요, 텔레비전을 봐요, 지요 능
2. 모둠별로 만든 카드를 다른 모둠과 비꿉니다.
3. 모둠별로 한 명이 앞에 나와 그 카드의 동작을 몸으로 설명합니다.
4. 모둠의 다른 친구가 어떤 동작인지 맞혀 봅니다.

— 「초등학생을 위한 표준 한국어 1」, 140쪽.

2.3. 협동 학습

협동(cooperation)이란 공유된 목표에 대한 개인 간의 관계에서 생기는 행동을 말하며 협동 학습은 Vygotsky(1978)의 사회적 구성주의 이론에 기초한 교수·학습 방법이다. 협동 학습은 동료와의 협동을 통해 상호작용을 할 때 학습의 효과가 더욱 커진다고 하며 전통적인 소집단 학습[43]과 구별된다. Slavin(1987)에 의하면 학습 능력이 각기 다른 학생들이 동일한 학습 목표를 향하여 소집단 내에서 함께 활동하는 수업 방법이라고 정의한다. 이성은(2003)에서는 협동 학습은 주어진 학습 과제나 학습 목표를 소집단으로 구성된 구성원이 공동으로 노력하여 그 목표에 도달하는 수업 방법이라고 하였다.

협동 학습의 대표적인 활동으로 짝 활동 모형(Pairs check)이 있다. 짝 활동 모형 활동은 Kagan이 분류한 구조적 접근에 속하는 것으로 숙달을 위한 구조 중의 하나이다. 숙달 구조는 교과 내용만이 아니라 개념, 사고 기술의 발달, 의사소통 형성, 집단 공동체 의식 형성을 위해서 활용될 수 있는 다기능적인 구조로서 학습자 간의 동시 상호작용, 즉각적인 피드백과 교정의 기회 등이 포함되며 학습자가 서로 도와 과제를 해결할 수 있도록 하는 데 중점을 둔다.

43　협동 학습은 단순하게 소집단만을 구성한다고 해서 이루어지는 것이 아니라 협동 학습의 본질을 지닐 수 있는 전략이 있어야 하며 이는 소집단의 구성 방법, 협동 의지, 협동 기술 등 협동 학습의 기본 요소가 고려되어야 하는 것이다(이성은, 2003 : 45).

3. 이주 여성을 대상으로 한 스토리텔링 교수법

스토리텔링의 사전적 의미는 '이야기를 들려주는 활동'이다(Oxford, 1989). 우리나라에서는 '구연'이라는 용어로 많이 쓰이고 있으며, 구연(口演)이란 입으로 재미있게 동화를 들려주는 행위를 일컫는다. 즉, 스토리텔링이란 어떤 내용이나 주제를 전달할 때 이를 하나의 이야기로 전달하는 방식을 일컫는다. 이야기를 통해 대상 간의 상호작용을 이끌어 내고, 이를 통해 맥락과 공감이 있는 의사소통을 이루어내는 것이라고 볼 수 있다.[44]

한국어 교육에서 말하기 교육의 목표라고 할 수 있는 것은 한국어를 정확하게 발음하고 유창성을 확보하여 의사소통 능력이 원활하게 이루어지는 것이다. 낯선 문화에 적응하고 자녀를 양육해야 하는 결혼이주여성의 한국어 말하기 능력을 향상시키기 위해서는 교실 상황에서 최대한 현실 세계를 반영하여야 한다. 따라서 결혼이주여성을 위한 말하기 수업은 과제 기반 수업으로 구성하되 실제성 있는 자료를 이용해야 하며, 맥락을 이해하고 서로 공감을 일으킬 수 있는 수업이 필요하다. 이에 스토리텔링을 활용한 말하기 수업은 '의사소통적 교수법'(Communicative Language teaching)과 많은 부분에서 공통점을 지니며 스토리텔링이 갖는 특징과도 맞물린다. 다음은 고경민(2013)에서 제시한 스토리텔링을 활용한 수업 활동들로 예시는 일부 변형하였다.

① 이야기의 순서 맞추기

그림으로 된 이야기를 여러 개의 그림으로 잘라 그룹의 학습자들에게 그림을 하나씩 나눠 준다. 학습자들은 각자 자신이 가지고 있는 그림에 대해 설명하고 그림을 묘사한 모두의 이야기를 토대로 이야기의 순서를 맞춰가는 활동이다.

② 상호작용을 기반으로 정보를 처리하기

가족들과 함께 할 수 있는 캠핑이나 여행 등 이주여성이 접할 수 있는 상황을 미리

---

44   고경민(2013 : 40) 참조.

가정하고, 학습자들은 상황을 선택하여 스토리텔링 활동에 참여한다.

[표 2] 캠핑 계획하기

물품	무게	물품	무게
텐트	15 kg	휴대용 버너	2 kg
접이식 의자	하나에 3 kg	쌀	3 kg
여분의 옷	한 벌에 1 kg	고기	2 kg
라면	한 봉지에 200 g	수영복	한 벌에 500 g
냄비	300 g	야외용 스피커	4 kg
카메라	1 kg	수건	개당 200 g
프라이팬	1 kg	음료수	개당 500 g

위와 같은 목록을 제시한 후 한 팀 당 1박 2일 캠핑에 가져갈 수 있는 총 무게를 30 kg이라고 전달하고, 각자 자신이 가족과 함께 여행을 떠날 것을 가정해 물건을 고르게 한다. 이 과정에서 학습자들은 해당 물품을 가져가는 이유에 대해 이야기를 할 수 있고 다른 그룹원들과 상호 절충하는 과정에서 빈번한 의사소통이 이루어지게 된다.

③ 단서와 정보의 통제를 받는 역할극

단서와 정보의 통제를 받는 역할극은 주어진 단서를 통해 대화를 주고받는 활동이다. 다른 학습자들과 대화를 할 때 각자가 가진 정보가 다르다면 서로에게 부족한 정보를 채워나가는 과정에서 각자 자신들의 이야기를 전달하고 실제 말하기에 가까운 소통이 이루어질 수 있다.

김영순 외(2011)에서는 이주 여성을 대상으로 한 자기문화 스토리텔링 활동을 통해 이주 여성들이 서로 다른 나라의 고향에 대한 자료와 이야기를 재구성하면서 문화 상호 이해의 기회를 가질 수 있음을 밝혔다.

4. 말하기 교육과 새로운 첨단 기술

4.1. 모바일 기반 수업

4.1.1. 개념

모바일 기반 수업이란 무선 통신 접속이 가능하여 언제 어디서나 휴대할 수 있는 모바일 기기를 활용해 자기 주도적으로 학습 역량을 개발할 수 있는 수업 방식을 의미한다. 이지용(2018)에서는 모바일 러닝 개념이 스마트 교육이라는 개념으로 확장이 되어 감을 언급하며 스마트 교육은 모바일 기기를 기반으로 하여 학습자 역량을 강화할 수 있는 21세기 지능형 맞춤 학습 체제로 교육 환경, 교육 내용, 교육 방법 및 평가 등의 교육 체제를 혁신하는 동력으로 언급하고 있다. 즉 교육 분야의 학습 기기가 스마트폰이나 태블릿 PC 등의 모바일 미디어 플랫폼으로 확장됨에 따라 시공간의 제약 없이 언제든 학습이 가능한 시대가 열렸으며 이와 함께 다양한 IT 기술을 접목한 융·복합 콘텐츠 출현이 가속화되면서 여러 다양한 학습의 형태가 출현하고 있음을 말하고 있다.

4.1.2. 특징

모바일 기술을 도입하면서 기존의 교실이라는 제한된 장소에 머물러 있던 언어 학습 환경을 시공간을 초월한 가상공간으로 바꿈으로써 언어 학습 환경의 제약을 극복하도록 하였다.

심혜령(2014 : 111-112), 임정훈(2009 : 104-105), 김은혜(2020 : 29-30)에서는 모바일 기반 수업의 특징을 다음과 같이 제시하고 있다.

① 이동성

모바일 기기의 높은 휴대성과 이동성의 편리함으로 학습자들은 자신이 어디에 있든지 다양한 장소에서 모바일 기기를 통한 학습의 기회를 제공 받을 수 있다.

② 접근성

모바일 기기는 무한한 정보에 쉽게 접근이 가능하며 학습자가 학습을 위한 사전 준비 없이 즉시 환경에 접속하여 실시간으로 학습에 접근할 수 있다.

③ 신속성

모바일 기기는 짧은 시간 안에 신속하게 원하는 정보를 찾고, 또한 찾은 정보를 실시간에 가깝게 활용할 수 있다.

④ 자기 주도성

교실 학습과 달리 학습자는 자기 주도하에 자신의 학습 능력에 맞게 학습 속도를 조절하여 자신에게 효과적인 학습 방법을 찾을 수 있다.

⑤ 개인화

학습자 고유의 모바일 기기이므로 학습자가 개인의 상황에 따라 언제든 필요한 정보와 자료를 자신의 취향과 학습 내용에 맞게 자신이 원하는 것을 취사선택함으로써 맞춤형 콘텐츠를 제공 받을 수 있다.

한편 모바일 기기는 한 화면에 많은 양의 학습 내용을 다 담을 수 없기에 학습 내용의 길이가 제한적이며, 입력에 비해 출력의 기회가 적고 모바일 기반 학습 활동이 학습에 많은 도움이 된다 할지라도 학습자들이 활발하게 참여하지 않을 수도 있다는 한계점을 갖는다.

4.1.3. 활용 방안

모바일 기기를 통한 수업 활용 방안은 크게 3가지로 살펴볼 수 있다.

첫째는 해외 학습자를 대상으로 한 모바일 기기 수업 활용 방안이다. 우원묵(2017 : 127-129)은 해외에 있는 한류 기반 학습자들을 위한 콘텐츠 활용 방안을 다음과 같이 제시하고 있다.

> ① 모바일을 통해 대화 글을 정기적으로 제시한 후 그 뒤에 이어질 적절한 대화
> 상황을 말하기 음성 채팅으로 업로드하기
>
> 　교사가 모바일을 활용하여 짧은 분량의 대화 글을 정기적으로 올리면 학습자들은
> 스스로 학습하고 난 후 그 뒤에 이어질 적절한 대화문을 음성 채팅으로 올리는 것이다.
> 교사는 학습자가 올린 음성 파일을 듣고 피드백함으로써 말하기 영역의 높은 학습
> 성취와 학습 지속성 유지를 기대할 수 있다.
> 　실제 한류 콘텐츠 내의 대화문이나 문장을 사용하여 한류 기반 학습자들의 흥미를
> 유발함으로써 더 높은 말하기 학습 효과를 기대할 수 있다.
>
> ② 가상 현실(VR : Virtual Reality) 기기를 활용한 역할극 수행
>
> 　VR 기기는 사용자에게 최대한의 몰입감과 현실감을 제공할 수 있다는 장점이 있어
> 교육용으로 사용될 수 있는 가능성이 충분하다. 그렇기에 현재도 VR을 통해 유적지나
> 박물관을 체험하는 콘텐츠 또는 대중 앞에서 발표를 하는 등의 여러 경험을 제공하는
> 콘텐츠가 만들어지고 있다.
> 　VR 기기를 한류와 접목하여 한류 기반 한국어 학습자들이 가상에서의 한류 체험과
> 함께 한국어를 사용한 문제 해결을 동시에 진행할 수 있는 교육 콘텐츠를 개발하면
> 더욱 몰입 가능한 교육으로 이끌어나갈 수 있다.

　둘째는 블렌디드 러닝(blendid learning)[45]으로 활용하는 것을 들 수 있다. 블렌디드 러닝의 경우 지식적인 측면은 온라인으로 각자 학습하고 오프라인에서는 말하기 등 활동 위주로 진행하여 시간을 효율적으로 사용할 수 있다. 서진숙·장미라(2016 : 234-240)에서는 아래와 같이 블렌디드 러닝에서 모바일기기를 활용한 학습 방안을 제시하고 있다.

45　　온라인과 오프라인 학습을 결합한 학습법을 의미한다.

교수자는 온라인 강의를 통해 강의의 주제를 도입한 후 주요 내용을 제시한다. 학습자는 온라인 강의를 수강한 후 강의 내용의 일부를 다시 보고 들음으로써 온라인 강의 내용을 정확히 숙지할 수 있다. 온라인 수업은 교수와 학습자 모두가 동시에 접근이 가능하며 전문적인 내용을 교수하고 해당 분야의 우수한 콘텐츠를 보여줌으로써 학습자의 흥미를 이끌 수 있다. 이와 같이 먼저 학생들은 온라인 강의를 활용하여 각 강의 주제에 대한 해당 수업을 숙지하고 오프라인 수업을 통해 토론 및 피드백을 진행하여 말하기 활동을 할 수 있다.

셋째는 모바일 기기를 기반으로 한 말하기 평가 활용방안이다. 이지용(2018 : 336-337)은 모바일 기기를 활용하여 말하기 평가 활용 방안을 다음과 같이 제시하고 있다. 해당 수업 모형은 아카데믹 한국어 수업에 모바일 기반의 말하기 평가 방식을 적용한, 온라인-오프라인 병행 운영 방식으로 시공간의 제한과 교사 인력의 한계를 극복할 수 있다. 이지용(2018)은 이러한 수업 운영의 장점으로 학습자 개인별 진단과 평가가 용이하고, 피드백 등의 상호 작용이 활발하여 보다 실제적이고 효율적인 수업으로 구성될 수 있다는 점을 들고 있다.

모바일 기기를 기반으로 한 말하기 평가는 진단 평가, 단원 형성 평가, 총괄 평가의 3가지 유형으로 나누며 학습자의 말하기 세부 평가 항목은 모두 자동 통계 처리로 수행된다. 진단 평가는 모바일을 통한 평가로 이루어지며 말하기의 정확성, 유창성, 어휘, 문법, 발음 등 학습자의 현 말하기 수준과 학습이 부족한 영역을 진단하는 데 유용하다.
단원 형성 평가에서는 각 과목에 대한 수업이 오프라인 교실 수업으로 진행된 후, 교사가 수업과 관련된 평가 내용을 등록하면 다음 수업 전까지 학습자가 편한 때에 응답을 하고, 이에 대한 결과가 자동 통계 처리되어 교사와 학습자에게 제공되는 형태이다.
총괄 평가는 2번에 걸쳐 진행한다. 첫 번째 평가에서는 모바일로 부여된 말하기 과제를 동영상으로 제출하고 이에 대한 점수 평가와 자세한 피드백을 교사 3인이 부여한다. 그리고 두 번째 평가에서는 이 피드백을 반영하여 수정 및 보완한 내용을 오프라인 교실 수업 시간에 수행하고, 이에 대한 평가는 담당교사 1인이 진행한다.

4.2. 애플리케이션을 통한 말하기 교수-학습

4.2.1. 한국어 교육 관련 애플리케이션 개발 현황[46]

한국어 교육과 관련한 앱 개발 현황은 국지수(2014)에서 종합적으로 고찰한 바 있는데 해당 연구에서 제시한 한국어 교육 관련 학습용 앱은 120여 개 정도이다.

① 언어권별 분류

한국어 학습용 앱을 학습자 언어권별로 분류해 보면 전체의 78%로 영어권 학습자를 위한 앱이 대부분을 차지하고 있다. 그 다음으로는 중국어권 학습자를 위한 앱이 7%, 일본어권 학습자를 위한 앱이 4%이다. 영어, 중국어, 일본어, 이태리어, 인도네시아어로 구성되어 있는 다국어 앱도 있으며 기타 언어에는 인도네시아어, 라틴어, 이태리어로도 앱이 개발되어 있다.

② 학습 영역별 분류

학습 영역별 한국어 앱 분포를 보면 회화, 어휘, 한글, 발음, 토픽 등으로 나뉜다. 단어·어휘 학습용 앱이 64개로 대부분을 차지하고 회화 학습용이 16개 한글 학습용 앱이 18개로 개발되어 있다. 또한 한글, 발음, 어휘, 회화를 한 번에 학습할 수 있는 통합형 앱도 개발되어 있다.

먼저 한국어 교육 관련 앱 중 50%의 비중을 차지하고 있는 것이 단어 학습용 앱이다. 모두 64개가 있으며 그 중 무료 앱과 유료 앱이 반반씩 비중을 차지하고 있다.

한국어 교육 회화 학습용 앱은 120개 중 총 16개로 그 중 14개는 영어권 학습자를 위한 앱이다. 나머지 2개는 중국어권 학습자를 위한 것으로 모두 중국에서 개발되었다.

한국어 발음 학습용 앱은 총 6개로 영어권 학습자를 위해서는 'Let's Learn Korean', 'I Start Korean LITE -Mirai Language', 'Magnetic Korean' 3개가 개발되었다. 중국어권

---

46   국지수(2014 : 124-131)의 내용을 정리하였다.

학습자를 위한 앱은 '韓國語 發音'(한국어 발음), '한어 발음표'가 있다.

한편 세종학당 재단에서는 외국인 한국어 학습자가 음성인식 기술을 통해 자신의 발음과 원어민의 발음을 비교하고 대화문을 무료로 배울 수 있도록 하는 세종 한국어 회화·발음 초급(2018)과 중급(2019) 앱을 개발하였다. 세종한국어 회화·발음 중급 앱의 경우 한국어, 영어, 중국어, 스페인어 등 4개의 언어로 지원되며 총 34개 단원의 대화문을 학습할 수 있도록 구성되어 있다. 또한 롤플레잉(role-playing)으로 앞서 배운 대화문을 3가지 상황을 통해 복습 활용할 수 있고 다양한 게임을 통해 한국어를 학습할 수 있도록 하였다.

세종한국어 초·중급 어휘 학습 앱은 2018년에 개발되었다. 초급 어휘 1,700여 개와 중급 어휘 3,000여 개를 학습할 수 있으며 한국어, 중국어, 영어, 스페인어 등 4개의 언어로 지원된다. 초급 53개, 중급 27개의 주제별 어휘 학습을 할 수 있으며 다양한 게임과 게시판을 통해 한국어를 공부하는 전 세계 학습자들과 자유롭게 소통하고 정보를 공유할 수 있다.

세종한국어 문법 앱은 초급 2018년, 중급 2019년에 각각 개발되었다. 초급은 총 120개의 문법 학습 내용으로 구성이 되어 있고 연습 문제 풀기와 게임 등으로 공부한 결과를 확인해 볼 수 있게 하였다. 중급은 총 78개의 학습 내용으로 대화 애니메이션, 문법 설명, 연습 문제, 게임, 소셜 등으로 구성되어 재미있게 한국어를 공부하도록 구성하였다. 학습을 통해 얻은 재화로 아이템을 획득하여 캐릭터를 꾸밀 수 있도록 하였으며 문법 학습 및 관리와 문제 풀이를 통해 학습 관리가 이루어지도록 하였다.

이뿐 아니라 세종학당은 2019년에 한국어, 중국어, 영어로 지원하는 시사어휘학습 앱을 만들었다. 테마별 시사뉴스 30개를 연합뉴스 영상을 통하여 학습하고 고급 어휘 3,000여 개를 주제별로 학습하도록 하였다. 또한 2020년에는 한국어 학습자들이 한국 여행에 필요한 한국어를 쉽고 재미있게 학습할 수 있도록 하는 세종학당 여행 한국어 앱을 개발하였다. 한국어, 영어, 중국어, 인도네시아어, 베트남어, 러시아어 등 6개의 언어로 지원이 되며 11개의 주제와 44개의 상황별로 한국 여행에 꼭 필요한 한국어 대화문을 학습하도록 구성이 되어 있다. 한국 여행을 위한 기초 정보와 지역별 관명 명소를 소개하고 한국 문화를 이해할 수 있는 한국 문화 Tip을 제공하고 있다.

4.2.2. 애플리케이션을 활용한 교육의 특징

국지수(2014 : 123-124)에 의하면 앱을 활용한 한국어 교육의 특징은 다음과 같다.

① 학습자가 주제와 학습 내용을 자유롭게 선택할 수 있어 적극적이고 능동적인 학습의 주체가 되어 자기 주도 학습이 가능하여 자연스럽게 언어 숙달 향상에 도움이 된다.
② 앱은 시간적 공간적 제약에서 자유로워 언제든 학습자가 원하는 때에 이용이 가능하다.
③ 다양한 스마트 기기의 기능을 사용함으로써 학습자는 학습에 흥미를 갖고 열의를 갖게 된다.
④ 학습자들은 스마트 폰의 저장 기능을 이용하여 스스로 학업 능력을 평가 하고 학습 내용을 데이터화하여 과학적인 학습 능력 분석을 통해 학습의 효과를 높일 수 있다.
⑤ SNS 등을 통해 교사나 동료의 피드백을 기대할 수 있어 쌍방향의 학습이 가능하여 보다 활발한 학습자 상호 작용을 기대할 수 있다.

4.2.3. 애플리케이션 개발 시 고려사항

유해준(2015 : 364)에서는 학습용 애플리케이션 개발 시 고려해야 할 사항을 다음과 같이 제시하고 있다.

① 개발 단계부터 모바일 기기의 특성을 잘 활용하도록 설계되어야 한다.
② 개발 단계부터 체계적인 교육과정과 학습 목표를 가져야 한다. 또한 사용자의 상황을 고려한 앱이 개발되어야 하며 학습자들이 자기 주도적으로 학습이 가능하도록 학습 과정과 목표가 앱에 명시적으로 나타나 학습자들이 적극적으로 학습에 참여할 수 있어야 한다.
③ 모바일 기기의 접근성을 활용하여 다양한 자기 평가와 교사의 피드백이 반영되도록 설계한다. 이러한 피드백들이 앱 업데이트에 반영이 되면 학습자와 교사 또는 다른 학습자들과의 양방향 학습이 가능해져 더욱 높은 학습 효과를 기대할 수 있다.
④ 한국어 교육 전문가와 컴퓨터 전공 연구자 그리고 멀티미디어 디자인 전문가들이 함께 참여하여 최적화된 멀티미디어 개발을 하도록 한다.

⑤ 애플리케이션의 가장 큰 특징인 접근성을 활용해 애플리케이션을 통한 한국어의
흥미와 관심 유발을 더 많이 이끌어 내도록 한다.

4.2.4. 한국어 말하기 교육과 관련한 앱의 종류와 활용방안

한국어 말하기 교육의 앱 종류와 교육 방안 활용은 다음과 같다.

① 발음 자가 평가

안미애·웨이쥔·이미향(2018 : 191-192)은 발음 자가 평가 앱을 활용한 학습 방안과 효과
성을 다음과 같이 제시하였다. 언어 직관이 없는 외국인이 혼자서 발음을 공부하는 것은
비효과적이며 수업 시간 중에 발음 연습에 많은 시간을 할애하는 것도 쉽지가 않다.
그렇기에 발음 자가 평가 앱을 활용한다면 한국어 학습자는 발음 교정 훈련을 자율적으
로 반복 학습함으로써 학습자 스스로 한국어 발음의 정확성과 유창성을 향상시킬 수
있다. 또한 한국어 교수자에게는 한국어 발음 연습 및 평가 도구로 활용이 가능하고
학습자 개별 피드백을 통해 학습자 요구도 만족시켜 줄 수 있을 것이다. 이러한 개별
발음 훈련의 결과는 자연스러운 발화로 이어져 한국어 교실 내에서는 말하기 훈련을
더욱 활발하게 할 것이며 궁극적으로 학습자의 한국어 사용 능력 향상 및 한국에서의
삶의 만족도 향상에 기여하게 된다.

② RPG(역할 게임)

롤플레잉게임(RPG)이란 게임에 시나리오를 접목하여 시나리오에 따른 담화 구조 구축
과 그 담화 완성을 게임으로 구성한 것을 말한다. 심혜령(2014 : 114)은 이러한 롤플레잉게
임에서 이루어지는 상호 작용 과정에서 자연스럽게 언어 담화를 통한 상호 작용이 이루
어지게 되어 의사소통 능력 향상으로 이어질 수 있다고 보았다. 롤플레잉게임의 가장
큰 장점은 게임을 하는 주체자의 게임 몰입도가 매우 높다는 것이다. 따라서 롤플레잉게
임의 이러한 장점을 잘 활용한다면, 언어 교수 학습에 있어 큰 효과를 거둘 수 있는
방법 중의 하나가 될 수 있을 것이다.

③ VR

천시우시우·김성주(2019 : 125)에서는 가상 현실(VR : Virtual Reality)이 컴퓨터로 3차원의 가상 환경을 만들어서 사용자가 HMD(Head Mounted Device)를 착용하거나 VR 안경을 쓰고 시각, 청각, 촉각 등 인간의 오감을 활용한 상호 작용을 통해 현실 세계에서 쉽게 경험하지 못하는 어려운 상황이나 장소를 실감적으로 체험할 수 있도록 하는 총체적 현대화 기술이라고 하였다. 가상 현실의 핵심 장점은 상호작용, 몰입감, 인간의 상상력 등 세 가지라고 할 수 있다.

한편 심은지·유훈식(2019 : 506)은 초급 수준의 여성결혼이민자 한국어 학습자가 국가 지원으로 VR 기기를 활용하여 교실 학습 이외에도 자기주도적인 언어 학습을 할 수 있는 블렌디드 러닝 교수 활용 방안을 제안하였다. 국립국어원은 한국어 교재의 e-book 파일과 음성 파일 등을 무료로 홈페이지에서 제공하고 있는 것과 비슷한 방식으로, VR 한국어 학습 내용을 담은 휴대폰 애플리케이션을 무료 다운로드가 가능하도록 하면, 학습자들은 언제든지 이를 이용할 수 있다. 이를 교사들이 여성결혼이민자들에게 오프라인 수업을 통해 안내를 해 주고 VR 기기를 활용하여 여성결혼이민자가 실제 장소에 방문했을 때 대화를 수행할 수 있도록 실제 대화가 발생하는 상황을 재현하는 것과 필수적인 비언어적 표현들에 대한 연습을 제공하는 두 가지 방향으로 이루어 질 수 있다.

실제 여성결혼이민자들이 경험하게 될 가능성이 높은 장소들인 병원, 은행, 미용실, 대중교통을 촬영하여서, VR 기술로 해당 장소의 분위기를 현장감 있게 체험하도록 하면 이들 학습자들이 한국의 실생활에서 더욱 자신감을 갖고 살 수 있게 해주는 효과가 있을 것이다.

또한 처음 방문하는 장소에서 요구되는 복잡한 절차로 인한 당혹감을 해소해 주어 정서적인 위축감으로 인해 오는 언어 학습 장애를 감소시킬 수 있다.

더 생각해 보기

1. 학습자의 유형에 따라 어떤 교수법을 적용하면 말하기 능력을 향상할 수 있을지 논의해 보시오. (어학 교육 기관의 연수생, 학문 목적 학습자, 직업 목적 학습자, 이주 노동자, 다문화 배경 아동, 결혼 이주 여성 등)

2. 학습자의 숙달도에 따라 초급, 중급, 고급의 각 단계에서 어떤 교수법을 적용하면 말하기 능력에 더 효과적일 수 있는지 논의해 보시오.

3. 한국어 말하기 교육에서 활용할 수 있는 애플리케이션을 조사하고 그 특징과 장단점을 논하시오.

4. 이지용(2018)에서는 모바일 기기를 기반으로 한 말하기 평가 활용방안의 장점에 대해 언급하였다. 이지용(2018)에서 언급한 장점 외의 다른 장점을 생각해 보고 단점도 논의해 보시오.

제5장 말하기 활동(1)

말하기 활동은 한국어 의사소통 능력을 기르는 수업에서 가장 필수적이고 핵심적인 요소이다. 말하기 활동은 유형별 특징을 잘 파악하고 단계적으로 진행하는 것이 바람직하다.

말하기 활동 유형으로 많이 언급되는 것은 Littlewood(1981 : 86)의 '의사소통 학습의 과정'으로 말하기 활동의 유형을 '의사소통 행위 전 활동'과 '유사 의사소통 활동'으로 구분한다.

'의사소통 행위 전 활동'은 '구조적 활동'과 '실제 의사소통 활동'으로 나뉘는데 이는 학습자들에게 본격적인 의사소통을 수행하는 데 앞서 이에 필요한 부분적인 기능들을 습득하게 하는 것이다. '구조적 활동'은 문법적이고 구조적인 연습에 초점을 두며 '실제 의사소통 활동'은 전형적인 대화 교환이 대부분이나 실제의 대화에 좀 더 가까워진 형태이다.

'유사 의사소통 활동'은 실제 의사소통과의 유사성이 높은 활동으로 '기능적 의사소통 활동'과 '사회적 상호작용 활동'으로 나뉜다. '기능적 의사소통 활동'은 상호작용기능을 연습하기 위한 것으로 대화 참여자가 정보 차이를 극복하고 주어진 상황에 맞게 의미를 효율적으로 전달하는 활동이 해당된다. '사회적 상호작용 활동'은 시뮬레이션이나 역할 놀이 개발과 관련이 있으며 의사소통이 일어나는 사회적 맥락을 고려하도록 지도한다.

Rivers & Temperley(1978)는 기능을 습득하는 것과 기능을 사용하는 것 사이에 메워져야 할 틈이 있으며 말하기 활동을 통해 학생들이 이 간격을 메울 수 있도록 도와야 함을 강조하였다. 이를 위한 활동을 '문법 학습을 위한 입말 연습', '구조화된 상호 작용', '자율적인 상호 작용'으로 단계화하였다.

Brown(2007/2012)에서는 듣기와 말하기의 밀접한 관련성을 고려하여 여섯 가지 말하기 활동 범주를 제시하였다. 그 첫 번째는 '모방형'으로 형태에 집중하는 기계적인 반복 훈련(drill)이다. Brown은 드릴이 통제된 활동 속에서 하나의 요소에 주의를 집중하게 하여 일정한 신경 운동 패턴을 형성하게 하고, 사용된 문법적 형태를 적절한 맥락과 관련짓게 해 주므로 드릴도 역시 의사소통적 언어 수업에 정당한 한 부분이 되어야 함을 주장하였다. '집중형'은 학습자가 보다 자기 주도적으로 혹은 짝 활동의 일부로 형태 연습을 하는 것이다. 통제된 기계적 반복 연습이 주를 이루지만 주어진 질문에 답을 해야 하기 때문에 스스로 생각하는 의미 처리 과정이 수반된다. '반응형'은 교사나 다른 학습자의 질문이나 의견에 대한 짧은 응답으로 이루어진다. 이러한 유형의 말하기는 유의미하고 진정성이 있다. '정보교류적 대화'는 정보를 전달하거나 교환하기 위한 것으로 반응형 언어보다 의미협상적 성격이 강하다. '사교적 대화'는 정보 교환보다는 사람들 간의 사회적 관계를 유지하기 위한 말하기 유형이다. '확장형 말하기'는 중급에서 고급 수준의 학생들이 주로 수행하게 되는 활동으로 결과 보고, 연설, 발표와 같은 독백으로 수행된다. 이 경우 격식에 맞는 언어 형태가 요구되며 대본을 바탕으로 한 계획적인 말하기가 될 수도 있다.

Ellis(2003 : 3)는 과제(task)는 의미 중심의 활동이며 연습(exercise)은 형태 중심의 활동이라고 구분하여 정의했다. 이러한 과제와 연습을 모두 포괄하는 개념으로 활동(activity)을 정의하고 있다. 교실 현장에서의 말하기 활동은 가장 기초적인 기계적 연습 단계에서부터 의미 중심의 과제 활동까지 교육 내용 및 학습자의 숙달도, 학습자 특성 등의 변인에 따라 선택적으로 적용할 수 있다.

본 장과 이어지는 6장에서는 한국어 교육 현장에서 많이 활용하는 활동 유형 몇 가지를 소개하고자 한다.

1. 드릴

1.1. 드릴의 개념

드릴(drill)의 사전적 의미는 '기능이나 능력을 향상하기 위한 반복 연습'이다. 드릴은 말하기 교육을 할 때 가장 기초가 되는 학습 활동이라고 할 수 있는데 주로 반복하여 말하는 활동을 통해 정확성을 높이는 것이다.

Paulson & Bruder(1976 : 4-79)는 말하기 활동을 단계를 나누어 구분하면서 가장 먼저 문법 학습을 하면서 기계적 드릴이 이루어지고 다음으로 유의미한 드릴을 연습한 다음 이어 의사소통을 준비하는 드릴을 한다고 하였다. 이러한 연습을 한 후에 실제 말하기인 의사소통 활동이 이루어지면서 단계적으로 발전한다고 하였다.

- GRAMMAR : 기계적 연습(Mechanical Drills) → 유의적 연습(Meaningful Drills)
  → 의사소통 연습(Communicative Drills)
- SPEAKING : 의사소통 활동 행위(Communicative Interaction Activities)

Paulson & Bruder(1976 : 8)는 '기계적 연습(Mechanical Drills)'을 통해 형태를 익히고 이어지는 '유의적 연습(Meaningful Drills)'을 해도 학습자는 여전히 실제 의사소통 상황을 반영한 연습이 부족하다는 점을 지적한다. 그 예로 교실에서 '무슨 색깔 셔츠를 입었어요?'라는 질문은 교사와 학생이 이미 그 답을 알고 있어 실제 의사소통으로서의 의미가 거의 없기 때문에 조금 더 의사소통을 할 수 있는 드릴이 필요함을 말한다. 그래서 '의사소통 연습(Communicative Drills)'이 중요하다고 할 수 있다. 학생들이 이미 정보를 알고 있는 드릴이 아닌 '이번 주말 저녁에 약속이 있어요?'와 같은 질문과 대답을 통해 실제 의사소통에 가까운 연습을 할 수 있다.

Thornbury(2005 : 63-64)는 드릴이 단어, 구, 심지어 전체 발화를 모방하고 반복하는 활동이라고 정의하고 있다. 특히 주목할 만한 부분으로 드릴이 전통적으로 정확성을 향상시키는 것에 집중하는 활동이라고 한 데 반해 어구를 전체 단위로 학습하여 어구와 억양 패턴을 제어하고 유창성을 향상시키는 기술이 될 수 있음을 강조하였다.

1.2. 드릴의 특징

드릴(drill)은 단어나 구 등의 목표로 하는 발화를 모방한다는 특징을 가지고 있다. 원어민의 발화나 녹음된 음성을 듣고 그대로 모방하면서 계속해서 반복한다. 이러한 반복은 기계적이고 단순하게 이루어지는 활동으로 일종의 훈련과 같은 특징을 보인다. 대부분의 드릴은 교수자가 학습자에게 연습할 부분을 들려주고 이를 반복하여 따라 하게 하는 방식으로 진행되는데 이와 같은 활동을 통해 정확성을 높일 수 있다고 기대한다.

드릴은 화자에게 초점이 있지 않고 언어 자체를 기계적으로 모방하고 반복하여 내재화한다는 특징이 있다. 이것이 대화와 구분되는 특징이라고 할 수 있다. 또한 실제 의사소통의 중요성이 강조되면서 기계적이고 반복적인 드릴의 중요성이 점차 부각되지 않는 경향이 있으나 한국어로 정확하게 자신의 전달하고자 하는 바를 표현하기 위해서는 언어 규칙을 이해하고 이를 익숙해질 때까지 반복하여 연습하는 단계는 필수적으로 거쳐야 한다.

한국어는 발음 면에서 표기와 실제 발음이 다르거나 억양에 따라 의미가 달라지는 경우가 많아 외국인 학습자들이 이를 학습할 때에 많은 어려움을 겪는다. 따라서 한국어 교육 초급 단계에서는 주로 발음 교육부터 시작하여 어휘 연습, 문법 및 문형 연습에 이르기까지 드릴이 필수적으로 이루어지고 있다. 중고급 수준의 학습자에게도 역시 부분적으로 드릴 활동이 필요하다. 한국어가 보는 것과 실제 발음이 다르다는 특징을 고려하여 연음, 경음화 등 발음 현상을 계속해서 교육할 필요가 있다. 또한 문장을 발화할 때 억양에 따라 의미가 달라지는 것을 학습자에게 인지시키고 교육해야 한다. 따라서 중고급 단계에 이르러서도 억양에 따라 의미가 달라지는 문장을 반복하여 따라 하거나 의미 단위로 끊어 읽기 등의 연습이 이루어질 필요가 있다.

1.3. 드릴의 유형과 교육 방법

김지영(2014 : 38)은 형태적 연습 단계의 전형적인 활동 유형으로 따라 하기, 교체하기, 문장 만들기, 사진이나 그림 보고 말하기, 묻고 답하기, 대화 구성하기 등이 있고 유의적 연습 단계의 전형적인 활동은 이야기하기, 인터뷰하기, 역할극 하기, 발표하기, 게임 등이 있다고 분류하고 있다. 여기에서는 드릴의 유형 중 빈번하게 활용되는 발음 연습, 문장 따라 하기, 교체하기에 대해 살펴보았다.

1.3.1. 발음 연습

가장 기본적인 드릴의 유형은 목표로 하는 학습 부분을 듣고 똑같이 따라 하는 것이다. 외국어 학습 시 말하기로 가장 먼저 하는 활동은 발음 연습이 될 것이다. 한국어 교육에서 보통 초급 수업의 가장 첫 단계에서 자음과 모음의 소리를 들려주고 학습자가 그대로 따라 하게 하는데 이와 같은 자모를 학습하는 것에서부터 발음 연습이 시작된다. 이때 학습자는 듣고 기계적으로 그대로 따라 하여 말하는 활동을 통해 학습한다.

한국어는 받침으로 발음할 수 있는 자음이 타 언어에 비해 굉장히 많은 편에 속하며 연음, 경음화 등 다양한 음운 현상이 나타난다. 음운 규칙의 적용은 발음의 정확성뿐만 아니라 발음의 유창성에도 크게 영향을 미친다. 따라서 초급 수준에서 시작하는 자음과 모음의 발음 연습부터 시작하여 고급 수준에 이르기까지 발음 연습은 연계성을 가지고 꾸준히 체계적으로 이어져야 한다.[47]

또한 한국어에는 다양한 음운현상이 존재하는데 눈에 보이는 형태와 실제 발음이 다르기 때문에 중급에서 고급으로 올라가더라도 표준발음법에 맞게 읽기가 쉽지 않다. 예컨대 연음 현상은 언어 보편적인 현상으로 한국어나 영어 등 많은 언어에서 나타나지만 중국어나 베트남어에서는 연음을 적용하지 않고 개별의 음절을 따로따로 읽어야 한다. 따라서 학습자의 모국어와 대조하여 다른 점을 인지시키고 발음 연습의 중요성을

---

[47]　장아남(2016 : 221)에서는 한국어 음운 규칙에 대한 교육이 초급 단계에 머무르고 있어 고급 숙달도에 도달한 학습자들도 발음이 그 수준에 미치지 못할 수 있음을 지적하고 있다.

부각할 필요가 있다. 신지영 외(2015 : 10)에서도 한국어에서 발음이 왜 중요한지를 언급하면서 문법과 어휘 면에서 고급 수준의 한국어를 구사하는 학습자라 하더라도 발음이 부정확하면 의사소통이 잘 되지 않고, 학습자의 학습 능력도 의심받게 된다는 점을 지적하고 있다. 고급 수준이 되어도 학습자는 발음이 자연스럽지 못한 경우가 많고 학습이 더 필요하다고 느끼기 때문에 듣고 따라 하는 발음 연습을 소홀하게 생각해서는 안 된다.

1.3.2. 문장 따라 하기

단어나 짧은 구를 따라 하는 것에서 더 나아가 문장을 모방하고 반복하여 연습할 수 있다. 이는 실제 의사소통을 하기 전의 중요한 연습이 된다. 우리가 의사소통을 할 때 상황에 따라 단어만으로도 가능한 경우가 있지만 대부분은 전체 문장 단위에서 상호 의사소통이 이루어진다. 특히 같은 문장이라도 억양에 따라 그 의미가 달라지는 경우가 많기 때문에 문장 단위의 드릴이 매우 중요하다.

> **예) 억양에 따라 전달되는 의미가 달라지는 경우**
> 교사 : ○○ 씨, 오늘 좀 달라 보이는 것 같아요
> 학생 : 네, 어제 머리를 잘랐거든요(↗) / 네, 어제 머리를 잘랐거든요.(↘)

위와 같은 사례를 통해 학습자에게 발음 및 억양 교육이 이루어져야 하는 필요성을 볼 수 있다. 교사가 학습자에게 관심을 표하면서 건넨 말에 학생이 첫 번째와 같이 답하고 말을 끝내면 예의 없게 느껴질 수가 있다. 이처럼 실제 의사소통을 하기 전 문장 전체를 연습하는 것이 매우 중요하다. 실제 한국인들이 발화할 때 어떻게 발화하는지 학습한 후에 전체적인 발음과 억양을 듣고 모방하는 연습이 이루어질 필요가 있다.

1.3.3. 교체하기

또 다른 드릴의 유형으로 교체하여 말하는 유형이 있다. 교사가 학습자에게 목표로 하는 발화에서 어느 한 부분을 교체하여 제시하면 학습자가 이를 따라 그 부분만 교체하여 반복하여 말하는 연습이다.

> 예) 문형 : N(장소)에 N + 이/가 있다.
>
> 교　사 : (칠판을 가리키며) 여러분, 교실에 무엇이 있어요?
> 학생들 : 칠판이 있어요.
> 교　사 : (책상을 가리키며) 무엇이 있어요?
> 학생들 : 책상이 있어요.
> 교　사 : (컴퓨터를 가리키며) 무엇이 있어요?
> 학생들 : 컴퓨터가 있어요.

학습자는 교체하는 연습을 통해 반복하여 학습하게 된다. 학습자의 숙달도를 고려하여 주어진 어휘나 표현을 이용하거나 실물 혹은 사진이나 그림 카드를 사용하여 대체하는 연습을 할 수 있다. 이러한 유형의 연습은 특히 초급에서 새로운 언어 항목을 정확하게 발음하고 고정할 수 있어서 많이 활용되며 소극적이고 자신감이 없는 학생들에게 정서적인 안정감을 갖게 해 준다는 장점이 있다. 또한 반복을 통해 기억을 장기화할 수 있으며 단순한 기계적인 연습에서 나아가 자신이 표현하고자 하는 내용을 담을 수 있는 유의미적 학습을 할 수 있다. 유의미한 드릴은 학생들의 대답을 하나로 고정해 놓지 않고 자신의 정보를 사용하여 대답하도록 하는 등 형태가 아닌 의미에 초점을 맞추어 유의미적인 연습이 되게 한다. 이때는 코러스 형태가 아닌 교사와 학생 개개인, 학생과 학생의 활동이 된다.

한국어는 유형적으로 교착어의 특징을 갖는다는 점, 조사와 어미가 발달했다는 점 등이 외국인 학습자에게 익숙하지 않으므로 이에 익숙해지도록 교체 연습을 충분히 할 필요가 있다.

2. 대화

2.1. 대화의 개념

대화란 2인 이상의 화자와 청자가 말하는 양식으로서 양방향성을 지니고 격식적 혹은 비격식적인 상황을 모두 포함하는 말하기를 뜻한다. 전은주(1999), 구현정·전영옥(2005), 이창덕 외(2010) 등 여러 연구에서는 대화란 일상생활에서 구어를 통해 평등한 둘 이상의 사람 사이에서 이루어지는 상호작용적 언어 활동이라 정의하고 있다.

대화는 인간의 말하기 중에서 가장 큰 비중을 차지하며 가장 일상적인 말하기 형태이다. 따라서 외국인 학습자들에게도 대화는 가장 기본적이면서도 중요한 말하기 활동이라 할 수 있다.

2.2. 대화의 특징

화자의 의사소통은 언어적인 것과 비언어적인 것을 통하여 이루어진다. 언어적인 것으로 사용되는 것이 음성언어 즉, 입말이다. 언어적 의사소통의 수단과는 달리 비언어적 의사소통은 몸짓(제스처), 얼굴 표정, 목소리 등을 가리키는데 동작언어, 혹은 몸말이라고 한다. 주로 입말이 지식적인 정보를 전달하는데 반해 몸말은 주로 감정적인 정보를 전달하며 문화와 관련하여 중요한 내용이 된다. 특히 몸말은 대화에서 매우 중요한 요소로 강조되고 있다.

Mehrabian(1971)의 법칙[48]에 의하면 대화를 통하여 상대방에 대한 이미지가 결정되는 것은 말을 할 때의 태도나 목소리나 표정 등 말의 내용과 직접적으로 관계가 없는 요소가 90% 이상을 차지한다고 한다. 또한 Birdwhistell(1952)에서는 의사소통을 할 때 비언어적

---

[48] 메라비언의 법칙이란 대화에서 시각과 청각 이미지가 중요시된다는 커뮤니케이션 이론으로서 한 사람이 상대방으로부터 받는 이미지는 시각이 55%, 청각이 38%, 언어가 7%에 이른다는 법칙이다.

요소가 전달하는 정보는 약 65~70%를 차지하며 언어적 요소는 약 30~35% 정도의 정보만을 차지한다고 한다.

따라서 대화는 몸말과 입말을 모두 포함하는 개념이라는 것을 알 수 있다. 특히 한국어에서는 맥락이 매우 중요한 역할을 하게 된다. 왜냐하면 영미권의 문화를 상황-비의존적(Low-context) 문화라고 하는데 반해, 한국 문화를 상황-의존적(High-context)문화라고 하는 것(문영인 외 1999 : 546)은 한국어 교육에서의 대화의 중요성을 반영해 주기 때문이다.[49]

입말을 사용하는 대화는 다음과 같은 특징이 있다(문영인 외 1999 : 251).

첫째, 시간상에서 소리의 흐름을 통해 이루어진다. 따라서 소리가 이어지며 뭉치는 경향을 가지고 있기 때문에, 모든 단어나 구가 정확하게 나열되는 글말과는 달리 입말은 음성학적, 형태론적, 통사론적, 의미론적인 축약형을 사용하는 경향이 있다.

둘째, 시간적인 제약 속에서 즉각적으로 주고받게 되는 대화라는 특성도 가지고 있다. 따라서 주저하거나, 말실수를 수정하는 말, 반복되는 말, 말을 이어 주기 위해 삽입하는 말(hedge, fillers) 등이 사용되기도 한다.

셋째, 대화에 있어서는 적절한 상호작용이 대화의 지속이나 성패를 좌우하기도 한다. 부적절한 응답이나 반응은 대화를 단절시킨다. 때로는 완벽한 문장보다 상황과 화제, 상대방의 기대 등과 일치하는 적절한 표현을 할 수 있어야 하고, 의사소통을 계속하기 위해서 대화 내용에 대한 상호 교류가 필요하다.

몸말을 사용하는 대화에서는 다음과 같은 문화개별성이 있다(구현정, 2001 : 312).

첫째, 대화는 일반적으로 상대방의 얼굴을 보면서 이루어진다. 얼굴 표정을 통해 상대방의 대화에 대한 관심도를 가장 직접적으로 나타내 준다. 대부분의 한국어 화자들은 대화를 하면서 과도한 몸짓을 사용하지 않고, 얼굴 표정의 변화를 잘 드러내지 않는 경향이 있으므로 표정이 없다는 것을 부정적 표지로만 해석해서는 안 된다. 또한 한국어

---

49   상황-비의존적 문화에서는 대화 내용이 명확하고 자세한 정보를 포함시키는 경향이 있는 반면, 상황-의존적 문화에서는 대화자들이 상황이 제공하는 문맥에 많이 의존을 하기 때문에 대화 안에 정보를 많이 포함시키지 않고 있어 막연한 표현이나 침묵으로써 자신의 입장을 나타내기도 한다. 문영인 외(1999 : 546)에서는 이것을 '눈치'라는 용어로 설명한다.

화자들은 서양인들과 달리 눈을 마주보는 일에 익숙하지 않고, 자신보다 윗사람의 눈을 바로 쳐다보는 것은 예의에 어긋나며 오히려 도전적인 행동으로 받아들여지므로 이러한 오해가 생기지 않도록 유의해야 한다.

둘째, 행동은 몸 전체가 한꺼번에 움직이는 몸말로 문화적인 요소가 있는데 가장 대표적인 것이 인사법이다. 일반적인 한국인의 인사는 고개를 숙이고 상대방과의 거리에 따라 눈인사부터 절까지의 변이가 있다.

셋째, 대화를 나누는 사람이 심리적으로 편안하게 느낄 수 있는 근접거리이다. 일반적으로 개인권을 중시하는 서양인들에 비해 한국인들은 공격적인 뜻이 없이 친밀한 거리에 접근하는 거리가 짧다. 따라서 한국인과의 대화에서는 상대방에게 불편함과 거부감을 주지 않도록 적절한 거리를 유지하는 것이 좋다.

대화는 논리적인 문법 규칙과는 다르게 대화자들의 협조의 문제이며 구체적인 상황과 맥락에서 작용한다. 이러한 원리는 문화보편적으로 적용되므로 문화에 따른 변용의 범위 또한 크게 다르지 않다. 따라서 모국어 습득에서 이루어진 것을 바탕으로 한국어 학습에서도 적용할 수 있다.

한국어 학습자들은 원활한 의사소통을 원하고 있으며 학습자의 의사소통 능력을 향상시키기 위해서는 대화를 적극 활용하는 것이 필요하다. 학습자들이 말하기 대화를 위해 필요한 것은 입말과 몸말이 전달하는 정보를 해석하고 대화의 구조 및 원리를 이해하여 대화 예절을 익히는 것이 중요하다.

2.3. 대화의 유형

Thornbury(2005)에서는 언어 수업에서 의사소통능력 향상을 위해 대화 연습을 오래 전부터 활용하고 있다고 하였으며 대화 활동 유형을 크게 두 가지로 나누었다.

먼저, 교사 대 학생이 대화하는 형식으로 교실에 있는 다른 학생들을 위해 시범으로 보여주는 유용한 방법이 된다. 또한 교사가 특수한 상황을 만들어서 즉흥적으로 대화를 이어나가는 방식으로 그 역할을 바꿀 수도 있다.

다음은 학생 대 학생이 대화하는 형식으로 개방 짝 활동(open pairwork)과 폐쇄 짝 활동(closed pairwork)으로 나눌 수 있다. 개방 짝 활동이란 두 명의 학생이 대표가 되어 나머지 학생들이 볼 수 있도록 대화하는 것이며, 폐쇄 짝 활동은 가까이 앉은 학생들끼리 대화하는 것으로 교실에 있는 학생들 모두가 동시에 활동하는 것이다. 이때 교사는 교실을 다니면서 학생들끼리 대화를 잘 이어나가고 있는지 체크하며 수정 및 교정을 하는 역할을 한다. 짝과 함께 하는 대화 활동이 끝나면 학생들은 역할을 바꿔서 하거나 자신들의 경험에 비추어 대화를 연습하는 것도 좋은 방법이다.

폐쇄 짝 활동에서는 학생들이 대화를 기억하도록 반복 연습을 하도록 하며, 대화 연습 시 너무 많은 양의 대화를 하거나 지나치게 정확한 문법이나 발음에 집중하지 않도록 한다. 또한 대화 전에 충분한 연습 시간을 제공하여 학생들이 부담감을 덜어 주는 등의 과제의 적절한 난이도가 필요하다.

2.4. 교육 내용과 방법

대화는 상황과 문맥에 따라 유동적이다. 그러나 대화도 일정한 규칙을 가지고 있으므로 다음의 요소들을 고려하여야 한다.

① 순서 교대(turn taking) : 화자와 청자가 서로 번갈아 말의 순서를 차지하는 것을 말하며, 순서 교대의 규칙에 따라 대화가 이루어진다.
② 중복(overlap) : 화자가 말을 하고 있는데 다른 화자가 얼마간 동시에 말을 하는 것을 말하며 한국어뿐 아니라 어떤 언어의 대화 상황에서도 나타날 수 있는 현상이다.
③ 대응쌍(adjecency pair) : 주고받는 말이 쌍을 이루는 것을 말하며 의사소통 과정에서 기초적이며 실제적인 요소가 되므로 특히 한국어 대화에서 매우 중요하다.
④ 대화의 조직 : 대화를 시작하고 중심부를 이끌고 대화를 종결하는 방법을 말하며, 각 절차별로 주의사항을 알고 있어야 한다.

Thornbury(2005)에서 제시하고 있는 언어 수업 시간에 활용 가능한 대화 연습의 몇 가지 방법을 소개하면 다음과 같다.[50]

① 유용한 표현들 칠판에 붙여놓기

> 예) 주제 : 백화점에서 물건 사기
>
> 칠판에 붙여놓은 다양한 표현들 : 이것은 얼마예요? / 이것은 ……원입니다. / 입어봐도 될까요? / 네, 입어봐도 됩니다./ 더 큰(작은) 사이즈가 있나요? / 네, 여기 있습니다.

학생들이 대화를 할 때 칠판에 붙어있는 다양한 표현들을 사용하게 되면, 교사는 이 표현들을 칠판에서 떼거나 지운다.

② 단어(문장)카드 버리기 놀이

> 예) 주제 : 기억에 남는 여행지 떠올리기[51]
>
> • 단어카드 : 자연경관이 아름답다 / 볼거리가 많다 / 먹을거리가 많다 / 놀 거리가 많다 / 공기가 깨끗하다 / 사람들이 친절하다 / 현지 음식이 맛있다 / 유적지가 인상적이다 / 물가가 저렴하다 / 야경이 멋지다 / 독특한 기념품이 많다 / 전통 문화를 느끼다

학생들 각자 표현들이 적힌 카드를 가지고 짝을 지어 활동한다. 가능한 한 자연스럽게 의사소통을 할 수 있도록 게임으로도 이루어질 수 있다. 대화에서 자신이 가지고 있는 카드의 표현들을 사용한 후 버릴 수 있으며, 가지고 있는 모든 카드를 가장 빨리 버리는 사람이 이기게 된다.

---

50   Thornbury(2005 : 73-79)에 있는 영어 예시문을 한국어 예시문으로 변형하였다.

51   세종 한국어 회화 3(2020 : 51) 참조.

③ 문형 암기하기

예) 주제 : 허락을 요청하고 답하기

A : 교실이 더운데 창문을 열어도 돼요?　　B : 네, 창문 열어도 돼요.

A : 이 옷 입어 봐도 돼요?　　B : 네, 입어 보세요.

A : 여기 들어가도 돼요?　　B : 아니요, 여기 들어가면 안 돼요.

A : 여기서 사진 찍어도 돼요?　　B : 아니요, 여기서 사진 찍으면 안 돼요.

교사는 여러 상황에서 사용되는 대화의 대본을 준비하고 학생들은 상황에 맞는 대본을 반복 연습하면서 외운다. 이때 짝과 함께 대화를 변형시켜서 연습할 수도 있으며 다양한 상황에 맞게 변형이 가능하다. 예를 들어 비격식체 대화에서 격식체 대화로 바꾸거나, 면대면 대화에서 전화 통화 등과 같은 비대면 대화로 바꾸는 것 등이다.

④ 흐름도 대화

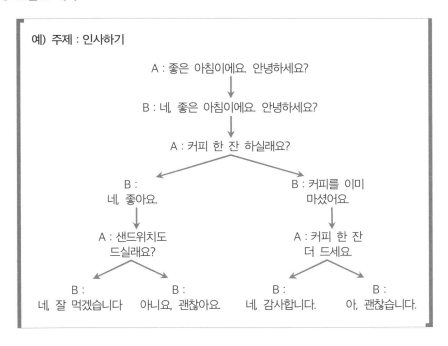

흐름도 대화는 짝 활동에서 다양한 답변을 할 수 있도록 함으로써 적절한 표현을 선택하면서 대화하는 것이다. 상대방이 어떤 답을 하느냐에 따라 맞는 흐름도를 선택하게 된다.

⑤ 대화 테니스

테니스를 할 때 공을 주고받는 것처럼, 짝과의 대화에서 서로에 대한 관심과 흥미 효율성을 높이기 위한 기법이다. 다음의 예시에서 보듯이 어떤 질문을 했을 때 하나의 대답으로 끝나지 않고 두 개 이상의 대답을 하고, 질문에 대한 답을 하고 나면 그 답에 대해 또 질문을 하는 것이다. 이러한 활동을 매 수업 시작 단계나 동기유발 단계에서 규칙적으로 반복하는 것이 좋다.

> **예) 주제 : 안부 묻기**
>
> A : 어제 뭐 했어?
> B : 어제 하루 종일 일했어. 저녁에는 헬스장 갔어.
> A : 와, 대단해. 헬스장에서 무슨 운동했어?
> B : 유산소 운동을 하고 난 후, 근육 운동을 했어. 너는 어제 뭐 했어?

⑥ 대화 만들기

대화 내용이 학생에게 제시되지 않고, 시각 자료나 음성 자료를 활용하여 학생들로부터 대화 문장이 하나씩 도출되도록 한다. 대화 구축의 과정은 다음 예시에서 볼 수 있다.

예) 주제 : 호텔 접수처에서

① 교사는 다음의 그림을 제시한다.
'두 사람은 어디에 있나요?', '그들은 누구인가요?', '서로 아는 사이인가요?' 등의
질문을 한다.

② 교사는 '그 남자가 하룻밤을 묵기 위해 방을 찾고 있어요.' 라고 말하면서 학생들
수준에 맞는 대화를 하나씩 끌어낸다.
교　사 : (호텔직원이 되어) 안녕하세요? 무엇을 도와 드릴까요?
학생들 : (다같이) 안녕하세요? 무엇을 도와 드릴까요?

이때 학생들은 자연스러운 리듬과 억양이 되도록 연습한다. 이때 학생이 어디에
강세가 있는지를 질문할 수도 있다. 이런 짧은 대화를 반복 연습하는 것이 중요하다.

③ 교사는 다음 대화를 이끌어낸다.
교　사 : 어떤 방으로 드릴까요?
학생들 : 싱글룸을 원합니다. 욕조가 있는 방으로 주세요.

④ 개방 짝 활동과 폐쇄 짝 활동을 번갈아 연습한다.

⑤ 전체 대화를 반복하고 암기하여 완벽한 대화로 만들어질 때까지 진행한다. 이때
대화는 너무 길거나 많은 양이 되어서는 안 된다.

⑥ 충분한 대화 연습 후에 두 명의 학생이 앞으로 나가서 대화를 한다. 원래의 대본과는
다르게 변형될 수 있다.

대화 만들기는 교사의 경험과 교수 스타일에 의존하며 준비성과 즉흥성의 알맞은 조화가 필요하다.

⑦ 정보 차 활동(information gap activity)

'정보 격차'란 한 사람이 다른 사람에게 없는 정보를 가지고 있다는 것을 의미한다. 정보 차 활동은 짝 활동에 적합한 말하기 유형으로 상대방이 가진 정보를 얻어 내야 하므로 실생활의 의사소통 상황과 비슷해서 학습자에게 흥미와 동기를 유발할 수 있다.

직소우(jigsaw) 활동은 양방향 정보격차 활동으로 두 사람이 서로 다른 정보를 부분적으로 가지고 있어 각각의 정보를 공유함으로써 퍼즐 맞추듯이 하나로 완성시키는 활동이다. 대화 참여자 사이에 갖고 있는 정보를 교환하고 과제를 해결하기 위해서 하나의 언어를 사용하여 충분한 의사소통이 이루어져야 한다.

예) 주제 : 서울 관광
① 교사는 길 묻기와 길 안내하기에 사용되는 어휘와 전형적인 표현들을 교육한다.
② 한 학생은 학교에서 명동에 가는 방향 정보를 가지고 있고 다른 학생은 지하철 노선도를 가지고 있다.
③ 첫 번째 학생은 두 번째 학생에게 한국어로 방향을 알려 준다.
④ 두 번째 학생은 지하철 노선도를 보고 길을 찾아가면서 자신이 상대방의 말을 잘 이해하여 방향을 정확하게 찾고 있는지 확인하기 위해 확인 질문을 한다.

3. 역할극

3.1. 역할극의 개념

역할극은 학습자들이 경험할 가능성이 있는 상황을 가정하고 역할을 맡아 상호작용하며 연습하는 말하기 활동이다.

Livingstone(1983 : 6)은 역할극을 학생들에게 언어, 역할 행동의 측면, 그리고 교실 밖에서 필요로 하는 실제 역할들을 연습할 기회를 주는 교실 활동이라고 하였다. 권화숙(2018 : 9)은 주어진 상황 안에서 학생들이 각자에게 부과된 역할을 해내며 그 상황에 맞는 표현을 연습하는 것이라고 하였다.

역할극의 개념을 정확하게 파악하기 위해서는 시뮬레이션(simulation), 드라마(drama), 교육 연극(educational theatre) 등의 유사한 개념과의 구분이 필요하다.

3.1.1. 시뮬레이션(simulation)

시뮬레이션은 가상의 상황을 연출한다는 점에서 역할극과 유사하다. 하지만 시뮬레이션은 역할극에 비해 더 많은 인원이 참여하며 과제가 복잡하다.

Brown(2007/2012 : 266)에서는 시뮬레이션의 예로 배가 난파되어 무인도에 고립된 상황을 든다. 학습자들은 의사, 목수, 쓰레기 수거원, 수영 선수, 어린 아이 등 다양한 직업과 역할을 부여 받는다. 학습자들의 각자의 역할에 따라 말하기 활동을 하며 적게 남은 식량을 위해 누가 살아남고 누가 죽어야 하는지를 결정한다.

한편 Thornbury(2005 : 98)는 역할극은 개별화된 역할 카드를 제공받고 수행하는 것이고 시뮬레이션은 가상의 상황에서 학습자가 그들 자신을 수행하는 것으로 구분하였다. 예를 들어 역할극은 학습자들이 취업 지원자와 고용주의 역할을 부여 받고 이에 대해 말하기 활동을 하는 것이라면 시뮬레이션은 학습자가 엘리베이터에 갇혀 있거나 사업 계획 발표 상황과 같이 학습자에게 특정한 역할을 부여하는 것이 아니라 학습자가 자기 자신이지만 가상의 상황에 대해 말하기 활동을 하는 것이라고 하였다.

3.1.2. 드라마(drama)

드라마는 역할극이나 시뮬레이션보다 격식을 갖춘 형태를 말한다. 드라마는 사전에 준비한 줄거리와 대본이 존재한다. Thornbury(2005 : 98)는 드라마가 역할극과 시뮬레이션보다 확장된 개념으로 대본 낭독, 암송, 즉흥과 같은 다른 유형의 활동을 포함하는 보다 일반적인 용어라고 하였다.

3.1.3. 교육 연극(educational theatre)

교육 연극은 연극의 기법을 교육에 적용한 것이다.[52] 연극을 통해 학습자들이 말하기 연습을 하는 것이다. 한편 Holden(1981 : 8)에서는 드라마는 '다른 인물인 척하는(let's pretend)' 개념과 관련된 모든 활동으로 연극과는 대조적으로 협의의 의미라고 밝혔다. 그리고 드라마는 발표보다는 수행에 초점을 맞추는 교실 활동이라면 연극은 보여주는 것과 관련된다고 하였다.

3.2. 역할극의 특징

Ladousse(1987 : 6-7)는 역할극의 가치를 다음과 같이 언급한다.

첫째, 역할극을 통해 교실에서 다양한 경험이 가능하다. 역할극은 기능, 구조, 어휘적 측면 등의 활동 한계를 확장할 수 있다.

---

52 한국어 교육학 사전(2014 : 1133-1134)에 따르면 교육 연극은 세 종류로 구분된다.
첫째, 교육에서의 연극(theatre-in-education : TIE)은 전문 단체의 공연을 관람하는 것으로 무대에서의 경험을 중요시한다. 공연의 목적은 흥미 유발이 아니라 직접적인 교육적 목적을 위해 이루어진다.
둘째, 교육에서의 드라마(drama-in-education : DIE)로 학습자가 직접 대본을 작성하는 과정에서 사건과 주제의 내용을 이해하는 데 목적이 있다.
셋째, 창의적인 드라마(creative drama)는 교육에서의 드라마와 유사하지만 학습자가 즉흥 연기를 통해 정의적 및 사회적 성장을 경험하는 것을 중요시한다.

둘째, 사회적 관계를 원활하게 하는 데 매우 필요하지만 언어 교수법에서 자주 등한시 되는 의례적인 언어 형태를 사용하고 개발할 수 있다. 많은 학습자들은 언어가 특정한 정보를 전달하는 것과 관련이 있다고 생각한다. 그래서 학습자들은 작은 대화(small talk) 를 거의 하지 않고 결과적으로 불필요하게 퉁명스럽고 갑작스러워 보이는 경우가 많다. 따라서 역할극을 통해 이러한 낮은 수준의 사회적 기술을 쌓는 것이 가능하다.

셋째, 해외에서 일하거나 여행하는 사람들이 특정한 역할을 준비하는 데 유용하다. 이러한 학습자들에게 역할극은 실제 생활을 위한 매우 유용한 리허설로 교실에서 그들 이 필요로 하는 언어를 연습할 수 있다. 이는 단지 정해진 구절을 습득하는 것이 아니라 다양한 상황에서의 상호작용 방식을 배울 수 있게 해 준다.

넷째, 역할극은 소극적인 학습자의 참여를 돕는다. 말수가 적은 학습자들은 그들 자신 에 대한 대화와 경험과 관련된 활동에 참여하는 데 많은 어려움을 겪을 수 있다. 역할극 은 이런 학습자들에게 학습자 자신의 개성이 개입되어 있다고 느끼지 않게 해 준다.

다섯째, 역할극을 사용하는 가장 중요한 이유는 흥미 때문이다.

여섯째, 역할극은 학습자들의 유창성을 발달시키고 수업 시간에 상호작용을 촉진하며, 동기부여를 증가시키는 의사소통 기법 중 하나이다.

한편 Rivers(1981)와 Celce-Murica 외(2013)는 역할극을 문화적인 측면과 연관 지어 설명 한다. Rivers(1981 : 328)는 학습자들은 역할극을 통해 언어 학습의 많은 부분을 연습하여 교실 대화와 촌극[53]으로 이어나가면서 내용, 억양, 몸짓, 제2 언어문화의 설정된 상황에 대한 반응을 노력할 것이라고 하였다. 한편 Celce-Murica 외(2013 : 114)에서는 역할극이 칭찬, 요청, 거절과 같은 언어 행위에서 사회 문화적인 변화를 연습하는 데 적합하다고 밝혔다.

---

[53] '촌극'은 '아주 짧은 단편적인 연극'으로 교실에서 이루어지는 짧은 역할극을 의미한다.

3.3. 역할극의 유형

Littlewood(1981 : 50)는 역할극의 종류를 교사의 통제와 학습자의 창의력 발휘 정도에 따라 다섯 가지로 구분한다. 교사의 통제성이 강한 순에서 학습자의 창의력을 강조하는 순으로 정리하면 '대화문 암기(Performing memorised dialogues) - 문맥 상황에 맞는 연습 (Contextualised drills) - 단서가 주어진 대화(Cued dialogues) - 역할극(Role-playing) - 즉흥극 (Improvision)'이다.

한편 Larsen-Freeman & Anderson(2011 : 127-128)에서는 역할극이 CLT(Communicative Language Teaching)에서 다른 사회적 맥락과 사회적 역할로 의사소통을 연습한다는 점에서 중요하다고 언급하였다. 또한 역할극의 방법을 구조화된 방법과 덜 구조화된 방법으로 제시하였다. 구조화된 방법은 교사가 학습자에게 역할, 말할 내용, 상황까지 지정해 준다. 덜 구조화된 방법에서는 교사가 학습자에게 역할, 상황은 정해 주지만 말할 내용은 학습 자들이 자율적으로 결정한다. Larsen-Freeman & Anderson(2011)에서는 후자가 학습자에 게 선택권이 주어진다는 점에서 CLT와 상대적으로 더 어울린다고 했다.

3.4. 교육 내용과 방법

역할극은 가게, 병원, 은행, 우체국 등의 특정한 상황이나 주인, 손님, 의사, 환자와 같은 특정한 인물을 가정하고 상상하며 진행한다. 이러한 상황 설정은 복잡하지 않고 단순해야 한다. 또한 역할극을 수행하기 전에 설정된 상황의 모범 대화문과 기능 표현, 도움 표현 및 어휘를 제시하고 부교재를 사용하여 수행할 자료를 제공해야 한다고 밝혔다.

Brown(2007/2012 : 266-267)은 역할극에서 한 명 이상의 학습자에게 특정 역할을 부여하 는 것과 참여자들이 성취해야 하는 목적이 필요하다고 하였다. 또한 짝활동으로 학습자 두 명이 역할극을 수행하는 동안에 다른 학습자들은 역할을 보며 문법이나 담화적 요소 를 확인할 수 있다고 언급하기도 했다.

역할극의 대표적인 예시는 학습자에게 역할 카드를 제공하고 학습자들이 그 역할 카드를 수행하는 것이다. Ladousse(1987 : 50)는 간단한 상황에서 학생들의 반응을 향상시키는 활동으로 다음과 같은 예시를 제시한다.

역할 카드 A	역할 카드 B
당신은 호텔 투숙객이고 호텔 접수원과 이야기를 하고 있다. 당신은 욕조가 있는 방을 원한다.	당신은 호텔 직원이다. 현재 욕조가 있는 방은 없다.

위의 역할극에 대해 초급 이상의 학습자를 대상으로 진행할 수 있으며 갈등의 요소를 포함하여 특정한 기능(function)을 활용할 수 있는 활동이라고 언급한다.

이와 같이 학습자에게 특정한 역할을 부여하여 학습자들이 참여할 수 있도록 하는 활동은 한국어 교재에도 제시되어 있다. 한국어 교재에는 해당 단원의 주제나 상황, 기능에 적합한 역할극을 구성한다. 초급 및 중급 단계에서는 학습자들이 자주 접할 수 있는 상황과 장소와 관련한 역할극을 제시한다. 반면에 고급 단계에서는 주어진 자료나 자신의 경험을 바탕으로 한 역할극을 제시하기도 한다. 한국어 교재에서 제시하는 역할극을 숙달도에 따라 살펴보면 다음과 같다.

① 초급[54]

[준비]
1. 그림 카드를 이용해서 단어를 복습해 보세요.
2. 역할극을 준비하세요.
   • 점원은 옷과 신발 그림을 받아서 가게를 준비하세요.

---

[54] 서강 한국어 2A(2008 : 125) 참고.

- 손님은 쇼핑 리스트를 생각하세요
- 쇼핑 테마 카드를 골라서 활동을 합니다.

[활동]

여러 가게를 다녀 보세요. 점원에게 필요한 것을 말하고 좋은 물건을 찾아보세요.

[정리]

같이 이야기해 보세요. 어떤 것을 샀어요? 어떤 가게가 마음에 들었어요? 가게의 점원은 어땠어요?

② 중급[55]

여러분의 가방을 잃어버렸다고 생각하고 유실물센터에 가서 나눌 이야기를 해 보세요

- 유실물센터 직원과 어떤 이야기를 할까요?
- 다음 가방 중 하나를 선택해서 특징을 어떻게 말해야 할지 생각해 보세요.
- 유실물센터 직원과 물건을 잃어버린 사람이 되어 이야기해 보세요.

③ 고급[56]

다른 사람의 시각이나 사고방식을 이해하고 입장을 바꿔 역할극을 해 보세요

① 다음에서 두 사람의 관점이 어떤 차이를 보이는지에 대해 이야기해 보세요

남자	집에 돌아오자 아내는 오늘도 내게 끝없이 얘기를 한다. 부모님과의 이야기, 물건을 비싸게 산 일, 아이들 공부 이야기……. 도무지 끝날 것 같지 않은 얘기를 대충 듣고 있지만 짜증이 난다. 쉬고 싶은데, 아내는 내가 쉴 틈을 주지 않는다.

---

55   재미있는 한국어 3(2009 : 143) 참고.

56   서울대 한국어 5B(2012 : 133) 참고.

여자	남편은 집에 들어서면서부터 얼굴을 찌푸리고 있다. 무슨 일이냐고 아무리 물어도 내 말을 무시하고 아무 말이 없다. 하루 종일 이러저런 일로 스트레스를 받은 나는 하고 싶은 이야기가 많다. 부모님 문제, 아이들 공부 문제, 쓰레기 문제 등 남편이 내 말을 들어 줬으면 한다. 그런데 남편은 들으려고 하지 않는다.

② 상대방의 말이나 행동 때문에 답답하거나 화가 났던 경험이 있습니까? 여러분의 경험을 다음과 같이 정리하고 이야기해 보세요.
- 남자 : 밖의 일로 지쳐서 쉬고 싶은데, 아내는 내가 쉴 틈을 주지 않는다.
- 여자 : 남편은 내가 우리 가족의 중요한 문제를 이야기해도 들으려고 하지 않고 방으로 들어가 버린다.

③ 위에서 이야기한 것 중의 하나를 골라서 다음과 같이 입장을 바꿔서 역할극을 해 보세요.

④ 역할극을 하고 나서 어떤 입장의 차이를 알게 되었는지 말해 보세요.

Thornbury(2005 : 100)에서는 여러 명이 참여하는 역할극으로 다음의 활동을 소개한다.[57]

① 취업 면접

① 면접 실시와 관련된 다음의 제안 중 어느 것에 동의합니까? 당신의 의견을 추가하십시오.
- 면접관은 한 명 이상이어야 한다.
- 면접관은 책상 뒤에 앉아야 한다.
- 면접관은 면접자가 말하는 동안 메모를 해야 한다.

---

57   Thornbury(2005 : 98-101)의 영어 예시문을 한국어 예시문으로 변형하였다.

② 4인 1조로 구인 광고 중 하나를 선택하고 직업에 대한 찬반 논점을 논의하십시오. 여러분 각자는 여러분의 그룹이 선택한 일자리의 후보입니다. 다음의 것을 결정하십시오.

- 자격(예 : 대학교 학위, 전문 교육)
- 경험(예 : 컴퓨터, 유사한 조직, 어린이들)
- 자질(예 : 열정, 인내, 행정 능력)

③ 면접 패널은 면접을 보지 않은 조원 3명으로 구성된다.

- 의자를 배열한다.
- 교대로 면접을 본다. 지원자들은 흥미롭고 열정적으로 면접에 참여한다. 면접관은 후보자의 장단점을 파악하기 위해 노력해야 한다.
- 해당 일자리에 적합하다고 생각하는 사람을 뽑는다.

Thornbury(2005 : 100)는 위의 활동에 대해 어떤 물건을 사용할 것인지 결정하기 전에 모든 가게를 방문하는 수하물 컨베이어 벨트(carousel)식 아이디어의 변형이라고 설명한다. 또한 이러한 형태의 역할극은 내재된 반복적인 요소를 가지고 있으며 패키지 휴가 선택, 언어 강좌 선택, 룸메이트 선택, 결혼식 장소 선택 등과 같은 다양한 상황으로 역할극을 할 수 있다고 제시한다.

더 생각해 보기

1. 짝 대화 활동 시, 대화 상대자와 한국어 능력에 차이가 있을 때 어떤 장점과 단점이 있을 수 있는가?

2. 폐쇄 짝 활동 시 교사의 역할에 대해 논의하시오. 효과적인 대화 수업이 되기 위해 교사는 어떤 방법을 택할 수 있는가?

3. 개방 짝 활동 시 대화의 오류가 있을 때 교사는 언제, 어떻게 개입해야 효과적인 대화 수업이 될 수 있을지 논의해 보시오.

4. 본문에서 대화의 유형 중 하나로 '정보 차 활동'을 소개하였다. 예시에 제시된 대로 '길 찾기' 활동을 수업 시간에 활용하려면 어떠한 어휘와 문법, 표현을 사전 지도해야 하는지 이야기해 보시오.

5. Littlewood(1981 : 49-50)는 역할극에서 역할을 설정한 후 학습자들은 역할에 따라 상황이 실제로 존재하는 것처럼 행동하며 이때 학습자의 초점은 언어 연습보다는 의미 전달에 중점을 두어야 한다고 하였다. 이 의견에 동의하는가? 만일 역할극 중 의미는 전달이 되나 어휘나 문법의 오류가 빈번히 발생하고 있다면 어떻게 해야 할까?

제6장 말하기 활동(2)

1. 토론

1.1. 토론의 개념과 목적

토론이란 찬성 측과 반대 측이 어떤 논제에 대해 논거를 들어 자신의 주장이 옳다는 것을 제시하고 상대방의 주장이나 논거는 부당함을 명백히 하는 말하기의 한 형태이다. 이에 화자의 주장을 분명히 밝히고, 그 주장에 청중이 동의하도록 설득함에 목적을 둔다. 토론은 논제에 대해 찬성하는 측과 반대하는 측에 의해 수행되므로 토론의 과정에는 반드시 논쟁과 의견 차이 또는 이해 갈등이 수반된다. 또한 서로 다른 두 입장의 공정한 경쟁을 위해 발언 시간, 순서, 횟수 등의 형식과 규칙을 사전에 마련하고 참여자들로 하여금 이에 따라 발언을 하도록 한다.[58]

---

[58] 한국어 교육학 사전(2014 : 1122-1123) 참조.

토론과 토의의 차이점

　토의란 공동의 문제에 대해 다양한 참여자들의 의견과 입장을 듣고 최선의 대안을 모색하기 위하여 협의하는 집단 담화 유형이다. 모든 참여자들은 더 좋은 의견을 생성하기 위해 다양한 의견을 자유롭게 개진하고 논의하는 의사소통을 진행하며 이를 통해 새롭고 합리적인 해결책을 도출하게 된다.

— 한국어 교육학 사전, 2014 : 1121

1.2. 토론의 특징

　토론은 양자의 의견에 차이가 있고, 어떤 특정 문제에 대한 해결안이 미리 정해져 있어 서로 대립되는 관계에 있다. 따라서 자기 의견의 당위성을 상대방에게 알리고 상대방의 주장이 잘못된 것을 논거를 들어 입증하는 것이므로 구체적인 특징을 제시하면 다음과 같다.[59]

　① 의사소통 능력을 향상시킨다.

　토론은 자신의 생각을 표현하는 능력을 연습하는 데 효과적인 방법으로 어떤 논제에 대한 자신의 생각을 말로 표현하는 것이다. 이러한 과정을 통해 학습자는 높은 사고력이 길러지며 상황에 맞는 발화를 함으로써 유창한 의사소통 능력이 길러지게 된다.

　② 말하기 기회를 많이 갖게 된다.

　토론은 학습자가 중심이 되어 주도적인 역할을 하게 된다. 그렇기에 상호작용적 활동을 통해 말하는 기회를 많이 제공받을 수 있다.

59　토론의 특징에 대한 내용은 이미혜(2006 : 315-316), 장영희(2015 : 571-572), 손명양(2015 : 75-76)의 내용을 요약, 정리한 것이다.

③ 적절한 교정과 피드백을 제공할 수 있다.

토론을 통해 학습자는 서로 의견을 교환하며 적절한 교정과 피드백을 주고받을 수 있다.

④ 학습자들에게 책임감을 갖도록 해 준다.

학습자는 토론 과정을 통해 자신이 속한 찬반 측을 위한 역할을 감당하게 되고 이에 따른 책임감을 기를 수 있게 된다.

⑤ 교실 환경에서 상호 작용을 하는 기회를 얻는다.

학습자들은 토론 과정을 통해 자신의 의견을 논리적으로 말하고 또한 상대방의 말을 잘 듣고 이해하여 반응을 하게 된다. 즉 토론을 통해 생각, 감정, 논점을 교환하는 과정을 거치며 상호 작용하는 기회를 얻는다.

⑥ 자신의 주장을 효과적으로 내세울 수 있다.

학습자는 토론의 과정을 통해 주장, 동의, 논박, 타협 등의 활동을 하게 된다. 이러한 능력은 교실 밖에서 만날지 모르는 분쟁이나 논쟁을 대처할 수 있도록 하며 논쟁 상황에서도 예의를 잃지 않고 자신의 주장을 펴는 능력을 갖게 한다.

1.3. 토론의 주요 규칙과 요소[60]

토론은 의견을 달리하는 양측이 서로의 주장을 통해 상대방을 설득하는 것으로 일정한 형식과 그 절차를 통해 행해지는 경쟁적 의사결정 방법이다. 토론에 공통되는 규칙은 찬성과 반대의 2개 팀으로 구성되고, 참가 인원수가 동일해야 하며, 양측에서 사용할 수 있는 시간이 균등해야 한다. 요즘 텔레비전에서 행해지고 있는 시사토론 등과 같은

---

60   박덕유(2003 : 176) 참조.

프로그램은 진행 과정에 시청자들의 찬반론을 집계하고 있어 토론이 끝나면 바로 그 통계 결과가 나오기 때문에 토론을 더욱 흥미 있게 한다.

토론의 주요 요소로는 우선, 논제가 있어야 한다. 토론의 논제는 찬반론이 성립되는 것이어야 하며, 하나의 과제를 선택해야 하고, 객관적이고도 구체적이어야 하며, 자기주장을 증명할 수 있는 것이어야 한다. 다음으로 사회자가 필요하다. 사회자는 그 논제에 전문가이지 않아도 되며, 토론에 적극적으로 참여하려는 사람이면 된다. 또한 특정 의견이나 사상에 공감하는 인상을 주어서도 안 되며, 포용력이 있어 토론을 원만하게 진행할 수 있어야 한다. 다음으로 토론에서 논제에 대한 찬반론을 발표할 참여자가 필요하다. 토론 참여자는 상대편 논거의 모순을 지적하고, 반면에 자기 논거의 정당성을 제시하는 논리적 설득력이 필요하므로 논제와 관련된 충분한 자료를 수집하고, 이를 효과적으로 활용해야 한다.

1.4. 교육 내용과 방법

토론은 일회적으로 어느 한 급에서 수업을 진행하는 것이 아니라 중급에서부터 고급 과정으로 단계를 거쳐 심화될 수 있다. 즉 단계적 토론 구성은 중급(4급)에서는 토론에 대한 지식을 습득하고 비교적 짧은 시간에 가벼운 주제를 다루며 고급으로 갈수록 주제가 심화되고 토론 시간도 길어지는 심화 학습 과정으로 이루어져야 한다(이정화 2010 : 341).

1.4.1. 토론 주제

중급 숙달도에서 다룰 수 있는 주제는 다음과 같다. 조기 교육, 인터넷 댓글 실명제, 동물 실험, 체벌, 안락사, 일회용품 사용 금지 등 기본적이고 일상적이며 사회적인 주제가 적합하다. 또한 사전 준비 없이 바로 의견을 말할 수 있도록 다양한 주제를 가지고 토론을 진행해 볼 수 있다. 중급에서 활용할 수 있는 토론 활동으로 Thornbury(2005)에 제시된 방법[61]을 소개하면 다음과 같다.

• **토론 카드** : '패션이란' 주제에 대해 학생들은 질문 카드를 작성하여 교사에게 제출한
다. 각 조별로 한 명씩 질문 카드를 뽑아서 큰 소리로 읽고 이에 대한 의견을 말한다.
본격적인 찬반 토론의 형태는 아니지만 학습자들이 특정 주제에 대해 자신의 의견을
말하는 연습 형태로 이루어질 수 있다.

주제 : 패션

<질문카드>
- 패션은 보편적이다.
- 패션은 예술의 한 형태다.
- 패션은 단순히 사람들이 돈을 쓰도록 만드는 방법이다.
- 패션은 다양성을 찬양한다.
- 패션 산업은 비윤리적이다.
- 입은 옷으로 사람들을 평가해서는 안 된다.
- 의류 품목에서 라벨이 얼마나 중요한가?
- 당신은 얼마나 자주 쇼핑을 하는가?
- 중고 의류를 입어 봤거나 입을 의향이 있는가?
- 당신의 옷 스타일을 어떻게 묘사하겠는가? 등
- 기타

• **준비 토론** : '스포츠'라는 주제를 소개하고 이에 대한 질문을 가지고 짝이나 그룹으로
먼저 의견을 말해 보도록 한다.

주제 : 스포츠

<이 질문에 대해 토론하십시오.>
- 당신이 가장 좋아하는 스포츠는 무엇입니까? 왜 그것을 좋아합니까?

---

61   Thornbury(2005 : 102-105)에 있는 영어 예시문을 한국어 예시문으로 변형하였다.

- 당신은 그 운동을 실제로 즐깁니까? 아니면 보는 것을 좋아합니까? 또는 둘 다를 즐깁니까?
- 당신은 어떤 스포츠를 좋아하지 않습니까? 왜 그렇습니까?
- 남성과 여성에게 각각 더 어울리는 스포츠는 무엇입니까? 왜 그렇습니까?

고급 단계의 토론 주제는 낙태 금지법, 양심적 병역거부, 범죄자 신상공개 등 중급 단계 보다 더 심화된 주제로 다루어져야 한다. 이뿐 아니라 토론이 성공적으로 이루어지려면 토론 주제에 대한 사전 조사와 대비 과정을 거쳐야 한다. 학습자는 이러한 사전 조사를 통해 토론의 발화 내용을 계획하고 토론 계획서를 작성한다. 아래는 고급에서 활용할 수 있는 토론 진행 방식으로 이미혜(2006)에서 제시한 토론 순서를 참조하여 설계하였다.

- 고급 토론 : 양심적 병역 거부

(1) 다음 글을 읽고 양심적 병역 거부에 대해 생각해 보십시오.

<신문기사>
'양심적 병역거부'를 주장하며 80일 넘게 출근하지 않은 사회복무요원 A씨(26)의 실형이 확정됐다. 대법원 2부(주심 박상옥 대법관)는 병역법 위반으로 기소된 A씨의 상고를 기각하고 징역 1년 6개월을 선고한 원심을 확정했다.

A씨는 서울의 한 구청에서 사회복무요원으로 복무했다. 그러던 2016년 7월 A씨는 돌연 출근을 하지 않았다. 그의 무단결근은 두 달 넘게 이어졌다. 병역법은 사회복무요원이 정당한 사유 없이 8일 이상 복무를 이탈하는 경우 3년 이하의 징역에 처하도록 한다. 85일간 무단결근한 A씨는 병역법 위반으로 재판에 넘겨졌다.

1심에서 A씨는 '양심적 병역거부권'을 주장했다. A씨는 자신이 '여호와의 증인' 신도라며 "교리에 따라 병역을 전제로 하는 병무청에 더는 소속돼 있을 수 없다는 신념 때문에 결근하게 됐다"고 주장했다. 병역법 제89조의2 1항에 따라 사회복무요원 복무를 기피할 수 있는 정당한 사유가 있다는 취지다.

1심 법원은 A씨의 주장을 받아들이지 않았고 징역 1년 6개월의 실형을 선고했다. 법원은 실형 선고 이유에 대해 "A씨는 종교적 양심을 이유로 앞으로 다시 기회가 주어지더라도 사회복무요원으로 복무할 의사가 없음을 분명히 밝혔다"며 "재범의 위험성이 명백하다"고 판단했다. 그러면서 현행 병역법에 따른 병역의무를 따르고 있는 다른 복무자들의 복무 기간 및 형평성 등을 고려해 1년 6개월의 형을 정했다고 했다. 다만 A씨가 도주할 우려는 없다고 판단해 법정 구속은 하지 않았다.

2017년 6월 나온 2심도 A씨의 항소를 기각했다. 2심은 A씨는 이미 군사훈련을 마쳤다는 점을 고려했다. A씨는 사회복무요원에게 부과되는 군사 훈련을 마치고 구청 소속으로 복무해온 상태였다. 만약 앞으로 계속 사회복무요원으로 복무해도 더 이상의 군사 훈련을 부과받지는 않을 예정이었다. 법원은 이런 상황을 근거로 "A씨의 종교적 신념과 대한민국 국민으로 이행할 의무를 조화시키는 것이 과연 불가능한 것인지 의문이 있다"고 판결했다. A씨는 상고했지만 대법원은 받아들이지 않았다. 대법원은 "사회복무요원의 복무 예외 사유를 정한 병역법 제89조의2 1항의 '정당한 사유'에 대해 원심이 잘못 판결한 바가 없다"며 A씨의 상고를 기각했다.

　　　　　— 중앙일보, 훈련 끝낸 뒤 "양심적 병역거부" 무단결근 사회복무요원 징역

(2) 개념 정리

　　양심적 병역 거부는 무엇인가?

(3) 토론 방식 및 역할 결정

　　토론은 양심적 병역 거부에 대한 찬반 토론으로 진행합니다. 다음 역할 중 자신에게 적절한 역할이 무엇인지 생각하여 정해 보십시오. <역할 : 사회자, 찬성 측, 반대 측>

(4) 사전 준비 활동, 토론 계획서

① 인터넷에서 양심적 병역 거부에 대한 논쟁을 불러일으킨 것이 무엇인지 알아보십시오.(검색어 : 양심적 병역 거부)

② 양심적 병역 거부에 대해 찬성 또는 반대하는 일반인들의 생각은 어떠한지 알아보십시오.

③ 조사한 내용을 바탕으로 다음에 대해 생각해 보십시오.

　* 여러분은 양심적 병역 거부에 찬성합니까? 반대합니까?

　* 자신의 주장과 근거를 바탕으로 토론 계획서를 작성해 보세요.

날짜	작성자
토론 주제	
나의 주장(의견)	
근거 및 이유	1. 2. 3.
반대 주장	
예상 질문이나 반박 내용	1. 2.
나의 대답이나 반론	

(5) 토론 전략과 표현 연습

(6) 토론하기

　　양심적 병역거부에 대한 찬반 토론을 해 보십시오. 다음 순서로 진행하십시오.
　　<토론 순서> 찬성 입장 의견 → 반대 측 논박 → 찬성 측 논박 → (반대 측 방어 주장)
→ (찬성 측 방어 주장) → 의견 정리 및 결론

(7) 토론 내용 정리 확장 활동

　　토론의 내용을 요약해 정리하고 여러분의 의견을 글로 써 보십시오.

(8) 평가서 작성

　　오늘의 토론은 잘 이루어졌다고 생각합니까? 다음 평가표를 사용하여 토론에 대해서
평가해 보십시오.

---

① 토론은 얼마나 잘 이루어졌습니까?

　　□ 매우 잘 이루어졌다　　　□ 잘 이루어졌다　　　□ 보통이다

　　□ 조금 부족하다　　　□ 매우 부족하다

② 다음 각 사항에 대해 평가하십시오

	매우 우수	우수	보통 부족	매우 부족
* 주제 선정	□	□	□	□
* 토론 전략 및 표현의 사용	□	□	□	□

---

* 학습자 간의 상호작용	☐	☐	☐	☐
* 토론의 진행 과정	☐	☐	☐	☐
* 학습자의 적극적인 참여	☐	☐	☐	☐
* 사회자의 역할	☐	☐	☐	☐
* 역동적인 진행	☐	☐	☐	☐

1.4.2. 토론 표현

일반적으로 토론에서 사용할 수 있는 토론 담화 형태 표지는 다음과 같다.[62]

(1) 사회자 표현

① 토론을 시작할 때

• -고자 합니다.

• -에 대한 토론을 시작하기로 하겠습니다.

• -에 대해서 토론을 시작하겠습니다.

• -라는 주제로 토론을 해보겠습니다.

• 찬성/반대 팀부터 말씀해 주시기 바랍니다.

② 토론자의 의견을 물어볼 때

• -는다는 의견에 대해서 찬성/반대 팀에서는 어떻게 생각하십니까?

• 조금 전에 찬성/반대 팀에서 -는다고 하셨는데, 여기(이 의견)에 대해서 어떻게 생각하십니까? 다른 의견이 있으면 말씀해 주시기 바랍니다.

• 만약 -는 경우라면 어떻게 하시겠습니까?

③ 제안할 때

• -는 것이 어떨까 (생각)합니다.

---

62 경희 한국어 말하기 4권(2015), 서울대 한국어 5A(2012), 대학 강의 수강을 위한 한국어 말하기 중급 Ⅱ(2012)를 참고하였다.

- −기로 할까요?
- −기로 하면 어떻겠습니까?

④ 요약 정리할 때
- 지금까지의 이야기를 요약하면(요약해 보면) −는다는 말씀이지요?
- 조금 전에 하신 이야기(지금까지 얘기)를 요약하면 −는다는 말씀이지요?
- −는다는 말씀이지요? −는다 그런 말씀이지요?(그런 말씀인가요?)
- 양쪽 팀의 의견을 정리하면
- 끝으로 양쪽 팀에서 보충하실 말씀이 있으시면 해 주시기 바랍니다.

(2) 찬반 측 표현
① 의견 말하기
- (개인적으로)저는 −생각합니다.
- 무엇보다 중요한 것은 −(는/ㄴ)다는 점입니다.
- 저의 의견은 원한다면−

② 찬성하기
- 저는 −(는/ㄴ)다는 의견에 찬성 합니다.
- 저도 같은 생각입니다.
- 저는 ○○씨의 주장에 동의합니다.

③ 반대하기
- 저는 −(는/ㄴ)다는 의견에 반대 합니다.
- 저도 생각이 다릅니다.
- 저는 ○○씨의 주장에 동의하지 않습니다.

④ 상대방 의견 확인하기
- 즉 −다는 말씀이시죠?
- 그러니까(결국) −다는 말씀이지요?
- −다고 말씀하셨는데 이것을 −으로 받아들여도 되겠습니까?

⑤ 부분적으로 동의하기

- 그것은 부분적으로 사실입니다.
- 그 점은 저도 인정합니다.

⑥ 요약, 정리하기
- 한마디로 말씀드리자면 -다는 것으로 요약할 수 있습니다.
- 지금까지의 논의는 -다는 것으로 정리해 볼 수 있겠습니다.

1.4.3. 고려 사항

토론을 지도하는 데 있어 가장 중요한 것은 교사의 역할이다. 교사는 토론의 원리와 방법 그리고 학습자의 능력까지 정확히 파악하여 교수-학습 목표에 맞는 토론을 설정하고 내용을 구성해야 한다. 토론 학습에서 고려해야 할 요소는 다음과 같다.

① 학습자의 숙달도와 수준을 정확히 분석한다.

교사는 학습자의 한국어 숙달도와 토론 능력을 고려하여 단계를 세부적으로 제시해야 한다. 학습자의 한국어 능력이 부족하거나 토론에 대한 지식과 표현들이 부족하면 모국어로 토론을 해 본 경험이 있는 학습자라 할지라도 토론에 적극 참여하기 어렵다. 그러므로 교사는 토론 주제에 대한 입론과 반론을 충분히 사전에 연습시키는 것이 필요하다.

② 흥미를 줄 수 있는 적절한 주제를 정한다.

토론의 주제가 어려우면 학생들은 토론 참여에 흥미를 잃게 될 수 있다. 그러므로 학생들이 실제 생활에서 접하거나 흥미를 느낄 수 있는 주제로 선정하는 것이 좋다. 흥미로운 주제는 학습자의 참여도를 높이게 되고 토론이 순조롭게 진행될 수 있도록 해준다.

③ 학습자의 능력을 고려한 단계적이고 세부적인 학습 목표를 세운다.

토론 수업을 통해 얻고자 하는 궁극적인 목표는 토론 능력이 아니라 한국어 능력 향상에 있다. 그러므로 교사는 수업을 듣는 학습자의 능력을 고려한 단계적이고 세부적인 학습 목표를 세워야 한다. 학습 목표 안에 토론 담화의 형태를 적절하게 제시해 주어야 한다.

④ 토론을 진행해야 하는 수업 환경을 충분히 고려한다.

교사는 제한된 시간과 학습자의 토론 수행 능력을 고려하여 수업 환경에 맞는 토론 형식을 구성하고 준비해야 한다.

한편, 이은자(2012 : 264-267)에서는 한국어 학습자가 처음부터 형식을 갖춘 토론을 진행하기 어렵기에 다음과 같은 토론 수업의 기본 방향을 제시하였다.

① 교사는 학습자들에게 토론 실행 이전에 토론에 대한 기본 지식을 가르치도록 한다.
② 학습자들이 처음부터 토론을 주도해 가는 것은 쉬운 일이 아니다. 그렇기에 교수가 사회자나 해설자가 되어 학생들의 발언에 적절한 피드백을 제공하고 또 학생들 사이의 협력적 관계를 유지해 나갈 수 있도록 학생 주도 이전에 교사 개입 아래 토론 수업을 진행하도록 한다.
③ 학습자들은 처음부터 찬반 형식을 가지고 자신의 의견을 확고히 제시하고 상대방의 의견을 듣고 반박하는 것이 쉽지 않다. 이러한 연습이 충분히 되지 않으면 자칫 언쟁이나 침묵 상황이 연출될 수도 있다. 그렇기에 토론에 앞서 문답식 대화를 충분히 연습하는 과정을 거치도록 한다.

이러한 토론 학습 구성 요소를 기반으로 토론 수업 모형을 설계해 본다면 다음과 같다.[63]

---

63   장영희(2015)의 토론 수업을 위한 수업 모형을 일부 수정하였다.

토론 수업을 위한 수업 모형

토론 전 단계	대화 분위기 조성하기
	모둠 구성하기(학습자 수준차를 적절히 배분한 모둠 구성)
	토론 규칙과 방법 소개하기
	모의 토론하기

토론 단계	논제 정하기
	자료 수집 및 분석하기
	토론 개요서 작성하기
	토론하기

토론 후 단계	평가하기
	토론 보고서 작성, 제출하기

2. 발표(Presentation)[64]

2.1. 발표의 개념

'발표'란 공식적인 말하기 활동으로 여러 사람 앞에서 자신이 전달하고자 하는 사실이나 의견 등을 말로 표현하는 것이다. '발표'의 영어 번역이 'presentation'이기 때문에 용어의 사용에 있어서 '발표'와 '프레젠테이션'이 혼용되기도 하는데 일반적으로 프레젠테이션은 그림이나 사진, 동영상, 파워포인트, 프레지와 같은 시청각 보조 자료를 활용한 발표를 의미한다. 프레젠테이션이란 말할 내용을 생성하고, 그러한 내용을 시청각 자료를 통해 구조화하여 구두 언어와 함께 전달하는 것이다.

---

64   본 절의 내용은 시각 자료를 활용한 발표에 대한 것으로, 대부분 이혜경(2016)의 논의에 기대고 있다.

2.2. 발표의 특징

김현강·손희연(2011 : 26)에서는 구두 발표를 실행함에 앞서 발표 원고를 미리 준비한다는 점에서 발표를 "글로 작성되어 준비된 내용을 음성 발화로 청중에게 전달하는 말하기"로 보았는데 이를 통해 발표가 계획된 말하기이며 문어성 구어의 특징을 가짐을 알수 있다. Lee(1997) 역시 격식적인 발표(formal presentation)의 특징으로 준비 시간과 노력이 소요됨을 강조하였다. 이처럼 아무리 유창한 말하기 실력을 가진 학습자라 할지라도 발표 자료 준비가 부족하여 청중이 관심 가질 만한 내용이 없는 경우 청중의 주의를 끌거나 좋은 평가를 받기 힘들다.

한편 발표는 철저한 계획과 준비가 필요할 뿐만 아니라 발표 현장에서의 대응 능력도 필요하다. William(2004)은 발표란 "발표자가 실제 상황에 따라 청중을 파악하고 그들의 요구에 따라 언어활동을 조절해야 하는 역동적이고 살아있는 활동"이라고 하였다. 발표 현장에서는 끊임없는 자기 조정과 청중 탐색이 이루어져야 준비한 내용을 의도대로 잘 전달할 수 있다. 청중의 반응에 따라 간단한 내용은 빠른 속도로 넘어가거나 생략할 수도 있고 청중이 어려워하는 내용은 말의 속도 조절이나 부가 설명을 통해 전달력을 높여야 한다. 또한 청중이 지루해 하는 경우 발표의 흐름을 잠시 끊거나 새로운 이야기로 전환할 수 있으며 흥미로운 일화 등을 소개할 수도 있다.

발표는 청중을 전제로 하지만 질의응답 시간을 제외하고는 발표자의 독백으로 진행된다는 점에서 일반적인 대화와 같은 순서교대쌍을 가진 말하기와는 구별된다. 하지만 발표자가 자신의 발표를 이끌어 나가는 시간 동안 청중은 표정, 감탄, 제스처(고개를 끄덕임, 가로저음) 등으로 발표에 대해 동의, 거부, 의문, 즐거움, 불쾌감 등 일련의 반응을 보임으로써 무언의 상호작용이 일어난다고 볼 수 있다. 또한 마지막에 질문과 답변 세션을 허용하여 프레젠테이션의 강점과 약점에 대한 논의가 이루어질 수 있는데 Thornbury (2005 : 94)는 발표에서 질의응답 시간이 학습자들에게 가장 어려운 단계라 주장하였다. 따라서 발표는 말하기 영역 중 독백의 범주에 들어가지만 발표자와 청중이 서로 긴밀하게 영향을 주고받기 때문에 '상호작용적인 독백'이라고 볼 수 있다(이혜경, 2016 : 25).

발표는 본질적으로 정보의 전달이나 설득 등 유목적적인 행위라 볼 수 있으며, 이러한 목적을 달성하기 위해 치밀한 계획이 전제된다. 또한 수행 면에서도 가장 청중밀착적인 상호의존성을 보이는 말하기라 할 수 있다.

한편 '프레젠테이션' 장르는 발표자의 구두 발표와 시각 자료인 슬라이드가 결합되어 함께 메시지를 전달하므로 [그림 2]와 같이 복합양식성(multimodality)을 띤다. 또한 프레젠테이션이 진행되는 동안 발표자의 말뿐만 아니라 표정, 제스처, 태도와 같은 비언어적 표현도 함께 작용한다는 측면에서도 복합양식적이라 볼 수 있다. 슬라이드의 구조화 과정에서 발표자가 수집한 자료는 순수한 문자 텍스트와 시각 자료 중 표현에 적합한 양식으로 재구성되며, 발표자의 구두 담화는 제스처, 표정, 태도와 같은 비언어적 요소와 함께 청중에게 전달된다(이혜경, 2016 : 49-50).

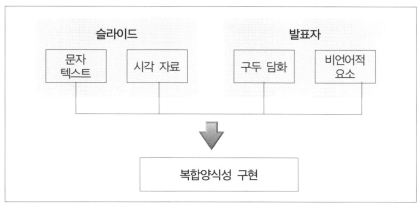

[그림 2] 프레젠테이션에 나타난 복합양식성

문식성 개념에 대한 논의는 시대에 따라 계속 변화·확장하였는데 이는 현대사회에서 말과 글뿐만 아니라 그림·사진과 같은 이미지, 동영상, 인터넷, 모바일 등 다양한 매체를 통한 소통이 일상화되었기 때문이다. 이처럼 과학 기술의 발달로 인해 다양한 형태의 문식 활동이 새롭게 등장하면서 그러한 확장된 의미의 문식성을 가리키는 말로 '복합양식 문식성(multimodal literacy)'이라는 개념이 생겨났다(The New London Group 2000). 즉, 복합양식 문식성의 개념은 기존의 문자와 음성을 위주로 한 문식 활동에서 더 나아가 이미지, 동영상, 인터넷, 모바일 등 다양한 매체를 활용하여 다양한 기호 체계의 의미를 이해하고, 해석하고, 창조하는 일체의 행위를 할 줄 아는 능력을 뜻한다.

학교를 포함한 우리 사회의 각 분야에서 매체언어가 차지하는 비중이 높아지고 그에 따라 여러 유형의 복합양식 텍스트를 이해하고 표현하는 복합양식 문식성 계발의 중요성이 높아지고 있다. 한국어 학습자들도 발표(presentation)를 수행하기 위해 관련 자료를 수집하고 내용을 체계적으로 구조화하여 주어진 시간 내에 담화 공동체의 청중에게 전달해야 한다. 이처럼 슬라이드를 제작하고 이를 활용하여 발표하는 과정에서 언어적 사고력과 언어 표현력이 신장되며 학문적, 직업적 상황에서 요구되는 분석력과 조직화된 사고력이 향상될 뿐만 아니라 아울러 매체 활용 능력도 신장시킬 수 있다.

2.3. 교육 내용과 방법

2.3.1. 장르적 접근

프레젠테이션은 구조에 따른 언어 표현과 슬라이드 제작 관습 등에 전형성을 지닌다. Swales(1990 : 58)에 따르면 '장르'는 "분명한 의사소통적 목적을 갖는 구성원들에 의해 이루어지는 의사소통 방식"으로 텍스트들은 구조, 내용, 대상 독자 등에서 공통점을 가진다.[65] 이는 역으로 언어사용 방식이 다를 경우 서로 다른 집단으로 구분되는 원인이 될 수도 있음을 의미한다. 텍스트와 문식 실천에 있어서 공통점을 가지는 집단을 '담화 공동체(discourse community)'라고 하는데 이들은 공동의 관심, 가치, 목적을 가지며 누구나 당연하게 여기는 인정된 지식을 공유한다. Halliday(1978, 1994)는 "언어의 기술, 변이형의 기술, 방언과 사용역의 기술, 그러한 언어들의 지위에 대한 기술, 차별과 남용 등의 기술을 언어학자들이 적극적으로 기술해 냄으로써, '교육 문제 분석의 배경 지식과 이데올로기'를 밝혀냄으로써, 교육 문제에 기여해야 한다"라고 주장한다(주세형, 2009 : 178에서 재인

---

65   장르(genre)란 텍스트를 수집하여 필자가 반복적으로 사용하는 언어를 밝힌 것을 의미한다.

용). 즉, 체계기능언어학(SFL)에서는 '장르'를 '사람들에게 능력을 부여하는(empowerment) 도구'로 보기 때문에 교육의 보편적 평등을 실현시키기 위하여 삶을 영위할 때 필요한 보편적인 장르들을 찾고 그 특징을 분석하여 교육에 적용시키고자 한다. 이들의 관점은 장르 교수를 통해 혜택 받지 못한 사회적 약자들이 학습에 이익을 얻을 수 있을 뿐만 아니라 사회적 성공에 필요한 문화적 자산을 얻을 수 있다는 것이다.

외국인 학습자들에게 발표의 사회적 관습에 대해 명시적으로 가르치지 않는다면 이들이 수행하는 과제는 담화 공동체 내에서 용인될 수 있는 관습과 규범을 따르지 않을 가능성이 높다. 따라서 교수자가 이러한 특정 장르의 고정된 양식을 포착하여 설명해 준다면 외국인으로서 갖는 이질감을 없애고 한국의 담화 공동체에 빠르게 적응하는 데 기여할 수 있을 것이다. 이러한 학술적 장르는 교육과 훈련을 통해 학습되어야 하며 다양한 집단의 수행 자료를 통합 분석하여 설정되어야 한다.

2.3.2. 프레젠테이션 교육의 영역 설정

프레젠테이션은 '발표'를 기반으로 '매체 환경'이 변화한 것이다. 따라서 기본적으로는 발표의 속성을 공유하므로 이에 대한 교육 내용을 바탕으로 확장되어야 한다. 이해 교육에서는 기존의 '듣기+읽기'에 '보기'를, 표현 교육에서는 '말하기+쓰기'에 '보여주기'의 개념이 포함되는 것이다.[66]

호주의 국어과 교육 과정에서는 1994년부터 언어의 네 가지 기능에 '보기(Viewing)'를 새로운 필수 교육 영역으로 추가하였다. '보기' 교육의 상정은 단순히 영상을 시청하는 것만 의미하는 것이 아니라 시각 자료에 담긴 상징적인 의미와 그 의미를 표현하기 위해 사용된 영상 기술을 해독할 수 있어야 함을 의미한다(이미향 외 2013 : 146-147). 이처럼

---

[66] 프레젠테이션 상황에서 청중은 발표자의 음성언어뿐만 아니라 슬라이드상의 문자와 시각기호가 결합된 메시지를 전체적으로 받아들이게 된다. 여기서 시각적인 요소를 읽어내는 능력은 단순히 보는 것(Seeing)과는 구별된다. 단순히 본다는 것은 눈으로 대상의 존재를 알거나 이미지를 구별하는 정도에 그친다. 하지만 능동적인 인지 과정에서의 '보기(Viewing)'는 지각 주체에 의해 선택되어진 것만이 인식되며 이 때 이미지의 의미를 만들어내는 능동적인 사고가 요구된다(정근원, 1993 : 88-90; 이경화, 2001; 공혜림, 2013 : 34).

'보기(Viewing)'를 언어 양식의 하나로 규정하여 의미를 전달하는 기호체계로서 언어뿐만이 아니라 다양한 매체들을 포함하고 있음을 나타낸다(공혜림 2013 : 101, 하숙자 2007 : 87).

이혜경(2016 : 133-134)에서는 이처럼 외국인 유학생을 위한 프레젠테이션 교육의 활동 영역을 '기호'의 범위로 확장하여 [표 3]과 같이 이해 영역의 '보기(Viewing)'와 표현 영역의 '보여주기(Presenting)'가 통합된 교육 내용을 제안하고 있다.

[표 3] 프레젠테이션의 언어적·비언어적 활동과 교육 영역[67]

매체	문식 활동의 공간	발화자		수용자
구두 발표	대면	언어 활동	말하기(speaking)	듣기(listening), 보기(viewing)
		비언어적 활동	몸짓(gesture), 시선(look), 표정(expression)	
슬라이드	화면	언어 활동	쓰기(writing), 보여주기(presenting)	읽기(reading), 보기(viewing), 듣기(listening)
		비언어적 활동	지시하기(pointing)	
		표현 교육		이해 교육

한편 이러한 프레젠테이션 교육의 활동 영역은 교육의 대상이 외국인이라는 점에서 '언어적 지식'과 적극적으로 통합될 필요가 있다. 외국인 유학생을 위한 프레젠테이션 교육에서는 변화된 문법 현상과 다양한 기호적 지식에 대해 명시적으로 다루어야 한다.

이를 종합하면 프레젠테이션의 이해 교육에서는 복합양식적 기호가 갖고 있는 특성 및 의미화 과정을 파악하고 궁극적으로는 그 안에 숨겨진 의도를 찾아낼 수 있도록 교육해야 한다. 표현 교육에서는 원고의 내용을 재구성하여 슬라이드를 통해 시각화하고 이를 활용하여 발표하는 활동을 통해 프레젠테이션의 기법과 전략을 체득할 수 있다. 또한 매체에 따른 문법의 변화와 프레젠테이션에서 사용되는 표현 등 언어적 지식에

---

67   정현선(2014 : 66)에서 제시한 '문식 활동의 공간과 매체에 따른 언어활동의 복합성'을 프레젠테이션에서 표현 교육과 이해 교육을 기준으로 변형시킨 것으로 프레젠테이션 시 유인물 배포는 선택적 사항이므로 교육 영역에서 제외하였다.

대한 교육도 함께 이루어져야 할 것이다.

2.3.3. 발표의 과정적 접근

발표를 잘 한다는 것은 발표의 목적과 청중의 기대, 수준, 성향을 고려하여 내용을 구성하고 이를 효과적으로 표현할 수 있다는 것을 의미한다. 따라서 발표는 단순히 학습자로 하여금 발표를 반복 수행하게 하고 사후에 오류를 중심으로 지적해 주는 형태가 아닌 '계획-연습-실전'의 과정을 모두 포함하는 '준비된 말하기'로 접근하는 것이 더 효과적이다. 또한 복합양식의 측면이 아닌 언어적 측면만 지엽적으로 다루는 형태의 교육으로는 시각 자료와 문자 텍스트가 결합된 현재의 문식 환경에서 소기의 목적을 달성하기가 힘들다.

복합양식 텍스트의 표현 교육에서 적용될 수 있는 교육 내용은 다음과 같다(이혜경 2016 : 133, 김경훤 외 2016 : 44-46).

(1) 주제 정하기
  ① 청중에 대하여 관심사, 지식 정도, 연령, 주제와의 관련성 등을 분석한다.
  ② 청중 분석을 바탕으로 발표의 목적과 구체적인 주제를 확정한다.

(2) 내용 만들기
  ① 주제와 관련된 다양하고 풍부한 자료를 수집한다.
  ② 자료의 가치, 신뢰성, 합리성, 객관성 등을 판단하여 발표자의 말하고자 하는
    바와 밀접하게 관련되는 것을 중심으로 추려낸다.
  ③ 도입, 전개, 마무리의 각 단계에 맞게 내용을 조직한다.
  ④ 주어진 발표 시간에 맞게 원고를 작성한다.

(3) 시각 자료 준비하기
  ① 발표의 장소와 시간을 고려하여 청중의 이해를 도울 수 있는 시각 자료를
    선택한다.

② 세부 내용들을 '핵심어' 내지는 '상위어'로 관련짓는다.

③ 슬라이드의 문어 텍스트 문법에 맞게 요약적으로 제시한다.

④ 파워포인트, 프레지, 실물 자료, 사진, 그림, 표, 그래프 등 적절한 시각 자료를 선택하고 정보를 재구성하여 알맞게 표현한다.

⑤ 준비된 시각 자료를 활용하여 사전에 발표 연습을 한다.

(4) 발표 수행하기

① (문어와 구분되는) 구어 담화의 요건에 맞게 발표한다.

② 발표 상황에 맞는 적절한 담화 표지를 사용한다.[68]

③ 시각 자료와 구어 담화가 상호보완적으로 작용하도록 한다.

슬라이드를 제작하는 교육에서도 단순히 발표할 내용을 슬라이드에 그대로 옮기는 것이 아니라 전달할 내용이 영상 텍스트에 적합한지 문자 텍스트에 적합한지를 판단하고 정보의 크기에 따라 글과 이미지의 힘의 배분이 이루어져야 하며, 학습자가 그 의도를 설명할 수 있어야 할 것이다.

또한 복합 양식들이 서로 조화를 이루며 하나의 텍스트가 된다는 것은, 양식이 동일하지 않더라도 전체적으로 응집성을 갖추어야 하며 그러기 위해서는 학습자들이 슬라이드를 제작할 때 응집성을 부여할 줄 알아야 한다는 것을 의미한다(Kress 2003, Kress & van Leeuwen 2001).

2.3.4. 담화표지 교육

담화표지의 사용은 청중들에게 발표의 구조별 흐름을 알려주는 신호 장치(signaling device)로서의 역할을 한다. 발표 상황에서 사용되는 담화표지는 [표 4]와 같이 발표 기능별로 교육할 수 있다(이해영 2004, 김윤희 2005, 김영랑 2007, 국제한국어교육학회 2010 참고).

---

68 예컨대 학문 목적의 상황에서 이루어지는 발표는 자료의 출처를 제시하는 표현, 조사 결과(객관적 수치)를 설명하는 표현, 자신의 의견과 다른 사람의 의견을 구분하는 표현 등을 적절히 사용할 수 있어야 한다.

[표 4] 발표 기능별 담화표지

기능	담화표지
발표자 소개하기	안녕하십니까? 저는 오늘 발표를 맡게 된 ○○○입니다.
주제 명시하기	지금부터 ○○에 대해서 알아보도록 하겠습니다. 오늘은 ○○에 대해서 살펴보고자 합니다.
화제 전환하기	먼저 ○○에 대해서 짚고 넘어가겠습니다. 이제 ○○에 대해 보겠습니다.
주제 심화하기	좀 더 구체적으로 살펴보면
학습 내용 환기하기	아까 앞에서 이야기했듯이
발표 내용 요약하기	지금까지 말씀드린 내용은 4개 분야로 나눠 볼 수 있는데
설명 내용 지정하기	여기 보시면 교과서 ○○ 페이지를 보시면
자료의 출처 밝히기	○○에 따르면(의하면)
조사 결과 나타내기	○○을 차지하다 가,나,다의 순으로 나타났다.
의견 진술하기	저는 ○○라고 생각합니다.
특정 내용 강조하기	여기서 가장 중요한 점은
청자 이해 돕기	여러분들도 다 아시다시피 여러분들께서 많이 보셨겠지만
수정하기	이 부분은 오타입니다. 죄송합니다.
순차적으로 제시하기	먼저, 그 다음으로, 마지막으로
부연 설명하기	예를 들어
발표 마무리하기	이상으로 발표를 마치겠습니다.
질문 유도하기	궁금하신 점은 질문해 주시기 바랍니다.

2.3.5. 슬라이드 구성에 대한 교육

모든 발표 상황에서 시각 자료의 사용이 요구되는 것은 아니다.[69] 발표자는 시각 자료

69　일례로 대학원의 인문계 전공 학과에서 빈번하게 실행되는 발표 형태인 '(소)논문 요약 발제'의 경우 시각 자료 없이 요약문을 중심으로 요지를 전달하는 형태의 발표를 쉽게 접할 수 있다. 이는 학술 논문의 장르적 특징으로 글의 밀도가 높고 논리적, 이성적인 성격이 강하기 때문에 감성뇌인 우뇌를 자극하는 데 도움이 된다고 알려진 PPT와 같은 시각 자료를 군이 사용할 필요가 없기 때문인 것으로

가 자신의 발표 내용에 꼭 필요한지, 어떤 면에서 도움이 되는지에 대해 판단할 수 있어야 한다.

슬라이드상의 문자언어는 일반적인 서술식 문체와는 구별되는 요약적 문체가 두드러진다. 이는 슬라이드 매체의 활용 자체가 시각적 효과를 극대화시키기 위함이며 문자언어는 최대한 요약적으로 제시하여 가독성을 확보해야 함을 의미한다. 물론 프레젠테이션이 실행되는 장소와 상황에 따라 선호되는 슬라이드 양식이 다를 수 있지만 슬라이드라는 매체의 특징과 존재 이유, 주된 사용 방식에 비추어 보면 원문 내용을 시각적으로 재구성하여 제시할 수 있는 능력이 갖추어져야 함을 알 수 있다. 이를 위해 학습자들은 먼저 시각 자료의 존재 목적부터 이해해야 할 것이다.

프레젠테이션에 관한 많은 연구에서 시각 자료의 중심축을 청중에게 두어야 함을 강조한다. 청중의 입장에서 발표 내용을 잘 이해할 수 있도록 효과적·체계적으로 제작하는 것이 중요하다는 의미이다. 만약 그 중심축이 발표자에게 있다면, 즉 발표자가 발표의 내용과 흐름을 잊지 않기 위해 자신을 위한 슬라이드를 만드는 경우, 발표 시에도 슬라이드에 눈을 고정하고 그대로 읽어 내려가는 형태로 발표하게 될 것이다. 이러한 형태의 발표는 발표자가 단지 준비된 개요를 전달해 주는 사람이 되어 스스로의 권위를 낮추고 발표의 효과를 오히려 떨어뜨릴 우려가 있다.

슬라이드상에 나타나는 문자 텍스트의 내용적 특징으로는 부가적인 해설이나 메타언어의 개입 없이 핵심적인 내용만을 짤막하게 나열하는 것이 일반적이다. 이는 가독성을 확보하기 위한 목적도 있지만 슬라이드 매체 자체가 가지는 언어적 특징으로 항상 슬라이드가 단독으로 사용되지 않고 해설자(발표자)의 구두 발화에 의해서 의미가 완성되기 때문이다(이혜경 2016 : 40-41). 전통적인 글쓰기가 아닌 슬라이드에서의 글쓰기는 줄글을

판단된다. 논문 발표 관련 PPT 자료를 만들더라도 발표자 본인이 논문(원글) 작성자가 아닌 경우에는 해당 논문을 공부하여 요약 발표하는 입장인 만큼 사진이나 그림 같은 시각자료를 발표자가 임의로 추가 제시하는 것이 어려울 수 있다. 단, 발표자가 논문의 복잡한 내용을 표나 흐름도로 정리하거나 긴 문단을 개조식으로 행을 나누어 청중이 이해하기 쉽게 제시하는 경우 PPT의 시각 자료로서의 기능을 제대로 활용했다고 볼 수 있다.

그대로 가져다 붙이는 것이 아니라 '내용의 구조화'를 통해 '시각화'하는 작업이 요구된다. 프레젠테이션 상황에서는 발표자의 음성 언어와 시각적 매체인 슬라이드가 상호작용하여 동시에 의미를 전달하게 되므로 각 양식에 맞게 정보를 배분하여 발표의 효과를 극대화하는 것이 중요하다. 따라서 슬라이드에 설명하고자 하는 개념이나 내용을 구조화하여 핵심적인 내용만 남기고 자세한 내용은 말로 풀어서 설명하는 방식이 효과적이다 (Garr 2007, 백혜선·이규만 2013 : 399-400). 이러한 과정에서 반복, 재수용, 접속사 등과 같은 전통적인 서술식 텍스트에서 응집성을 만족시키는 조건들이 슬라이드에 나타날 경우 글자의 수가 늘어나 가독성이 떨어지고 군더더기 표현으로 받아들여질 수 있으며, 시각적으로 구조화된 텍스트로서 의미를 전달하는 데에 방해가 될 수 있다.

기본적으로 슬라이드의 쓰임에 대해 정확한 목적과 매체에 대한 이해가 있어야 그러한 역할을 충분히 살릴 수 있으며 효과를 극대화할 수 있을 것이다. 이창덕 외(2010 : 402), 김혜숙 외(2010 : 119-120)에서는 아래와 같이 슬라이드의 특징을 기술하고 있다.

첫째, 슬라이드는 청중에게 발표자의 발화 내용을 확인시켜주는 역할을 한다. 이는 슬라이드상의 시각자료를 통해 발표자의 발화 속에서 놓치기 쉬운 정보를 시각적으로 다시 한 번 각인시켜주며 발표의 흐름을 확인할 수 있게 함을 의미한다. 특히 외국인 학습자들의 경우 말하기가 유창하지 않거나 발음이 부정확한 경우 메시지의 전달을 방해할 수 있는데 이 때 슬라이드는 발표자의 구어적 손실을 보완해 주는 역할을 할 수 있다.

둘째, 슬라이드는 발표자의 발화 내용을 시각적으로 재구성하여 명확하게 제시할 수 있다. 언어는 실세계와 닮지 않은 추상적, 상징적 기호 체계이다. 따라서 말만으로는 충분히 전달하기 힘든 내용들을 사진 한 장, 그래프 하나로 한눈에 정리하거나 흐름도를 통해 논리적으로 이해시킬 수 있다. 특히 발표 내용이 청중에게 있어서 낯설거나 전문적인 영역일 경우 시각 자료의 활용을 통해 청중의 이해를 돕고 발표에 집중시키는 효과를 얻을 수 있다. 구어만으로 표현하는 데 한계가 있는 개념이나 대상도 이미지, 동영상, 흐름도 등 적절한 시각 자료를 통해 제시할 수 있다.

셋째, 시각 자료는 청중에게 시각적으로 각인시켜 기억을 장기화하는 데 도움이 된다.

이는 주로 정서적 측면에 관한 것으로 반구 편중화 이론에 따르면 시각 정보를 통해 감정적·종합적 정보를 처리하는 것으로 알려진 우뇌를 공략하여 강렬한 인상을 주고 감동과 공감을 이끌어낼 수 있기 때문이다.

위와 같이 슬라이드의 역할에 대해 인지하고 나면 학습자들은 자신의 발표 내용과 주제가 시각 자료를 필요로 하는지의 여부에 대해 판단할 수 있다. 외국인 학습자들에 대한 발표 교육에서는 자신들이 말하고자 하는 내용을 가장 잘 뒷받침해 줄 수 있는 강력한 보조 자료의 선택과 적절한 사용에 대해 교육이 이루어져야 할 것이다.

더 생각해 보기

1. '토론'의 고려 사항에서 학생들에게 흥미를 줄 수 있는 적절한 주제를 정해야 한다고 밝혔다. 학생들에게 흥미를 줄 수 있는 주제에는 어떤 것이 있을까?

2. 한국어 교육 현장에서 토론 수업을 진행할 때 교사의 역할은 무엇인가? 교사가 토론에 개입하는 것이 바람직하다고 생각하는가?

3. 한국어 교육에서 구어와 문어, 격식성과 비격식성과 같은 문체 차이에 대한 교육이 어느 정도로 중요하다고 생각하는가? 학습자들에게 문체 구분과 문체 전환을 효과적으로 교육시키기 위한 방법은 어떤 것들이 있는가?

4. 개인의 담화는 담화 공동체 내의 '관습'이라는 상위 차원의 담화 질서, 즉 장르에 연결되어 있음을 보았다. 발표 교육에서 강조할 수 있는 장르적 특징은 어떤 것들이 있는가?

제7장 말하기 교육의 실제

1. 교사의 역할

말하기 수업에서 교사는 수업을 계획하고 수업의 전 과정을 관리하며 다양한 활동을 통해 학습자들의 말하기 수행을 이끈다. Brown(2007)에서는 상호작용적 교사는 교실의 집단 관계 역학(group dynamics)에 대해 잘 이해하고 있어야 함을 강조하였는데 이는 학생들이 어떻게 서로 관련을 맺으며 얼마나 서로 협동하고 의사소통하는가, 교사와 학습자가 어떠한 역할을 수행하는가에 관한 것이다. 부모가 아이들에게 여러 가지 역할을 수행하는 것처럼 교사도 수업 진행 과정에서 통제자, 연출가, 관리자, 촉진자, 자원으로서의 역할이 가능하다(Brown 2007/2012 : 244-246).

허용 외(2005), 김선정 외(2010)에서는 말하기 수업에서 교사는 학습자로 하여금 유창한 발화자가 되게 하기 위해 아래와 같이 다양한 역할을 가지게 된다고 제시하였다.

① 통제자로서의 역할 : 교사는 전체 수업의 통제자로서 학습자의 학습 내용, 발화

시기, 언어 형식 등을 결정한다. 학습자들의 자유로운 발화를 장려하면서도 수업의 시간과 내용은 교사가 통제할 수 있어야 한다.

② 촉진자로서의 역할 : 교사는 촉진자로서 학습자들이 좀 더 쉽게 학습할 수 있도록 학습 과정에서 발생하는 어려움을 극복할 수 있는 실마리를 제공한다. 이 역할은 통제의 수위를 조금 낮춘 것으로 학습자가 스스로 언어를 실용적으로 사용하여 언어적 지식을 발견하도록 함으로써 의사소통을 성공적으로 수행할 수 있도록 돕는 것이다.

③ 상담자로서의 역할 : 학습자가 외국어를 학습하는 과정에서 겪게 되는 다양한 어려움과 심리적 부담감을 이겨낼 수 있도록 학습자와 지속적으로 이야기를 나누고 문제를 해결하기 위한 방법을 모색하는 상담자로서의 역할도 담당해야 한다.

④ 관찰자로서의 역할 : 학습자들이 말하기 활동을 할 때 다양한 오류를 생성하기 마련이다. 말하기 활동 중에 피드백을 준다면 기억을 못할 가능성이 크므로 교사는 학습자의 오류 및 습관 등에 대해 관찰하고 메모해 둠으로써 적절한 시기에 적절한 피드백을 제공할 수 있어야 한다.

⑤ 참여자로서의 역할 : 본격적인 말하기 활동에 앞서 교사는 활동 방법에 대해 시범을 보일 필요가 있다. 또한 토론이나 역할극 같은 활동에 교사가 직접 참여함으로써 활발한 수업 분위기를 이끌고 말하기에 필요한 정보나 실마리를 제공할 수 있다.

⑥ 평가자로서의 역할 : 학습자들의 의사소통 활동에 방해가 되지 않는 정도의 부드러운 피드백이나 교정은 학습자의 이해를 돕고 말하기 활동을 촉진한다. 또한 말하기 활동이 종료된 후에는 잘한 점과 부족한 점에 대해 평가를 해줌으로써 학습자가 발전할 수 있도록 이끈다.

2. 말하기 수업의 진행 방식

2.1. 말하기 활동의 상호 대응 방식

Byrne(1996)은 교실 내의 상호 대응 유형을 크게 네 가지 방식으로 제시하고 있다.

정확성	교사의 통제		유창성
	전체 학급 활동		
	A	C	
	B	D	
	짝 활동 ↔ 그룹 활동		
	학생중심		

[그림 3] 교실 내의 상호 대응 유형

A 유형과 B 유형은 언어의 정확성에 중점을 둔 연습 활동이다. A 유형은 학급의 모든 학생들이 함께 한 목소리로 합창하는 듯한 형태로 정확성에 중점을 두며 교사의 통제 하에 오류 교정이 중요하게 다루어진다. 이러한 활동은 연습 초기 단계에 부담을 주지 않고 다 같이 문형이나 발음 등을 반복하여 연습할 수 있다는 장점이 있다. B 유형은 전체 합창이 아닌 짝이나 그룹 형태로 이루어지며 학습자 개개인의 발화 기회가 많아질 수 있다는 장점이 있다. B 유형 역시 정확성에 초점을 두고 있으며 간단한 대화문 연습이나 역할극 형태가 가능하다.

C 유형과 D 유형은 언어의 유창성에 중점을 둔 연습 활동이다. C 유형은 교사의 주도로 전체 학급을 대상으로 이루어지며 토론, 시뮬레이션 등이 있다. D 유형은 짝이나 그룹 단위의 학생 중심 활동으로 역할극이나 프로젝트 활동, 게임 등이 있다.

2.2. 모둠 활동

모둠 활동(group work)이란 둘 혹은 그 이상의 학습자가 협동하여 학생 주도적으로 과업을 수행하는 것을 말한다. 짝 활동도 모둠 활동에 포함되며 두 명이 함께 활동에 참여한다. 모둠 구성 인원이 너무 많은 경우 학습자들의 말할 기회가 줄어들 수 있으므로 2~4명 정도의 적절한 인원으로 구성하는 것이 중요하다.[70]

모둠 활동의 장점은 개별 학습자들에게 발화 기회를 많이 부여하여 학습 동기를 높여 주고 학습자 간의 상호작용을 촉진할 수 있다는 데에 있다. 학습자들은 작은 모둠에 참여하여 안정감을 느낄 수 있고 비난이나 거부당한다는 느낌에서 벗어날 수 있다.

교사는 모둠 활동이 수업 목적에 맞게 적절하게 이루어질 수 있도록 적합한 과업을 선택하여야 하며 학생들이 우왕좌왕하지 않도록 활동을 잘 계획하고 구체적으로 지침을 주어야 한다. 모둠 활동이 끝난 후에는 전체 학급을 대상으로 모둠별 활동 내용을 보고하며 교사는 각 모둠의 활동에 대해 피드백을 해 준다.

Brown(2007/2012 : 266-270)을 전형적인 모둠 활동 10가지를 제시하였다. 각 활동의 개념과 특징은 다음과 같다.

① 게임 : 일정한 방식으로 경쟁을 유도해 학습자들의 적극적인 참여를 이끌어 내는 방식이다. 학습자들은 긴장하지 않고 게임에 집중할 수 있으며 학습자들의 흥미를 유발하고 기억에 오래 남을 수 있는 장점이 있다.

② 역할극과 시뮬레이션 : 역할극은 학습자들에게 특정한 역할과 각자 성취해야 할 목적을 부여하고 이에 따라 말하기 활동을 수행하는 것이다. 시뮬레이션은 역할극보다 좀 더 큰 규모이며 전체 모둠이 하나의 사회적 단위가 되어 말하기 활동을 통해 구체적인 문제를 해결하는 것이다.

③ 드라마 : 한 편의 줄거리가 있는 내용을 전달하기 위해 좀 더 긴 내용과 많은 참여자가

---

70   Brown(2007/2012 : 258)에서는 모둠 활동은 '작은' 모둠 활동을 암시하는 것으로 통상 여섯 명 이내의 학생이 한 모둠에 참여하는 것이라 하였다.

필요한 활동으로 공연 전까지 많은 연습이 요구된다.

④ 프로젝트 : 학습자가 배울 만한 가치가 있는 특별한 주제에 대해 깊이 있게 탐구하기 위해 스스로 질문을 생성하고 계획, 문제 해결, 조사 활동 등의 과정을 거쳐 스스로 학습 결과물을 개발하는 활동이다. 모둠 활동을 통해 원고나 대본을 준비하여 팀 발표나 드라마, 뉴스 만들기 등을 함께 할 수 있다.

⑤ 인터뷰 : 모든 숙달도에서 가능한 활동으로 초급에서는 질문을 통한 정보 구하기나 문법 연습에 활용할 수 있고 높은 숙달도에서는 좀 더 복잡한 사실과 견해, 생각, 감정 등을 묻고 대답하는 연습을 할 수 있다.

⑥ 브레인스토밍(brainstorming) : 일정한 주제에 대해 학습자들의 창의적인 생각을 촉발시키기 위한 활동으로 목표 활동(본 활동)의 준비 단계에서 주로 사용된다. 자유 연상을 통해 일정한 주제, 맥락에 관한 생각과 감정을 제한 없이 말해 보게 한다.

⑦ 정보 차 활동(information gap activities) : 정보가 없는 사람이 정보를 가지고 있는 사람에게 정보를 구하는 형태의 활동으로 주로 짝 활동으로 이루어진다. 실생활의 의사소통 역시 자신이 가지지 못한 정보를 상대방에게 구하는 형식의 의사소통이 빈번하게 이루어지므로 정보 차 활동은 실제성이 있는 활동이다.

⑧ 직소우(jigsaw) 활동 : 일종의 정보 차 활동으로 두 학생이 서로에게 없는 정보를 가지고 있으며 대화를 통해서 서로에게 부족한 정보를 찾아 교환하는 활동이다. 학습자들은 흩어진 정보들을 수합하여 하나의 결과물을 완성한다.

⑨ 문제 해결과 의사 결정 : 모둠 구성원들이 함께 특정한 문제를 해결하거나 의사 결정하는 데 초점을 맞춘 활동이다. 언어의 형식보다는 유의미한 인지적 도전을 하는 데에 목적이 있다. 직소우, 시뮬레이션 등 다른 말하기 활동의 특성을 취할 수도 있다.

⑩ 의견 교환 : 특정한 주제에 대해 자신의 의견을 자유롭게 표출하는 것으로 토의, 토론, 논쟁의 형식으로 이루어지며 중급 이후의 학습자들에게 적합한 활동이다. 학생들이 도덕적, 윤리적, 종교적, 정치적 문제에 대해 자신의 신념을 말할 때 모든 의견을 존중해주고 조롱받는 느낌을 갖지 않도록 하는 것이 중요하다.

짝 활동은 다양한 과업에서 활용될 수 있으며 대표적으로는 아래와 같은 활동에 많이 활용된다.

① 문형을 익히기 위한 패턴 드릴
② 대화 연습(단순한 질의 응답, 정보 차 활동)
③ 간단한 브레인스토밍 활동
④ 큰 모둠에 합류하기 전에 필요한 준비 활동

그 밖에 교실 배치를 바꾸기가 번거로울 때 짝 활동으로 간편하게 상호작용적 의사소통이 가능하다.

3. 숙달도별 교안 작성 사례

3.1. 초급

한국어는 대부분의 학습자들에게 낯선 언어이다. 한국어 학습을 시작하기 전까지 한국어를 정식으로 학습할 기회를 거의 갖지 못하므로 한국어에 대한 기본적인 지식과 이해가 부족하다. 따라서 문법에 대한 연역적 설명이나 통제된 연습과 같은 규칙과 지식의 내재화가 선행되지 않는다면 한국어에 대한 지식이 없는 학습자는 의사소통 능력을 향상시키는 데 한계가 있을 것이다.

한국어 초급 교실에서는 언어의 자연스러운 사용 속에서 명시적이든 암시적이든 문법 형태에 대해 주의를 기울이게 하고 오류를 줄일 수 있도록 수업을 설계하는 것이 중요하다. 본 장에서는 초급 학습자를 위한 말하기 수업에서 자주 활용되는 PPP 모형에 따라 목표 문법(표현)과 어휘를 익히고 점차 실제적인 말하기로 발전해 가는 방식의 수업 설계 모형을 제시하고자 한다.

PPP 모형(Presentation-Practice-Production model)은 구조주의 언어학의 영향을 받은 청각 구두식 교수법에서 나타난 모델로 학습자의 수준에 맞게 위계화된 언어 형태를 교사가 연역적으로 제시한 후 반복적인 연습을 통해 학습자의 언어 사용 능력을 높이는 방식이다. Harmer(2015)에 따르면 PPP 방식은 초급 단계에서 널리 활용된다. 먼저 제시 (Presentation) 단계는 학습자에게 목표 문법의 의미와 규칙을 전달하는 단계로 교사의 설명 없이는 이 항목을 이해할 수 없다는 사실을 전제로 한다. 연습(Practice) 단계는 목표 문법을 내재화하는 단계로 형태에 집중하는 통제된 반복 연습, 유의적인 연습을 통해 학습자들이 목표어 항목을 정확하게 이해하고 오류를 줄이도록 한다. 마지막으로 활용 (Production) 단계는 의미와 언어 사용에 초점을 둔 의사소통적 산출 단계로 적절한 과제를 제시하여 학습자들의 유창성 발달을 유도한다(한국어교육학 사전 2014 : 980).

초급 문법 수업 강의안 1

- 학습자 숙달도 : 초급
- 학습 목표 : '-아/어/여서'를 활용해 이유를 말할 수 있다.
- 주제 : 날씨
- 기능 : 이유 설명하기
- 목표 어휘 : 날씨 어휘, 계절 어휘
- 목표 문법 : -아/어/여서

단원명	날씨	학습 목표	'-아/어/여서'를 활용해 이유를 말할 수 있다.	
수업 대상	초급 학습자			
단계 (시간)	교수-학습 활동			지도상의 유의점
도입 (3분)	**》 본 차시의 문법을 활용한 도입** • '-아/어/여서'가 포함된 교사의 발화를 통해 학습자가 형태에 집중하게 한다. 　T : 제임스 씨, 무슨 계절을 좋아해요? 　S : 저는 겨울을 좋아해요. 　T : 왜 겨울을 좋아해요? 　S : 눈이 와요. 그래서 겨울을 좋아해요. 　T : 눈이 와서 겨울을 좋아해요.			학습자가 형태에 집중할 수 있도록 유도한다.

	• 본 차시에서 '-아/어/여서'를 배울 것이라고 예고한다.	
	T : 제임스 씨는 왜 겨울을 좋아해요? 눈이 와요. 그래서 겨울을 좋아해요. 한국 사람은 '눈이 와서 겨울을 좋아해요.' 말해요. 우리 오늘은 '-아/어/여서'를 공부해요.	
제시 및 설명 (20분)	**》 문법 설명 (의미)** • 학생들에게 질문을 하고 학생들의 대답을 '-아/어/여서'로 바꿔서 판서한다. 　　T : 히엔 씨, 아침을 먹었어요? 　　S : 네, 먹었어요. 　　T : 네, 히엔 씨는 아침을 많이 먹었어요. 그래서 점심을 안 먹고 싶어요. 아침을 많이 먹어서 점심을 안 먹고 싶어요. 샤오밍 씨는 도서관에서 자주 공부해요. 왜 도서관에서 자주 공부해요? 　　S : 도서관이 조용해요. 　　T : 도서관이 조용해서 도서관에서 자주 공부해요. 우리 내일은 무슨 요일이에요? 　　S : 토요일이에요. 　　T : 네, 내일은 학교에 와요? 　　S : 아니요. 　　T : 네, 토요일이어서 학교에 안 와요. 　〈판서 계획〉 　(1) 가 : 무슨 계절을 좋아해요? 　　　나 : 눈이 와요. 그래서 겨울을 좋아해요. 　　　　　→ 눈이 와서 겨울을 좋아해요. 　(2) 가 : 왜 점심을 안 먹어요? 　　　나 : 아침을 많이 먹어서 점심을 안 먹고 싶어요. 　(3) 가 : 왜 도서관에서 자주 공부해요? 　　　나 : 도서관이 조용해서 도서관에서 자주 공부해요. 　(4) 가 : 내일 왜 학교에 안 와요? 　　　나 : 토요일이어서 학교에 안 와요. • '-아/어/여서'는 이유를 말할 때 쓰는 문법이라고 설명한다. 　　T : '-아/어/여서'는 '왜 겨울을 좋아해요?', '왜 점심을 안 먹어요?', '왜 도서관에서 자주 공부해요?', '내일 왜 학교에 안 와요?'를 말해요. 이유를 말해요.	판서 시에 '-아/어/여서'는 색깔펜으로 표시한다. 문법 예문은 단원의 주제와 관련된 내용 외에도 학습자들이 접할 수 있는 상황들로 제시한다.

≫ 문법 설명 (형태)

- 문법 예문을 활용해 형태를 설명한다.

　T : (1)번에 '오다'가 있어요. 동사예요? 형용사예요?

　S : 동사예요.

　T : (2)번에 '먹다'가 있어요. 동사예요? 형용사예요?

　S : 동사예요.

　T : (3)에 '조용하다'가 있어요. 동사예요? 형용사예요?

　S : 형용사예요.

　T : 네, '-아/어/여서'는 동사, 형용사에 사용해요. (1)번에 '오다'는 'ㅏ'가 있어요. '-아서'가 있어요. 동사, 형용사에 'ㅏ, ㅗ'가 있으면 '-아서'를 말해요. (2)번 '먹다'를 보세요. 'ㅏ, ㅗ'가 있어요?

　S : 아니요.

　T : 네, 'ㅏ, ㅗ'가 없으면 '-어서'를 말해요. (3)번은 '조용하다'가 있어요. '하다'는 '-여서'를 말해요. 그런데 우리 '하다'하고 '여요'는 '하여요'예요?

　S : 아니요. '해요'예요.

　T : 맞아요. 우리 '하다'하고 '-여서'가 만나면 '하여서'이지만 보통 '해서'로 말해요. (4)를 보세요. '토요일'은 동사, 형용사, 명사 중에 뭐예요?

　S : 명사예요.

　T : 맞아요. 명사예요. 그리고 '토요일'은 받침이 있어요? 없어요?

　S : 있어요.

　T : 네, 명사예요. 받침이 있어요. '토요일이어서'를 말해요. 명사는 받침이 있으면 '-이어서'를 써요. 받침이 없으면 '-여서'를 써요.

〈판서 계획〉

　동사, 형용사　　ㅏ, ㅗ ○ + -아서

　　　　　　　　　ㅏ, ㅗ × + -어서

　　　　　　　　하다 → -해서

　명사　　　　　받침 ○ + 이어서

　　　　　　　　받침 × + 여서

≫ 제약 설명

- 후행절의 명령문과 청유문 제약을 설명한다.

　T : 자, 그런데 '-아/어/여서'는 뒤에 사용하지 못하는 것이 있어요. ○○씨, 왜 한국에 왔어요?

　S : 한국이 좋아서 한국에 왔어요.

　T : 네, 한국이 좋아서 한국에 왔어요. 선생님이 질문해요. 한국이 좋아서 한

1급 학습자라는 점을 감안해서 명령문과 청유문이라는 용어를 사용하기보다는 예문을

국에 왔어요? 괜찮아요. 하지만 한국이 좋아서 한국에 오세요. 한국이 좋아서 한국에 올까요?는 말할 수 없어요. 우리 '-(으)세요'는 '다른 사람이 나한테 행동을 하세요.'예요. 그리고 우리 '-(으)ㄹ까요?, -(으)ㅂ시다, 같이 -아/어/여요'는 '우리 같이 해요.'예요. '-아/어/여서'는 '-(으)세요, -(으)ㄹ까요?, -(으)ㅂ시다, 같이 -아/어/여요'하고 말할 수 없어요.

> **〈판서 계획〉**
> 한국이 좋아서 한국에 왔어요. (○)
> 한국이 좋아서 한국에 왔어요? (○)
> 한국이 좋아서 한국에 오세요. (×)
> 한국이 좋아서 한국에 올까요? (×)

- **과거형 제약을 설명한다.**

  T : (2)를 보세요. 아침을 많이 먹었어요. 우리 과거, 현재, 미래 중에서 무엇이에요?

  S : 과거예요.

  T : 네, 과거예요. 그런데 '-았/었/했'이 있어요?

  S : 아니요.

  T : 네, '-았어서/었어서/했어서'는 말하지 않아요. '-아/어/여서'를 말해요.

  > **〈판서 계획〉**
  > 아침을 많이 먹어서 점심을 안 먹고 싶어요. (○)
  > 아침을 많이 먹었어서 점심을 안 먹고 싶어요. (×)

연습 (5분)

》 형태 연습

- 칠판에 판서한 문법 예문을 교사가 먼저 읽고 학생들은 따라 읽는 연습을 한다. 그리고 이후에 짝 활동으로 연습한다.

  T : 선생님을 따라 하세요. (문법 예문을 읽는다.)

  S : (따라한다.)

  T : 친구하고 연습하세요.

  S : (친구하고 연습한다.)

》 어휘 카드를 활용한 교체 연습

- 단어 카드를 사용해 교체 연습을 한다.
- 교사가 카드를 제시하면 처음에는 '-아/어/여서' 결합 형태로 만들어 보는 연습을 한다. 두 번째 연습에서는 '-아/어/여서' 결합 형태와 후행절을 만들어 보는 연습을 한다.

통해 풀어서 설명한다.

명령문과 청유문 제약을 설명하는 과정에서 학습자 중에서 사용이 가능한 문법을 궁금해 하는 경우에는 2급에서 공부할 것이라고 간단하게 언급만 한다.

학습자들이 문법 항목의 발음과 형태에 익숙해지도록 여러 차례 반복 연습을 한다.

말하기
활동
(20분)
	▶▶ 본 차시의 문법을 활용한 짝 대화 활동
	
	• 학생들에게 '-아/어/여서'를 활용하여 대화를 할 것이라고 안내한다.
	
	  T : 오늘 '-아/어/여서'를 공부했어요. 그럼 이제 '-아/어/여서'로 친구하고
	    이야기를 해요. 우리 지금 날씨와 계절을 공부해요. 우리 날씨와 계절
	    말하기 연습을 해요.
	
	• 칠판에 대화 내용을 판서하거나 PPT를 제시한다.
	
	 〈판서 계획〉
	가 : 무슨 계절을 좋아해요/싫어해요?
	나 : 저는 겨울을 좋아해요.
	가 : 왜 겨울을 좋아해요?
	나 : 눈이 와서 좋아해요.
	가 : 겨울에 무엇을 해요?
	나 : 스키장에서 스키를 타고 눈사람을 만들어요.
	• 학생 몇 명과의 대화를 통해 말하기 활동의 방식을 확인시킨다.
	• 교사가 판서한 내용 외에도 밑줄 친 부분에 배운 어휘를 활용해서 다양하게
	  말하라고 설명한다.
	• 교사의 시범이 끝나면 짝 활동으로 연습한다.
	• 짝 활동을 발표하고 교사는 학생의 오류 수정이 필요한 부분은 수정해 준다.
		학생들이 적
		극적으로 말
		하도록 유도
		한다.
		
		학생들이 짝
		활동을 하는
		동안 교사는
		교실을 돌아
		다니면서 피
		드백을 해 준
		다.

마무리 (2분)	▶▶ 수업 정리 • 수업에 대한 질문이 있는지 확인하고 수업을 마무리한다.	

교사 참고 사항

≫ '-아/어/여서'와 '-(으)니까' 비교

	-아/어/여서	-(으)니까
의미	이유, 원인	
-았-, -겠-	×	○
	예) 빙빙 씨는 열심히 공부했어서 시험을 잘 볼 거예요. (×) 　　빙빙 씨는 열심히 공부했으니까 시험을 잘 볼 거예요. (○) 예) 내일이 시험이어서 열심히 공부하겠습니다. (×) 　　내일이 시험이니까 열심히 공부하겠습니다. (○)	
명령문, 청유문	×	○
	예) 숙제가 어려워서 같이 할까요? (×) 　　숙제가 어려우니까 같이 할까요? (○) 예) 눈이 와서 조심하세요. (×) 　　눈이 오니까 조심하세요. (○)	
인사말	○	×
	예) 늦어서 죄송합니다. (○) 　　늦었으니까 죄송합니다. (×) 예) 선물을 주셔서 감사합니다. (○) 　　선물을 주셨으니까 감사합니다. (×)	

≫ 이유의 '-아/어/여서'와 순서의 '-아/어/여서' 비교

	이유	순서
형태	동사, 형용사	동사
	예) 저는 매일 아침에 일어나서 운동해요. (순서, 동사) 　　공원에 가서 산책했어요. (순서, 동사)	
-았-, -겠-	×	×
	예) 고향 음식을 만들었어서 친구들하고 먹을 거예요. (×, 순서) 　　고향 음식을 만들어서 친구들하고 먹을 거예요. (○, 순서)	

초급 문법 수업 강의안 2

- 학습자 숙달도 : 초급
- 학습 목표 : '-(으)ㄴ 적(이) 있다/없다'를 활용해 과거의 경험을 말할 수 있다.
- 주제 : 한국 생활
- 기능 : 경험 발표하기
- 목표 어휘 : 경험
- 목표 문법 : '-(으)ㄴ 적(이) 있다/없다'

단원명	한국 생활	학습 목표	'-(으)ㄴ 적(이) 있다/없다'를 활용해 과거의 경험을 말할 수 있다.
수업 대상	초급 학습자		

단계 (시간)	교수-학습 활동	지도상의 유의점
도입 (3분)	▶▶ 본 차시의 문법을 활용한 도입 • 한국에 와서 경험한 것들을 질문하여 학습자가 경험한 일을 이야기하게 한다. T : 여러분, 한국에 와서 어디에 가 봤어요? S : 명동에 갔어요. / 부산에 가 봤어요. T : 네, 여러분 모두 한국에서 생활하면서 다양한 장소에 갔지요? 자, 사진을 보세요. (민속촌 사진을 보여주며) 여러분, 여기가 어디예요? S : 민속촌이에요. T : 네, 맞아요. 민속촌이에요. 여러분은 민속촌에 갔어요? S : 네, 갔어요. T : 리엔 씨는 민속촌에 갔어요. 리엔 씨는 민속촌에 간 적이 있어요. T : (한복을 입고 있는 사진을 보여주며) 여러분, 이거는 뭐예요? S : 한복이에요. T : 네, 맞아요. 한복이에요. 여러분은 한복을 입어 봤어요? S : 네, 입어 봤어요. T : 짱 씨는 한복을 입어 봤어요. 짱 씨는 한복을 입은 적이 있어요. 저스틴 씨는 한복을 입어 봤어요? S : 아니요, 안 입어 봤어요. T : 저스틴 씨는 한복을 안 입어 봤어요. 저스틴 씨는 한복을 입은 적이 없어요.	학습자가 오늘 배울 내용이 과거에 경험한 내용을 말하는 것임을 알아챌 수 있게 유도한다.

제시 및 설명 (20분)	**》 문법 설명(의미)** • 도입에 이어 의미를 제시한다. 　T : 리엔 씨는 민속촌에 갔어요. 민속촌에 간 적이 있어요. 짱 씨는 한복을 　　　입어 봤어요. 한복을 입은 적이 있어요. 이렇게 내가 과거에 경험한 것을 　　　이야기하고 싶으면 '-(으)ㄴ 적이 있어요' 말해요. • 교재의 자료를 활용한다. 　T : (한국어를 몰라서 어려움을 겪는 상황을 보여주며 : 학생이 교사에게 반 　　　말을 하는 상황) 여러분, 책을 보세요. 학생이 지금 무엇을 하고 있어요? 　S : 선생님께 질문하고 있어요. 　T : 네, 맞아요. 학생이 선생님께 질문을 하고 있어요. 그런데 이 학생이 한국 　　　어를 잘하고 있는 것 같아요? 　S : 아니요, 선생님께 반말을 해요. 　T : 네, 맞아요. 한국어를 잘 모르면 이렇게 실수할 수 있어요. 여러분도 한국 　　　어를 몰라서 실수한 경험이 있어요? 　S : 네, 있어요. 　T : 네, 리엔 씨는 한국어를 몰라서 실수한 경험이 있어요. 실수한 적이 있어 　　　요. 이렇게 나의 경험을 말하고 싶으면 '-(으)ㄴ 적이 있다'라고 말할 수 　　　있어요. 그럼 경험이 없으면 어떻게 말할까요? 　S : 없다? 　T : 네, 맞아요. 경험을 안 했어요. 그럼 '-(으)ㄴ 적이 없다'라고 말해요. **》 문법 설명(형태)** • 판서하여 형태를 제시한다. <판서 계획> 동사 : 'V-(으)ㄴ 적이 있다' 받침 O : '-은 적이 있다' 　　　저는 한복을 입은 적이 있어요. [입다] 받침 X, 'ㄹ' : '-ㄴ 적이 있다' 　　　저는 민속촌에 간 적이 있어요. [가다] 　　　짱 씨는 케이크를 만든 적이 있어요. [만들다] 불규칙 : 그 음악을 들은 적이 있어요? [듣다] <보충> • '이' 생략 가능 • 보조사 '은', '도' 등과 교체 가능	교재의 대화 문 및 예문을 활용한다. 본 단원의 주 제에 맞게 학 생들의 한국 생활과 관련 한 내용으로 설명한다.

≫ 제약 설명

• **형용사와 결합하지 않는다는 것을 설명한다.**

    T : 여러분, 이 문장을 보세요. (비문을 판서한다.)
        저는 예쁜 적이 있어요. (X)

    T : 이 문장이 어때요? 괜찮아요?
    S : 아니요.
    T : '-(으)ㄴ 적이 있다'는 과거에 경험한 내용을 말할 때 사용해요. 그래서
        동사와 함께 사용합니다. 형용사를 쓸 수 없어요.

• **과거 '-았/었-'이 선행 어간에 결합하지 않는다는 것을 설명한다.**

    T : 여러분, 이 문장을 보세요. (비문을 판서한다.)
        그 책을 읽었은 적이 있다.

    T : 이 문장은 어때요? 괜찮아요?
    S : 아니요.
    T : 네, '-(으)ㄴ 적이 있다'는 '-았/었-'과 같이 사용하지 않아요.
        (비문에 X, 맞는 문장 판서)
        → 그 책을 읽은 적이 있다 (O)

> \<판서 계획\>
> 그 책을 읽은 적이 있다. (○)
> 그 책을 읽었은 적이 있다. (×)

≫ 확장

• **전에 배운 유사 문법과 비교**

'-아/어 봤다'

공통점	과거의 경험을 나타낸다.
차이점	'-아/어 봤다'는 의도적인 경험이 아닌 상황에서는 잘 사용하지 않는다. 저는 다리를 다쳐 봤어요. (X) 저는 다리를 다친 적이 있어요. (O) '-(으)ㄴ 적이 있어요'는 의도하지 않은 상황에서도 자유롭게 사용하며 '-아/어 봤다' 보다 경험을 강조한다.

	• '-아/어 보다'와 결합한 '-아/어 본 적이 있다'의 형태로 많이 사용한다는 것을 설명한다. T : 여러분, '-(으)ㄴ 적이 있다'는 우리가 전에 배운 '-아/어 보다'와 함께 사용해서 '-아/어 본 적이 있다'로 많이 사용해요. '보다'는 '봐 본 적이 있다.'가 아니에요. '본 적이 있다'로 말하세요. <판서 계획> 저는 한복을 입은 적이 있어요. →저는 한복을 입어 본 적이 있어요. 저는 민속촌에 간 적이 있어요. →저는 민속촌에 가 본 적이 있어요. 그 영화를 봐 본 적이 있어요. (×) →그 영화를 본 적이 있어요. (○)	
연습 (5분)	**≫ 형태 연습** • 동사 카드를 활용하여 연습한다. T : (받침이 없는 동사 카드를 제시하며) 여러분, 오늘 배운 표현을 연습해 봅시다. 먼저 받침이 없는 동사로 연습해 볼까요? '오다'는 어떻게 말해요? S : 온 적이 있어요. T : 네, 좋아요. (받침이 없는 동사 카드로 드릴 연습) T : (받침이 있는 동사 카드를 제시하며) 여러분, 이번에는 받침이 있는 동사로 연습해 봅시다. '먹다'는 어떻게 말해요? S : 먹은 적이 있어요. T : 네, 좋아요. (받침이 있는 동사 카드로 계속해서 드릴 연습) T : (불규칙 동사 카드를 제시하며) 여러분, 계속해서 연습해 봅시다. '듣다'는 어떻게 말해요? S : 들은 적이 있어요. T : 네, 아주 좋아요. (불규칙 동사 카드로 드릴 연습)	학습자가 형태에 익숙해지도록 충분히 연습한다.
말하기 활동 (20분)	**≫ 말하기를 활용한 연습** • 교사는 학생들이 한국 생활을 하면서 경험할 수 있는 여러 상황을 제시하여 배운 표현을 연습할 수 있도록 한다. 교사가 먼저 시범을 보이고 짝활동으로 질문하고 대답하는 연습을 할 수 있게 한다. * 상황 제시(예시)	

Q : 어디에 가 봤어요? A : ○○에 간 적이 있어요. / ○○에 가 본 적이 있어요. Q : 무엇을 먹어 봤어요? A : ○○을 먹은 적이 있어요. / ○○을 먹어 본 적이 있어요. Q : 한국에서 무엇을 해 봤어요? A : ○○을 한 적이 있어요. / ○○을 해 본 적이 있어요.	학생들이 적극적으로 말하도록 유도한다.
<선택 설명> • 교사에게 질문하게 한다. '-(으)ㄴ 적이 있으세요?' ▶▶ 말하기 활동 : '경험한 일'에 대해 인터뷰 후 발표하기 • 교사가 미리 준비한 인터뷰 질문지를 제시하여 짝과 인터뷰를 하며 대화하는 말하기 활동을 한다. 질문지 외의 질문을 자유롭게 해도 좋다. 　T : 여러분이 기자가 되어 인터뷰를 해 봅시다. 질문을 다 한 후에는 역할을 바꾸어서 대화해 보세요. • 말하기 활동이 끝난 후에 인터뷰를 한 친구가 경험한 일에 대해 말하는 발표를 한다. 　T : 자, 그럼 인터뷰를 한 친구가 경험한 일에 대해서 발표해 봅시다. • 발표 후 교사는 학생의 오류 수정이 필요한 부분은 수정해 준다.	학생들이 짝 활동을 하는 동안 교사는 교실을 돌아다니면서 피드백을 해 준다.
마무리 (2분)	▶▶ 수업 정리 • 수업에 대한 질문이 있는지 확인하고 수업을 마무리한다.	

>> 인터뷰 질문지 예시

인터뷰 질문지

이름 : ＿＿＿＿＿＿＿＿＿

순서	질문	친구의 대답
1	한국 음식을 만든 적이 있어요?	○, ×
2	한국 가수를 만난 적이 있어요?	
3	한국에서 여행한 적이 있어요?	
4	한국 노래를 들어 본 적이 있어요?	
5	한국 친구를 사귀어 본 적이 있어요?	
6	한국 영화를 본 적이 있어요?	
7	한국 사람하고 이야기해 본 적이 있어요?	

*친구에게 질문하고 친구가 경험이 있으면 ○, 없으면 ×를 쓰세요.

3.2. 중급

중급에서도 초급에서와 마찬가지로 PPP 모형이 활용될 수 있다. 문법 요소는 언어 상황 맥락과 연계하여 의사소통 중심으로 가르치고 언어의 4대 기능과 문법 지식이 연계되도록 통합하여 가르치는 것이 바람직하다.

PPP 모형은 교사의 설명 없이는 목표어 항목을 이해할 수 없다는 전제 하에 교사의 제시 단계가 선행되고 학습자 역할은 상대적으로 수동적인 성격이 강한 반면 이에 대한 대안으로 등장한 TTT 모형(과제 훈련 모형)은 학습자들이 이미 학습한 다양한 표현을 종합적으로 활용하여 유의미한 과제를 스스로 수행할 수 있다는 데에 차이가 있다. TTT 모형은 의사소통 능력 함양을 목표로 학습자들이 교실 밖에서 경험할 수 있는 과제를 연습하도록 설계한다. 이 모형의 첫 번째 단계인 Task 1(과제 1)에서는 학습자들이 자신이 가지고 있는 언어 자원을 기반으로 의사소통과 기능 중심의 활동을 수행한다. 이어지는 Teach(교수) 단계에서는 미리 준비한 문법 내용이나 Task 1에서 발생한 학습자의 오류를 중심으로 설명과 연습이 이루어진다. 이때 문법은 명시적으로 교수하기보다는 가급적 암시적 방법이나 형태 초점 접근법(Focus on Form : FonF)으로 교수하게 된다(한국어교육학사전 2014 : 981). 마지막으로 Task 2(과제 2)에서는 Task 1의 과제를 반복 수행하거나 이와 유사한 좀 더 발전된 과제를 수행할 수 있다. 본 절에서는 중급 학습자를 대상으로 한 TTT 모형의 교수 학습 활동안을 제시한다.

중급 역할극 수업 강의안

- 학습자 숙달도 : 중급
- 학습 목표 : 사건·사고의 원인과 결과를 설명할 수 있다.
- 주제 : 사건·사고
- 기능 : 사건·사고의 원인 설명하기, 사건·사고의 결과 설명하기
- 목표 어휘 : 사건 어휘, 사고 어휘
- 목표 문법 : -는 바람에, -다가, -는/(으)ㄴ데도 불구하고

단원명	사건·사고	학습 목표	사건·사고의 원인과 결과를 설명할 수 있다.
수업 대상	중급 학습자		

단계 (시간)	교수-학습 활동	지도상의 유의점

도입 (3분)	**≫ 본 단원의 주제를 활용한 도입**
	
	• 본 단원에서 학습한 주제를 활용해 도입한다.
	  T : 여러분 한국에서 생활하면서 문제가 있으면 누구한테 전화해요?
	  S : 선생님께 전화해요. / 친구한테 전화해요. / 한국 친구한테 전화해요.
	  T : 네. 그리고 112나 119에 전화할 수도 있어요.
	
	≫ 본 차시의 수업 안내
	
	• 본 차시에서 말하기 활동을 할 것이라고 예고한다.
	  T : 오늘은 말하기 활동을 할 거예요. 한 명은 경찰이나 소방관, 한 명은 신고자가 되어서 사건과 사고를 신고하는 역할극을 해 봅시다.	

말하기 전 (10분)	**≫ 본 단원의 주제를 활용한 도입**
	
	• 본 단원에서 학습한 어휘, 문법 등을 상기시키고 교사는 어휘와 문법을 판서한다.
	  T : 우리 이번 단원에서는 사건과 사고를 공부했어요. 어떤 단어를 공부했죠?
	  S : '피해자, 가해자, 사상자, 교통사고, 화재 사고, 추락사고, 사건이/사고가 나다/발생하다/일어나다 강도가 들다/침입하다, 소매치기를 당하다, 시비가 붙다, 싸움을 말리다, 다치다, 화재가 발생하다, 건물이 무너지다, 붕괴되다, 가스가 폭발하다, (경찰/소방관/구급대원)이 출동하다'를 공부했어요.
		말하기 활동에서 활용할 수 있는 본 단원의 주제, 어휘, 문법 등을 간단하게 복습한다.

T : 맞아요. 그리고 문법은 무엇을 공부했어요?

S : '-는 바람에, -다가, -는/-(으)ㄴ데도 불구하고'를 공부했어요.

T : 네. 좋아요.

▶▶ 역할극 카드 내용 확인

• 교사는 두 명씩 짝을 지어준 후 역할 카드를 배부한다. 역할 카드는 두 명 중에 한 명은 경찰, 한 명은 신고자 카드를 배부한다. 그리고 카드 내용을 확인시킨다.

T : 오늘은 두 명씩 이야기를 할 거예요. 한 명은 경찰이나 소방관 카드를 받았어요. 그리고 한 명은 신고자 카드를 받았어요. 신고자 카드를 받은 사람들은 카드를 보세요. 신고자 카드를 가지고 사람은 누구예요?

S : (손을 든다.)

T : 카드에 무엇이 쓰여 있어요?

S : 발생 시간, 발생 장소, 사건·사고 상황(원인, 결과)이 쓰여 있어요.

T : 네, 좋아요. 그럼 경찰, 소방관 카드를 가지고 있는 사람은 누구예요?

S : (손을 든다.)

T : 카드에 무엇이 쓰여 있어요?

S : 발생 시간, 발생 장소, 사건·사고 상황(원인, 결과)이 있지만 내용은 없어요.

T : 네, 신고자가 경찰이나 소방관에게 신고를 하면 경찰이나 소방관은 듣고 카드에 쓰세요.

▶▶ 역할극 말하기 내용 및 구조 확인

• 학생과 같이 대화를 만들면서 역할극의 말하기 내용 및 구조를 확인한다.

> <대화문 예시>
> 소방관 : 네, 119입니다. 무슨 일이십니까?
> 신고자 : 지금 식당에서 화재 사고가 발생해서 신고하려고요.
> 소방관 : 상황을 좀 자세히 설명해 주시겠습니까?
> 신고자 : 8시에 식당에서 밥을 먹고 있는데 옆 건물에서 큰 소리가 났어요. 밖에 나와서 사람들 이야기를 들어 보니 옆 건물 식당에서 요리를 하고 있었는데 갑자기 폭발했다더라고요. 사람들이 불을 끄려고 하는데도 불구하고 계속 옆 건물로 번지고 있어요. 계속 불이 번지다가 옆 건물들이 다 탈까 봐 걱정이에요.
> 소방관 : 식당 위치가 어디입니까?
> 신고자 : ○○ 사거리에 있는 '○○식당'이에요. 빨리 와 주세요.
> 소방관 : 네, 바로 출동하도록 하겠습니다.

교사는 수업 전에 사건·사고와 관련된 역할극 카드를 다양하게 준비한다. (학생들에게 제시되는 역할 카드를 모두 다르게 한다.)

대화를 만들면서 교사가 주도하기 보다는 학생들이 생각해서 주도적으로 할 수 있도록 유도한다.

말하기 중 (25분)	**》 역할극 진행** • 짝 활동으로 말하기를 진행한다. • 학생들이 짝과 말하기 활동이 마무리되면 다른 학생들과 이야기할 수 있도록 안내한다. **》 역할을 전환하여 역할극 진행** • 신고자와 경찰의 역할을 전환하여 말하기 활동을 진행한다. 교사는 새로운 역할 카드를 배부한다. • 짝 활동으로 말하기를 진행한다. • 학생들이 짝과 말하기 활동이 마무리되면 다른 학생들과 이야기할 수 있도록 안내한다. 　T : 이제 우리 신고자와 경찰, 소방관을 바꿉시다. 신고자였던 학생은 경찰, 　　　소방관이 되고, 경찰, 소방관이었던 학생은 신고자가 돼요. 선생님이 카 　　　드를 줄게요. 　S : (역할 카드를 받는다.) 　T : 다시 친구들과 이야기를 하세요. 　S : (역할극을 연습한다.)	말하기 활동 중에 교사는 교실을 돌아다니면서 잘못된 내용이나 발음에 대해 수정해 준다. 시계 방향 또는 시계 반대 방향 또는 일찍 끝난 학생들끼리 새로운 짝을 지어 주면서 다양한 사건·사고로 역할극을 할 수 있도록 한다.
말하기 후 (10분)	**》 역할극 수행 확인** • 학생들의 역할극 활동이 끝나면 역할극 수행을 확인한다. • 두 명씩 역할극을 발표하고 다른 학생들은 들으면서 발생 시간, 발생 장소, 사건·사고 상황(원인, 결과)을 필기해 보도록 한다. 　T : 친구들이 무슨 이야기를 했는지, 어떤 일이 있었는지 들어 봅시다. 누가 　　　먼저 이야기를 할래요? 　S : (손을 든다.) 　T : 네, 제임스 씨하고 히엔 씨가 이야기를 해 봅시다. 다른 친구들은 무슨 　　　일이 있었는지 들으면서 써 보세요. 　S : (역할극을 발표한다.) 　T : 네, 좋아요. 샤오밍 씨, 무슨 일이 있었어요? 　S : (이야기를 한다.) 　T : 네, 좋아요.	모든 학생들의 말하기 활동을 확인한다. 내용이나 발음에 대해 수정해 준다.
마무리 (2분)	**》 수업 정리** • 수업에 대한 질문이 있는지 확인하고 수업을 마무리한다.	

3.3. 고급

고급 학습자들은 한국어로 업무나 학업을 수행하는 데 필요한 지식과 기술을 습득할 수 있는 특수 목적 한국어 교육에 대한 수요가 높다. 이들은 일상적이고 개인적인 말하기 상황에서 더 나아가 공식적이고 집단적인 말하기 상황에서 적절하게 이야기할 수 있는 능력이 요구된다. 따라서 고급 말하기 교육에서는 토의, 토론, 발표와 같은 공식적인 틀을 갖춘 말하기 활동이 주요하게 이루어지며 이러한 수업의 효과를 높이기 위해서는 각 말하기의 절차, 언어 표현, 담화 전략, 의사소통 전략 등에 대한 학습이 필요하다.

고급 발표 수업 강의안

- 학습자 숙달도 : 고급
- 학습 목표 : 각 나라의 사회 문제와 사회 정책을 발표할 수 있다.
- 주제 : 사회 정책
- 기능 : 사회 정책 소개하기
- 목표 어휘 : 사회 정책 관련 어휘
- 목표 문법 : 발표 표현

단원명	사회 정책	학습 목표	각 나라의 사회 문제와 사회 정책을 발표할 수 있다.	
수업 대상	고급 학습자			
단계 (시간)	교수-학습 활동			지도상의 유의점
도입 (3분)	▶▶ 전 차시 복습 • 전 차시의 말하기 활동 내용에 대해 확인한다. 　T : 우리 지난 시간에는 각 나라의 사회 문제와 사회 정책에 대해 발표 준비를 했어요. 선생님과 발표 표현을 알아보았고 발제문도 썼지요? 　S : 네. 　T : 선생님이 PPT를 만들어 오라고 했는데 모두 만들어 왔나요? 　S : 네.			

	≫ 본 차시의 수업 안내	
	• 본 차시에서 말하기 활동을 할 것이라고 예고한다.	
	T : 오늘은 우리가 쓴 발제문과 PPT를 활용해서 실제 발표를 해 볼 거예요.	
말하기 전 (5분)	≫ 발표 순서 결정	
	• 교사는 발표 순서를 결정해 준다.	동료 평가지
	≫ 동료 평가지 배부 및 동료 평가지 항목 확인	단순히 발표
	• 교사는 학생들에게 동료 평가지를 나눠 주고 동료 평가지의 항목들을 같이 확인한다.	를 평가하기 만을 위한 목

	T : 자, 평가지를 받으세요. 오늘 친구의 발표를 들으면서 친구가 발표를 잘
	       했는지, 어떤 것을 바꾸면 좋을지를 정리해 볼 거예요. 평가지를 보세요.
	       어떤 것이 있어요?
		적이 아닌 평
		가를 통해 자
		신의 발표도

	S : 내용, 표현, 전달력, 태도가 있어요.	돌아볼 수 있

	T : 네, 내용은 발표 내용이 어떤지 듣고 평가해 보는 것이에요. 발표를 통해
	       새롭게 알게 된 것이 있는지, 조사를 성실히 했는지, 내용이 창의적인지
	       보면 되겠지요? 표현은 우리가 지난 시간에 배운 발표 표현을 사용하고
	       있는지 확인하는 것이에요. 또 우리는 언어 수업을 받고 있으니까 자신의
	       급수에 맞는 문법과 표현을 잘 사용하고 있는지도 봐야겠지요? 전달력은
	       친구의 발표가 이해하기 쉬운지 확인하는 것이에요. 발음하고 발표 PPT
	       가 괜찮은지 평가해 보세요. 태도는 발표할 때의 태도를 말해요. 친구들
	       이 발표할 때 적극적이고 자신감 있는 태도로 발표하는지 확인해 보세요.
		는 목적이라
		는 것을 설명
		한다.

말하기 중 (35분)	≫ 발표 진행	질의응답이
	• 교실 전체 활동으로 발표를 진행한다.	활발하게 이
	• 발표는 10분씩 3명이 진행한다.	루어지도록
	• 발표 후 질의응답이 이루어지도록 한다.	유도한다.
말하기 후 (5분)	≫ 발표에 대한 피드백 제시	
	• 피드백은 장점을 먼저 이야기해 준 후 개선할 점을 언급한다.	
	• 피드백의 순서는 학생들 간에 상호 피드백 후 교사의 피드백의 순서로 진행한다.	
	• 학생 각각의 피드백과 반 전체의 피드백을 제시한다.	
마무리 (2분)	≫ 수업 정리	
	• 수업에 대한 질문이 있는지 확인하고 수업을 마무리한다.	
	• 다음 시간에 발표할 학생을 다시 한 번 더 알려 준다.	

▶ 발표 표현 예시[71]

단계	표현
인사 및 시작	여러분, 안녕하세요. 저는 ○○○입니다. 지금부터 발표를 시작하겠습니다.
주제 소개	• 저는 오늘 ~에 대해서 발표하고자[발표하려고] 합니다. • 제 발표 주제는 ~입니다. • 저는 여러분께 ~에 대해 말씀드리려고 합니다.
발표 개요 제시	• 제 발표는 크게 ~ 부분으로 이루어졌습니다. 첫 번째는 ~, 두 번째는 ~에 대한 것입니다. • 오늘 발표할 내용은 먼저 ~. 다음으로 ~. 마지막으로 ~의 순서로 구성되어 있습니다.
내용 전개	• 먼저 ~에 대해서 살펴보겠습니다. • 자료 제시하기 　-여러분께 보여 드릴 자료를 준비했습니다. 　-자료를 봐 주십시오. 　-먼저 이 예문[그림, 사진, 도표, 그래프]을 봐 주십시오. 　-이 그림은 ~을/를 보여 줍니다[나타냅니다]. 　-이 그림은 ~에 대한 것입니다. • 다음 항목으로 가기 　-다음은 ~에 대해 알아보겠습니다. 　-다음으로[그러면, 이번에는] ~을/를 살펴보겠습니다. 　-우선[먼저, 마지막으로] ~에 대해 말씀드리겠습니다.
결론	• ~라고 결론지을 수 있습니다. • 지금까지 말씀드린 것을 통해 ~다고(다는) 결론을 내릴 수 있습니다. • 지금까지 발표한 내용을 종합해 본다면 ~다고 볼 수 있습니다. 따라서 ~해야 할 것입니다.
정리 및 인사	이상으로 발표를 마치겠습니다. 지금까지 제 발표를 들어 주셔서 감사합니다.
질의응답	• 청중의 질문 　-발표 잘 들었습니다. 한 가지 여쭤 보고 싶은데요. 　-~에 대해서 말씀해 주시겠습니까?

71　발표 표현 예시는 『서울대 한국어 5B』와 『서울대 한국어 6A』를 참고하였다.

발표 동료 평가지

이름 : _____

순서	이름	발표 내용	내용	표현	전달력	태도
1						
2						
3						

*점수는 0-10점으로 주세요.

고급 토론 수업 강의안

- 학습자 숙달도 : 고급
- 학습 목표 : 토론의 방식과 표현을 이해하고 토론을 할 수 있다.
- 주제 : 개인의 인권과 공공의 이익
- 기능 : 성범죄자 신상 공개에 대한 찬반 토론하기
- 목표 어휘 : 개인의 인권과 공공의 이익 관련 어휘
- 목표 문법 및 표현 : 토론 표현

단원명	개인의 인권과 공공의 이익	학습 목표	토론의 방식과 표현을 이해하고 토론을 할 수 있다.	
수업 대상	고급 학습자			
단계 (시간)	교수-학습 활동			지도상의 유의점
도입 (5분)	**≫** 토론 수업 진행 소개 • 학습 주제와 관련한 말하기 활동으로 토론을 진행한다. • 총 50분 수업으로 구성한다. 　T : 여러분, 오늘은 개인의 인권과 공공의 이익을 주제로 공부했어요. 여러분은 개인의 인권과 공공의 이익 중에서 무엇을 더 우선시해야 한다고 생각해요? 　S : 개인의 인권이요. / 공공의 이익이요.			

	T : 구체적인 주제로 한번 생각해 볼까요? 요즘 한국에서 성범죄자의 신상 공개 문제에 대해 논란이 있어요. 여러분은 성범죄자의 개인 정보를 사람들에게 공개하는 것에 찬성해요? 아니면 반대해요? S : 찬성해요. / 반대해요. T : 찬성하는 사람도 있고 반대하는 사람도 있네요. 자, 그럼 우리가 직접 이 주제로 토론을 해 봅시다. T : 토론을 하기 전에 먼저 토론하는 방법을 알아보고 직접 토론을 해 봅시다.	
말하기 전 (15분)	**》 토론 방식 소개** • 교사는 토론할 때 지켜야 할 내용과 하지 말아야 할 행동이 적혀 있는 체크 리스트를 배부하여 학생들이 먼저 중요한 내용과 하지 말아야 할 행동을 체크하게 한다. 　S : 여러분, 토론할 때 지켜야 할 내용에는 'O', 하지 말아야 할 행동에는 'X'를 써 보세요. • 학생들이 체크를 다 하면 교사가 함께 내용을 확인한다. **》 토론 표현 및 어휘 학습** • 교사는 학생들에게 토론에서 사용하는 표현을 제시한다. • 주제와 관련하여 배운 어휘를 다시 확인한다. 　T : (토론 표현을 제시하며) 여러분, 먼저 토론할 때 사용하는 표현을 같이 알아봅시다. 　　사회자 표현 / 의견 제시 표현 / 찬성 표현 / 반대 표현 등 　T : (주제와 관련된 어휘를 제시하며) 여러분, 오늘 주제와 관련된 어휘를 다시 확인해 봅시다. **》 사회자, 찬성, 반대 그룹 나누기** • 사회자를 정하고 찬성과 반대 입장을 정한다.	준비물 : 토론 체크 리스트, 토론 표현 판서 혹은 ppt 준비
말하기 중 (15분)	**》 토론 진행** • 학생들이 스스로 토론을 진행하게 한다. • 교사는 직접 개입하지 않는다. • 학생들이 원고를 처음부터 끝까지 읽지 않도록 자신이 말할 내용을 충분히 연습해 오도록 하며 토론 시에는 간단한 메모를 준비하여 참고하도록 한다.	

말하기 후 (10분)	▶▶ 토론 수업 평가하기 • 교사는 미리 준비한 평가지를 나누어 주고 학생들이 스스로 토론에 대한 평가를 하게 한다. • 토론에서 좋았던 점과 아쉬웠던 점을 말해 보고 개선 방법을 학생들이 생각해 보도록 한다. • 교사가 피드백을 제공한다.	
마무리 (5분)	▶▶ 수업 정리 • 토론 주제와 토론 후 평가를 정리한다. • 질문이 있으면 답변하고 수업을 마무리한다.	

토론 체크 리스트 예시[72]

☐ 자신의 발언 순서와 시간을 꼭 지킨다.

☐ 주제와 관련 없는 이야기를 하지 않는다.

☐ 자신의 주장과 반론에 일관성을 유지해야 한다.

☐ 적극적으로 많이 말하려고 노력한다.

☐ 자신의 주장을 명확하게 이야기하고 충분한 근거를 제시한다.

---

72   '토론 표현 예시'는 본고 6장 '토론' 편을 참조하기 바람.

초등학교 KSL 말하기 수업 강의안

한국어 교수 학습 과정안				
대단원	5. 어디가 아파요?		대상	KSL 학습자 5학년
학습주제	아픈 증상을 말하기			
학습목표	아픈 증상을 말할 수 있다.			
자료 활용	초등학생을 위한 표준한국어 2 교과서(2013), 초등학생을 위한 표준한국어 2 익힘책(2013), CD, 문장 카드, 역할 이름표, 약봉투			

단계 (시간)	학습과정	교수 - 학습 활동	자료(#) 및 유의점(*)
도입 (5′)	동기유발	**》 노래 부르기** T : <머리, 어깨, 무릎, 발> 노래를 불러봅시다. S : (노래를 부른다) **》 교과서 64쪽 그림 살펴보며 무슨 이야기를 할지 예상하기** T : 팡팡이 왜 보건 선생님하고 이야기하고 있어요? S : 팡팡이 아파요.	*노래가 익숙해지면 율동도 같이 보여 주며 따라 하게 한다. #교과서, CD
	학습 목표 제시	• 아픈 증상을 말할 수 있다.	
	학습 활동 안내	<활동 1> 대화문 읽기 <활동 2> 문장 연습하기 <활동 3> 역할놀이 하기	
전개 (30′)	<활동 1> 대화문 읽기	**》 대화문을 듣고 내용 파악하기** T : 팡팡이 아파서 보건 선생님과 이야기하고 있어요. 무슨 이야기를 하는지 들어 보세요. S : (대화문을 듣는다) 보건 선생님 : 어디가 아파요? 팡　　　팡 : 감기에 걸린 것 같아요. 머리가 아프고 목도 아파요.	#듣기 자료

		보건 선생님 : 그래요? 그럼 체온을 재 봅시다. 열이 많이 나요. 목도 볼까요?	
		팡 팡 : 네.	* '-(으)ㄴ 것 같다'는 동사인지, 형용사인지, 시제에 따라 형태가 달라지기 때문에 학생들의 수준에 따라 품사별, 시제별로 따로 제시하는 것보다 '감기에 걸린 것 같다, 아픈 것 같다'와 같이 표현으로 제시해도 된다.
		보건 선생님 : 목이 많이 부었네요. 목이 많이 붓고 열도 나니까 이 약을 먹어요.	
		T : 팡팡이 뭐에 걸린 것 같다고 했나요?	
		S : 감기요.	
		T : 목이 어떻게 되었다고 했나요?	
		S : 부었다고 했어요.	
		T : 선생님이 무엇을 주었나요?	
		S : 약을 주었어요.	
	<활동 2> 문장 연습하기	• 시디(CD)를 들으면서 한 문장씩 학생들이 따라 읽기	
		• 친구와 함께 대화문 읽어 보기	
		• 내용을 이해했는지 간단히 확인하기	
		≫ '-(으)ㄴ 것 같다' 익히기	
		T : (머리 아픈 흉내를 내며) 선생님이 어디가 아파요?	
		S : 머리가 아파요./ 열이 나요.	
		T : 네, 선생님이 머리가 아프고 열이 나요. 감기에 걸렸어요?	
		S : 네./아니요.	
		T : 선생님도 잘 몰라요. 그렇지만 아마 감기에 걸려서 머리가 아프고 열이 나는 것 같아요. 감기에 걸린 것 같아요. 이렇게 추측을 할 때 '-(으)ㄴ 것 같다'라고 말해요.	
		S : (문장 규칙을 확인한다.)	
		T : ('아프다', '감기에 걸리다, 배탈이 나다, 다리를 다치다'등의 증상과 치료법 연습 카드를 보여 주며 '-(으)ㄴ 것 같다'를 결합한 형태로 바꿔 말하게 한다.)	
		S : (함께 바꿔 말하고 어느 정도 익숙해지면 한 사람씩 말한다.)	
		T : (아픈 부위의 그림을 보여 주며) 이 친구는 어디가 아픈가요?	
		S : 목이 아픈 것 같아요./ 팔이 아픈 것 같아요./ 감기에 걸린 것 같아요.	

	<활동 3> 역할놀이 하기	**»** '-(으)니까' 익히기 T : (약을 먹는 흉내를 내며) 선생님이 지금 약을 먹어요. 왜 약을 먹어요? S : 아파요. T : 네, 선생님이 아파요. 아프니까 이 약을 먹어야 돼요. 이유를 말할 때 '-(으)니까'라고 말해요. S : (문장 규칙을 확인한다.) T : (동사, 형용사 단어 카드를 순서대로 보여 주면서 '-(으)니까'를 결합한 형태로 바꿔 말하게 한다.) S : (함께 바꿔 말하고 어느 정도 익숙해지면 한 사람씩 말한다. 과거 시제로도 바꾸어 본다.) T : (아픈 부위의 그림을 보여 주며) 무릎을 다쳤어요. 어떻게 하지요? S : 피가 나니까 소독하세요./아프니까 병원에 가세요. **»** **보건 선생님과 아픈 학생이 되어 대화하기** <역할놀이 방법> 1. 보건 선생님 역할을 할 학생과 환자 역할을 할 학생으로 나눈다. 2. 환자 역할을 맡은 학생들은 보건 선생님을 찾아다니면서 자신의 증상을 설명한다. 3. 가장 마음에 드는 치료법을 발표하게 한다. 4. 이번에는 역할을 바꾸어서 다시 같은 활동을 하게 한다. 5. 증상을 가장 잘 설명한 친구를 골라 그 친구가 어떻게 설명했는지 발표하게 한다.	*'-(으)니까'와 '-니까'가 쓰이는 경우를 판서한다. 받침 'ㄹ, ㅂ, ㄷ' 등과 결합하는 경우도 따로 정리해 준다. 이때 '명사+-(이)니까' 형태는 제시하지 않아도 된다. *증상 연습 카드를 뽑아 짝과 함께 연습한다. #문장 카드, 역할 이름표, 약봉투
정리 (5′)	정리 및 차시예고	**»** 오늘 배운 문장 정리하기 & 차시 예고 • **대화문과 문법 규칙을 보고 배운 내용을 확인한다.** • **다음 시간에 배울 내용을 살펴본다.**	#ppt

4. 말하기 오류와 교사의 피드백

4.1. 오류의 정의와 유형

Corder(1967)는 오류의 정의를 '정확한 규칙에 대한 지식의 결핍으로 초래되는 학습자의 일탈'로 보았으며 실수와 오류를 구별하였다. 오류의 내용적 유형은 발생 원인에 따라 언어 외적 전이(interlingual transfer), 언어 내적 전이(intralingual transfer), 학습 환경 요소로 인한 오류로 구분된다. 오류의 형식적인 접근으로는 Burt(1975)의 오류 판정에 의한 분류가 있으며 총체적 오류(global error)와 국부적 오류(local error)로 나뉜다. 총체적 오류는 통사 구조상의 오류나 담화 상의 오류 등이 해당되며 메시지가 왜곡되고 대화가 단절될 수 있다. 국부적 오류는 문장 구조에서 의사 전달에 크게 영향을 주지 않는 부분적 오류로 명사, 동사, 조사 등의 오류를 말한다(한국어교육학 사전 250-254).

Long(1981, 1996)의 상호작용가설(Interaction Hypothesis)에 바탕을 둔 형태 초점(Focus on Form) 교수 연구는 수정적 피드백을 '학생의 오류에 반응하고 수정하기 위한 교사의 발화'로 정의하였으며 수정적 피드백이 제2언어 습득에 필요한 부정적 증거를 제공하여 중간언어 발달을 촉진한다고 주장하였다.

교사의 수정적 피드백은 학습자에게 피드백을 제시하는 방법에 따라 명시적 피드백과 암시적 피드백으로 나뉜다. 명시적 피드백(explicit feedback)은 오류가 무엇인지를 학습자에게 직접 지적해 주는 방법으로 오류를 빠르게 줄일 수 있다. 암시적 피드백(implicit feedback)은 학습자 스스로 오류를 발견하고 수정할 수 있도록 하는 방법으로 학습자 중심의 수업이 이루어질 수 있다는 특징이 있다.

4.2. 오류 수정 방법

(1) 직접적 수정 방식 : 학습자에게 자기 수정의 기회를 주지 않고 교사가 직접 고쳐 주는 방식

① 명시적 수정 : 교사가 오류를 직접 지적하고 올바른 문장으로 직접 고쳐 준다(입력

제공의 명시적 수정적 피드백).

② 고쳐 말하기 : 교사가 학습자 오류를 고쳐서 다시 말해 준다. 수업의 흐름을 끊지 않고 우연적으로 개입할 수 있다는 장점이 있지만 학생이 교사의 의도를 알아채지 못한다면 어느 부분이 달라졌는지 인지하지 못할 수도 있다(입력 제공의 암시적 수정적 피드백).

(2) 간접적 수정 방식 : 학습자에게 창의적 수정의 기회를 제공하는 방식. 형태 협상의 피드백 유형이라고도 함.

① 메타언어적 피드백 : 설명을 해 주거나 문법 용어를 사용하여 틀린 곳을 알려주고 학습자가 스스로 고치게 한다(출력 자극의 명시적 수정적 피드백).

② 명료화 요구 : 오류가 있는 부분을 지적하여 스스로 고치게 한다. 손가락으로 지적 (finger-coding)하면서 오류가 나타난 부분 앞까지 학생의 발화를 반복한다(출력 자극의 암시적 수정적 피드백).

③ 유도 : 힌트가 될 만한 단서를 제공하여 스스로 고치게 한다(출력 자극의 명시적 피드백).

④ 반복 : 학습자의 오류 부분을 그대로 따라함으로써 오류 사실을 지적한다. 학습자의 발화를 반복하되 무언가 이상하다는 의문의 억양으로 오류를 깨닫게 할 수 있다 (출력 자극의 암시적 수정적 피드백).

오류 수정 방식은 수업의 단계, 수업 목표, 학습자 성향 등 다양한 변수에 따라 달라진다. 수업에서 교육적 초점이 어디에 놓여 있는지도 중요한 판단 기준이 된다. 학습 목표가 유창성에 있다면 의사소통의 원활한 흐름을 위해 국부적 오류는 지나칠 수 있지만 총체적 오류는 메시지 자체가 왜곡될 수 있기 때문에 교정이 필요하다. 문법 수업에서 문법이 체계화되기 이전 단계라면 명시적으로 알려줘야 하며 어느 정도 내재화돼서 활용하는 단계라면 암시적인 방식을 통해 스스로 교정할 기회를 주는 것이 필요하다.

교사가 오류에 대해 적절한 방식으로 적절한 때에 피드백을 주는 것도 중요하지만 더 중요한 것은 학습자가 실제로 오류를 인지할 수 있고 수정하기 위해 노력하느냐일 것이다. 학습자에게 오류 수정의 중요성을 알려주고 오류를 수정하기 위한 전략을 개발하도록 독려하며 자주 틀리는 특정 패턴을 수집해서 피드백을 해 주는 것이 효과적이다.

수업 시간에 학습자가 오류를 생성했을 때 교사는 빠르게 정보를 지각하고 평가하여 어떤 내용을 어떻게 피드백할 것인지 결정해야 한다.

Brown(2007/2012 : 401-404)에서는 아래와 같이 교사가 학습자의 말하기 오류에 대응할 수 있는 일련의 결정사항들을 보여준다.

① 유형 : 어휘적, 음성적, 문법적, 담화적, 화용적, 사회문화적
② 원인 : 모국어, 목표어, 교사, 다른 학생 외부의 목표어 입력, 오디오/비디오/인쇄/전자 매체
③ 언어의 복잡성 : 복잡하고 시간이 걸리는가, 혹은 설명 및 처치가 간단한가
④ 발화의 이해 가능 여부 : 국부적 오류인가, 총체적 오류인가
⑤ 잘못된 발화의 성격 : 수행상의 실수인가 능력상의 오류인가
⑥ 학습자의 정의적 상태 : 허약한 언어 자아, 불안감, 자신감, 수용성
⑦ 학습자의 언어적 단계 : 발현 단계, 체계화 이전 단계, 체계화 단계, 체계화 이후 단계
⑧ 교육적 초점 : 당면한 과업 목표, 수업 목표, 과정 목표/목적
⑨ 의사소통 맥락 : 대화의 흐름에 관련된 요소, 개인, 집단, 전체 학급 활동, 학생 간 혹은 학생-교사 간 교류
⑩ 교사 유형 : 직접적, 간접적, 간섭적, 방임적

이처럼 학습자의 오류를 처치하기 위한 과정은 다양한 요소를 복합적으로 판단해야 하기 때문에 어려움이 있지만 교사들은 교육 경험이 쌓이면서 오류를 판단하고 처치하는 과정이 자동적으로 이루어지게 되며 이러한 직관을 개발할 수 있다.

더 생각해 보기

1. 학생들이 모둠 활동을 하는 동안 모국어를 사용한다면 교사가 어떻게 대처하는 것이 좋을지 논의해 보시오.

2. 본문에 제시된 교안에는 교사와 학생의 발화 예시 및 수업을 위한 주의점이 포함되어 있다. 여러분이 특정 학습자를 대상으로 수업을 설계한다면 교안을 어떻게 수정하거나 보완할 수 있을지 논의해 보시오.

3. 교사가 학습자의 오류에 반응하는 방식은 교사 자신의 교육적 철학과도 관련이 있다. 자신이 선호하는 오류 수정 방식에 대해 이야기해 보시오.

제8장 말하기 평가

말하기는 음성 언어를 통해 이루어지는 표현 활동이다. 따라서 말하기 평가는 구어로 표현하는 수행 평가(performance test)이며 다른 영역처럼 지필고사로는 측정할 수 없다는 특징이 있다. 본 장에서는 한국어 말하기 영역의 성취도 평가의 목적과 평가 범주, 유형 등에 대해 알아보고자 한다.

1. 말하기 평가의 목적

학습자의 말하기 능력을 측정하여 말하기 교육의 성과가 어느 정도인지 판단할 수 있으며 학습자 개개인의 수행을 진단해 보고 강점과 약점을 파악하여 교육적인 처방을 내릴 수 있다. 교사는 평가를 통해서 교수-학습 효과에 대한 중요한 자료를 얻게 되는데 이를 통해 교수 방법을 개선하는 데 적절한 정보를 얻을 수 있다. 또한 평가의 결과를 다음 교수-학습 과정에 활용할 수 있으며 평가의 세환 효과로 교육목표, 교수 및 평가 방법에 대한 적합성과 효율성을 판단하고 개선할 수 있다(강승혜 외 2006 : 163-164).

2. 말하기 평가의 목표와 범주

2.1. 숙달도에 따른 말하기 평가 목표

강승혜 외(2006 : 168-172)에서는 숙달도에 따른 말하기 평가의 내용을 아래 [표 5]와 같이 제시하였다. 이는 특정 시점에 학습자가 가진 전반적인 언어 능력을 측정하는 것으로 초급, 중급, 고급에서 각각 어떠한 평가 목표를 세우고 있는지 참고할 수 있다.[73]

[표 5] 숙달도별 말하기 평가의 목표

숙달도	말하기 평가의 목표
초급	• 기본적인 생활에 필요한 언어생활과 관련된 기본 어휘와 기초적인 문법 규칙을 이해하고 사용할 수 있다. • 일상생활의 아주 기본적이면서도 개인적인 소재나 주제, 기능을 다룬 간단한 대화나 이야기를 할 수 있다. • 일상적인 생활에서 자주 접하는 화제나 아주 기본적인 공식적 상황에서 접하는 화제와 관련된 말하기를 수행할 수 있다.
중급	• 일상생활과 관련하여 비교적 깊이 있는 의사소통에 필요한 발화를 할 수 있다. • 공식적 상황에서 필요한 어휘와 문법을 이해하고 활용할 수 있다. • 한국의 사회·문화적 내용을 배경으로 하는 어휘와 논리적으로 서술하거나 토론하는 데 필요한 표현들을 활용할 수 있다.
고급	• 고유 업무 영역이나 전문 연구 분야와 관련하여 깊이 있는 의사소통을 할 수 있다. • 한국의 정치, 경제, 사회, 교육, 문화 등 전 영역과 관련된 깊이 있는 토론을 할 수 있다.

2.2. 말하기 평가 범주

앞서 4장에서 보았듯이 Canale & Swain(1980)은 Hymes(1972)의 의사소통 능력을 좀 더 구체화해서 4가지의 능력이 독립적으로 발달할 수 있다고 주장하였다. 이 4가지 능력

---

73 성취도 평가는 한 교육 기관의 교육 과정 내에서 이루어지는 평가 유형으로서 수업 중에 배운 내용으로 범위가 제한된다. 따라서 기관에 따라서 평가 목표와 내용이 다를 수 있다.

은 말하기나 쓰기 시험에서 가장 핵심적인 평가 구인으로 활용되고 있다.

(1) 문법적 능력

여기서 문법적 능력이란 넓은 의미의 문법을 말하는 것으로 발음, 억양, 어휘, 문법 등 말하기의 정확성과 관련된 요소를 평가하는 것이다.

(2) 사회언어학적 능력

① 상황에 맞는 어법 사용 능력 : 격식 표현과 비격식 표현, 친근한 표현과 공손한 표현, 직접적인 표현과 간접적인 표현 등을 익혀서 상황에 따라 사용할 수 있도록 한다.

② 기능에 맞는 언어 사용 능력 : 기능(function)은 부탁하기, 거절하기, 항의하기 등 '언어를 사용함으로써 달성하고자 하는 일'을 말한다. 동일한 기능을 수행하는 경우에도 상황이나 화자와 청자의 관계에 따라 표현이 달라지므로 다양한 표현을 적절하게 사용할 수 있어야 한다.

③ 경어법 사용 능력 : 한국어에서는 상황과 사회적 관계에 맞는 경어법을 사용하는 것이 중요하다.

④ 관용 표현의 사용 능력 : 속담, 관용어, 축약어, 고사성어, 사자성어와 같이 관습적으로 굳어진 표현을 사용할 수 있는 능력을 말한다.

(3) 담화 구성 능력

한국어로 자신의 생각을 논리적으로 조리 있게 표현하는 능력으로 고립된 단어나 문장 차원이 아니라 상황에 알맞은 담화를 구성할 수 있는 능력을 의미한다.

말하기 평가의 담화 구성 능력 평가 항목으로는 이야기 구성 능력, 유창하게 표현하는 능력, 적절한 응집장치 사용 능력, 적절한 담화 표지 사용 능력이 포함된다.

(4) 전략적 능력

전략적 능력은 의사소통의 장애를 극복하고 효율성을 높이기 위해 언어적, 비언어적 전략을 사용하는 능력을 말한다. 피로하거나 부주의해서 혹은 외국인이라 언어 능력이 부족해서 의사소통에 실패할 경우, 반복, 회피, 바꿔 말하기, 풀어 말하기 등 여러 가지 전략을 사용해서 이를 보완할 수 있다.

3. 말하기 평가의 문항 유형

Brown(2004/2006 : 190-229)에서는 구술 표현 평가의 범주로 아래와 같이 네 가지 유형의 과제를 제시하였다.

먼저 세부적 말하기(Intensive Speaking)는 통제된 응답 과제라고도 하며, '단서'가 주어진 평가 유형으로 수험자의 응답의 폭이 제한된다. 이러한 과제에 해당하는 문항 유형으로는 지시에 따라 응답하기, 소리내어 읽기, 그림 단서 활용하기, 번역(통역)하기 등이 있다.

반응적 말하기(Responsive Speaking)는 상대방과의 간단한 상호작용이 필요한 평가 유형이다. 이 평가 방식은 수험자의 언어 사용을 제한하지 않는다는 점에서 세부적 말하기와는 다르며 상호작용적 과제보다는 발화의 길이가 다소 짧다. 반응적 말하기 과제에는 질문과 대답, 설명과 방법 제시하기, 바꾸어 말하기 등의 문항 유형이 해당된다.

상호작용적 말하기(Interactive Seaking)는 구술 면접(인터뷰), 역할극, 토론, 게임과 같이 길이가 비교적 긴 상호작용적 담화 과제이다.

확장적 말하기 과제는 길이는 길지만 상호작용이 적은 과제로 연설, 긴 이야기 전달하기, 긴 설명과 번역 등이 해당된다. 확장적 말하기는 정보교류적 측면이 강하고 상호작용적 과제는 대인관계적 측면이 좀 더 강한 경향이 있다.

한국어 말하기 성취도 평가에서는 교육과정과 급수에 따라 평가 유형이 달라진다. 초급에서는 인터뷰, 그림이나 자료 보고 설명하기, 역할극, 발표 등이 주로 시행된다.

중급에서도 동일한 유형의 평가가 이루어질 수 있지만 중급에 맞는 주제로 내용이 심화되고 발표의 시간이 늘어나거나 복잡한 과제가 주어진다. 그림이나 자료 보고 설명하기의 경우 그래프나 표를 설명할 때 필요한 언어 표현을 요구할 수 있다. 중급에서 토론 평가도 가능하다. 고급 말하기 평가에서는 인터뷰, 역할극, (조사) 발표, 토론 등의 유형이 주로 실시되며 사회적이고 전문적인 주제로 심화된다.

4. 한국어 말하기 평가의 등급 기술

김정숙 외(2007, 238-239)에서는 TOPIK 평가 기준과 평가 내용 등을 근거로 한국어 말하기 평가의 내용을 제시하였는데 해당 연구에서 제시하는 등급 기술은 아래 [표 6]과 같다.

[표 6] 한국어 말하기 평가의 등급 기술

등급	기술
1급	• 기본적인 문장 구조를 이용해 최소한의 의사소통을 할 수 있다. • 생존에 필요한 기초적인 말하기 기능을 수행할 수 있다. • 매우 친숙한 주제에 대해 간단한 질문을 하고 대답을 하거나 짧은 이야기를 할 수 있다. • 문법과 발음이 많이 부정확할 수 있다.
2급	• 일상적 맥락에서 요구되는 간단한 언어 기능을 수행할 수 있다. • 친숙한 주제에 관해 질문하고 대답하거나 짧은 이야기를 할 수 있다. • 우체국, 은행 등 기본적인 공공시설을 이용할 수 있다. • 자주 사용되는 조사와 연결어미를 사용해 이야기할 수 있으나 문법과 발음이 부정확할 수 있다.
3급	• 일상생활과 관련된 주제나 기능을 정확하고 유창하게 말하거나 수행할 수 있다. • 사회적 맥락에서 요구되는 언어 기능을 부분적이나마 수행할 수 있다. • 친숙한 사회적·추상적 주제에 대해 간단한 질문을 하고 대답하거나 짧은 이야기를 구성할 수 있다. • 격식적 맥락과 비격식적 맥락을 구분해 말할 수 있다. • 개별 음소의 발음에 오류가 나타날 수 있으며, 억양이 부자연스러운 경우가 많다.

4급	• 친숙한 사회적·추상적 주제에 대해 유창하고 정확하게 말할 수 있다. • 사회적 맥락에서 요구되는 일반적 언어 기능을 수행할 수 있다. • 일반적 업무 맥락과 학업 맥락에서 요구되는 기본적인 말하기 기능을 수행할 수 있다. • 발화 상황과 대화 상대자에 따라 구분되는 발화의 격식을 적절히 사용할 수 있다.
5급	• 격식적 맥락에서 요구되는 언어 기능을 어느 정도 수행할 수 있다. • 친숙하지 않은 사회적·추상적 주제나 자신의 전문 분야의 주제에 대해 어느 정도 말할 수 있다. • 업무 맥락이나 학업 맥락에서 요구되는 말하기 기능을 어느 정도 수행할 수 있다. • 논리적으로 설명하거나 자신의 견해를 주장할 수 있다. • 억양 등의 발음에서 모국어의 영향이 나타나나 의사소통에 지장을 주지는 않는다.
6급	• 격식적 맥락에서 요구되는 언어 기능을 적절히 수행할 수 있다. • 친숙하지 않은 사회적·추상적 주제나 자신의 전문 분야의 주제에 대해 어느 정도 정확하고 유창하게 말할 수 있다. • 업무 맥락이나 학업 맥락에서 요구되는 말하기 기능을 대체로 수행할 수 있다. • 공식적 맥락과 비공식적 맥락에 따른 언어의 차이를 분명히 인식해 사용하며, 가장 적절한 언어 형태를 선택해 사용할 수 있다.

5. 말하기 평가의 유형에 따른 구인

말하기 평가의 구인(construct)은 말하기 능력의 구성 요소에 따라 달라진다. 말하기 능력은 사회문화적 맥락에 맞게 적절한 담화를 구성하여 목표로 하는 언어 기능을 수행하고 의미를 표현할 수 있는 능력을 말한다.

한국어교육학 사전(2014 : 1139)에서는 말하기 평가의 구인으로 정확성, 다양성, 과제 수행력, 유창성, 사회 언어적 능력, 발음 등 여섯 가지로 제시하고 있다.

① 정확성 – 문법과 어휘의 정확성
② 다양성 – 문법과 어휘의 다양성
③ 과제 수행력 – 과제를 이해하고 효율적으로 이행하는 능력
④ 유창성 – 더듬거리거나 망설이지 않고 흐름에 따라 자연스럽고 자신 있게 의사소통 하는 능력
⑤ 사회언어적 능력 – 상대방과의 관계나 상황, 목적에 맞게 담화를 구성하고 상대방의

이해 정도나 반응에 맞춰서 반응할 수 있는 능력
⑥ 발음 - 음운, 강세, 억양을 사용할 줄 아는 능력

문금현 외(2017)에서는 네 가지로 구인을 선정하였으며 각 요소들의 평가 범위를 고려하되 중복 평가가 되지 않아야 한다고 강조하였다.

① 유창성 - 빠르기, 망설임 및 반복의 수, 어휘의 양
② 정확성 - 발음, 문법, 어휘
③ 내용의 구성 - 이야기 구성, 일관성, 창의성, 인상 평가
④ 화용적 요소 - 상호작용 및 적절성, 담화적 요소

말하기 평가의 구인은 평가 문항의 유형에 따라 달라진다. 예컨대 인터뷰 평가의 경우 질문 이해(교사의 질문에 대한 이해), 문법 및 어휘의 정확성, 내용의 다양성, 발음, 유창성 등을 측정할 수 있다. 역할극의 경우 문법 및 어휘의 정확성, 내용의 다양성, 발음, 유창성, 담화구성 능력, 상호작용 등을 평가할 수 있다.

또한 말하기 평가의 구인은 학습자의 수준에 따라 가중치를 다르게 적용해야 한다. 초급 학습자의 경우 문법과 어휘 등의 언어적 능력에 좀 더 큰 비중을 두고 중급, 고급으로 올라가면서 점차 화용적, 사회 문화적 능력의 비중이 높아진다.

더 생각해 보기

1. 말하기 평가 유형에 따라 평가 구인을 어떻게 설정해야 할지 논하시오.

2. 외국인 학습자의 말하기 녹음 자료를 구하여 전사하고 평가 구인을 설정하여 채점한 후 그 결과에 대해 다른 조원들과 비교해 보시오.

제9장 외국의 말하기 표준화 시험

    언어 숙달도 평가는 사람들의 삶에서 진학이나 유학, 취업처럼 새로운 세계로 진입하거나 승진, 졸업 등 일정한 자격을 얻는 데에 크고 작은 영향을 미쳐 왔다. 한국어의 경우 1990년대 이후 학습자 증가와 객관적인 평가 도구 개발의 필요성이 증대되어 1997년 제1회 KPT(Korean Proficiency Test)가 한국학술진흥재단(현 연구재단) 주관으로 시행되었다. 이후 몇 차례의 정비를 거쳐 2종의 시험지를 이용한 6등급 부여 방식인 현재의 한국어능력평가(TOPIK) 체제로 전환되었다. 초급 시험에서는 읽기와 듣기를 시행하며 중고급은 읽기, 듣기, 쓰기 영역을 시행한다.

    TOPIK 주관 기관인 국립국제교육원에서는 실제적인 한국어 의사소통 능력 측정을 위해 TOPIK 말하기 평가를 추진하고 있으며 인터넷 기반의 시험인 IBT 시스템도 함께 도입할 예정이다.

    본 장에서는 현재 말하기 평가를 시행하고 있는 세계 주요 언어 능력 시험들을 평가 체계, 평가 문항, 등급 체계를 중심으로 비교해 보고자 한다. 이러한 시험들은 출제와 시행, 채점에 있어 인정된 기준을 따르는 대단위 표준화 시험(Standardized Testing)으로 반복적인 시행과 지속적인 연구를 통해서 준거 타당도와 구인 타당도를 지닌다.

1. ACTFL OPIc(Oral Proficiency Interview – Computer)[74]

1.1. 소개

OPIc은 면대면 인터뷰로 실시하던 OPI를 최대한 실제 인터뷰와 가깝게 만든 IBT (Internet Based Test) 기반의 외국어 말하기 평가이다. 기존의 OPI는 시험관과 시험자가 1 : 1 전화 인터뷰를 통해 말하기 시험을 진행했다. 하지만 IBT 방식의 OPIc은 시험관과 시험자가 직접적으로 대면하지 않고 컴퓨터를 활용하여 말하기 숙달도를 평가한다. 또한 OPI는 등급 체계가 Novice Low부터 Superior까지 10등급까지의 모든 등급으로 구성되어 있는 반면에 OPIc은 상위 3등급에 해당하는 Advanced Mid, Advanced High, Superior 등급은 받을 수 없다.

OPI와 OPIc의 주요 차이점을 정리하면 다음과 같다.

구분	OPI	OPIc
진행 방식	1 : 1 전화 인터뷰 (설문조사/자체평가 단계 없음)	iBT (설문조사/자체평가 단계 있음)
소요 시간	약 30분	60분(OT 20분 + 본시험 40분)
시험 어종	전 세계 70여 개 언어	영어, 중국어, 스페인어, 러시아어, 한국어, 일본어, 베트남어[75]

---

74   OPIc 누리집(https://www.opic.or.kr) 참고.

75   본 절은 현재 ACTFL 한국위원회의 주관 하에 실시하는 OPIc 시험을 기준으로 한 것으로 한국에서는 총 7개 언어만 평가를 지원하지만 공식 ACTFL OPIc은 더 많은 언어에 대한 평가를 제공한다.

OPIc은 단순히 문법이나 어휘 등을 얼마나 많이 알고 있는가를 측정하는 시험이 아니라 실제 생활에서 얼마나 효과적이고 적절하게 언어를 사용할 수 있는가를 측정한다. 응시자가 외국어를 활용해 어떤 일을 할 수 있는지, 실생활의 목적들과 연관하여 언어 기술을 사용할 수 있는지를 측정하는 시험이다. 따라서 OPIc은 응시자의 언어 학습 기간, 언어 학습 장소, 언어 학습 이유 등을 고려하기보다는 응시자의 본질적인 언어 활용 능력을 측정하는 것을 목표로 한다.

1.2. 평가 체계

1.2.1. 평가 범주[76]

OPIc은 4개 영역(Global Tasks/Functions(총체적 과제와 기능), Context/Content(맥락과 내용), Accuracy/Comprehensibility(정확성과 이해력), Text Type(텍스트 유형))에 걸쳐 언어 능력을 측정한다.

Global Tasks/Functions(총체적 과제와 기능)은 언어로 어떤 과제들을 수행할 수 있는지 판단한다. Context/Content(맥락과 내용)는 과제를 수행하기 위해 사용하는 언어의 사회적인 문맥 및 내용의 범위다. Accuracy/Comprehensibility(정확성과 이해력)는 유창성을 포함하여 정확성, 수용성 그리고 수험자의 보편적 이해도를 측정한다. Text Type(텍스트 유형)은 수험자의 발화량 및 문장 구조 등을 의미한다.

따라서 Grammar(문법), Vocabulary(어휘), Pronunciation(발음) 등의 요소는 단독의 평가 범주로 다루지 않고 한 범주에 포함된 요소로 다룬다. 이렇듯 OPIc은 특정 분야에 치우치지 않은 총체적이고 다면적인 언어 수행 능력을 평가하는 시험이다.

OPIc의 평가 영역은 다음과 같다.[77]

---

76   OPI와 OPIc은 진행 방법에 차이가 있을 뿐, 평가 기준과 내용은 동일하다.

77   김선정 외(2010), 이승은(2020), 전종운(2019)를 참고하였다.

① Global Tasks/Functions(총체적 과제와 기능)

이 영역을 통해 언어로 어떤 과제를 수행할 수 있는지를 측정한다. 즉 수험자가 언어를 사용하여 실생활에서 무엇을 할 수 있는가를 의미한다. 등급에 따라 나열, 열거와 같은 단순한 수준의 과제에서부터 설명, 서술, 의견, 지지나 가설처럼 높은 수준의 과제를 해결할 수 있는지를 판단한다.

② Context/Content(맥락과 내용)

이 평가 영역은 화자가 과제를 수행하기 위해 사용하는 사회적 문맥 및 내용의 범위를 의미한다. 맥락은 해당 언어가 사용되는 상황 및 장소이다. 등급이 낮은 경우에는 암기 또는 학습한 자료만을 사용하는 상황이 제시된다. 내용은 대화의 주제나 화제를 말한다. 낮은 등급에서는 주로 개인에 관한 신상을 다루며 등급이 높아질수록 구체적이고 추상적인 주제까지 표현할 수 있어야 한다.

③ Accuracy/Comprehensibility(정확성과 이해력)[78]

정확성과 이해력은 답변의 보편적인 이해도와 정확도를 의미한다. 구체적으로는 의사 전달의 용인성, 질과 정밀성을 의미한다. 정확성의 하위 범주로는 유창성을 포함하여, 문법, 어휘, 발음, 화용 능력, 사회 언어적 능력 등이 있다. 이 중에서도 문법, 어휘, 발음이 주로 인용되긴 하나 사회 언어학적인 규범이나 유창성도 중요한 판단 기준이 된다. 정확성은 단계에 따라 비모어 화자의 언어에 친숙한 사람도 이해할 수 없는 수준에서부터 의사소통에 지장을 주는 오류를 범하지 않을 정도의 수준까지 단계적으로 나뉜다. 그러나 정확성은 단순히 문법적인 오류의 빈도만을 측정하여 채점하지는 않는다.

④ Text Type(텍스트 유형)

수험자가 산출해 내는 발화량, 발화의 길이, 문장의 구성 능력 면을 의미한다. 텍스트 유형은 기초 단계의 고립적인 단어나 구에서부터 중급에서는 문장을, 고급에서 단락을 산출할 수 있어야 한다. 그리고 최상급에서는 조직적이고 연결성이 있는 확장된 담화를 산출할 수 있어야 한다.

이러한 평가 범주를 이동은(2009 : 230), 김선정 외(2010 : 111)에서는 OPI의 등급별로 구분하여 다음과 같이 제시하고 있다.

---

[78] 김선정 외(2010)에서는 정확성(accuracy)으로 정리되어 있다.

[표 7] 숙달도별 한국어 말하기 평가 범주

	총체적 과제	맥락/내용	정확성	텍스트 유형
최상급 (Superior)	광범위한 주제에 대해 의견을 제시하고 가정할 수 있다. 또한 언어적으로 친숙하지 않은 상황에서 논의를 할 수 있다.	격식적, 비격식적 상황에서 다양한 일반적인 주제뿐 아니라 관심이 있고 전문적인 특정 주제 모두를 다룰 수 있다.	기본 구조에 있어 반복되는 오류 패턴이 없다. 실수가 있어도 대화에 지장을 주지 않고 모어 화자의 메시지를 받는 데 지장이 없다.	광범위한 종류의 담화
상급 (Advanced)	예상치 못한 복잡한 내용을 주어진 시간과 틀에서 적당하게 서술하고 묘사할 수 있다.	격식적, 비격식적 상황에서 개인적이고 일반적인 관심사와 같은 주제를 다룬다.	비모어 화자와의 익숙하지 않은 대화도 어려움 없이 이해할 수 있다.	단락
중급 (Intermediate)	간단한 질문과 응답으로 간단한 대화를 이끌어 갈 수 있다.	비격식적 상황과 제한적 의사소통 상황에서 일상적 활동과 친숙하고 예측 가능한 주제를 다룬다.	비모어 화자의 익숙한 대화를 몇 번의 반복을 통해 이해할 수 있다.	개별 문장
초급 (Novice)	암기한 어휘나 어구를 사용하여 최소한의 의사소통을 할 수 있다.	비격식적, 일반적 상황에서 일상생활 관련 주제를 다룬다.	비모어 화자가 익숙한 대화를 해도 이해하기 어렵다.	개별 단어, 구절

1.2.2. 평가 문항 구성[79]

OPIc은 약 60분 동안 진행되며 오리엔테이션이 20분간, 본 시험이 40분간 진행된다. 난이도 1, 2는 12문제, 난이도 3~6은 15문제가 출제된다. 모든 문제를 40분 내에 답해야 하며 각 문제의 답변 시간에 제한은 없다. OPIc은 Background Survey를 통해 개인 맞춤형 문제를 출제한다.

(1) 오리엔테이션(약 20분)

오리엔테이션은 Background Survey, Self Assessment, Overview of OPIc, Sample

---

79　OPIc 공식 누리집에서 Background Survey와 Self Assessment의 예시는 확인할 수 있지만 본 시험의 문항 구성과 유형을 공개하고 있지 않다. 이에 출판되어 있는 여러 문제집을 참고하였다.

Question으로 구성된다.

먼저 Background Survey에서 응시자는 본인의 신분 및 관심 분야를 선택하는데 질문은 다음과 같이 구성되어 있다.

① 현재 귀하는 어느 분야에 종사하고 계십니까?

- 사업/회사
- 재택근무/재택사업
- 교사/교육자
- 일 경험 없음

② 현재 귀하는 학생이십니까?

- 네
- 아니오

③ 현재 귀하는 어디에 살고 계십니까?

- 개인주택이나 아파트에 홀로 거주
- 친구나 룸메이트와 함께 주택이나 아파트에 거주
- 가족(배우자/자녀/기타 가족 일원)과 함께 주택이나 아파트에 거주
- 학교 기숙사
- 군대 막사

* 아래의 4~7번 문항에서 1~2개 이상을 선택해 주시기 바랍니다.

④ 귀하는 여가 활동으로 주로 무엇을 하십니까?(두 개 이상 선택)

- 영화 보기
- 클럽/나이트클럽 가기
- 공연 보기
- 콘서트 보기
- 박물관 가기
- 공원 가기
- 캠핑하기
- 해변 가기
- 스포츠 관람
- 주거 개선

⑤ 귀하의 취미나 관심사는 무엇입니까?(한 개 이상 선택)

- 아이에게 책 읽어주기
- 음악 감상하기
- 악기 연주하기
- 혼자 노래 부르거나 합창하기

- 춤추기
- 그림 그리기
- 애완동물 기르기
- 글쓰기(편지, 단문, 시 등)
- 요리하기

⑥ 귀하는 주로 어떤 운동을 즐기십니까?(한 개 이상 선택)

- 농구
- 축구
- 하키
- 골프
- 테니스
- 탁구
- 자전거
- 아이스 스케이트
- 걷기
- 하이킹/트레킹
- 헬스
- 야구/소프트볼
- 미식축구
- 크리켓
- 배구
- 배드민턴
- 수영
- 스키/스노보드
- 조깅
- 요가
- 낚시
- 운동을 전혀 하지 않음

⑦ 귀하는 어떤 휴가나 출장을 다녀온 경험이 있습니까?(한 개 이상 선택)

- 국내 출장
- 집에서 보내는 휴가
- 해외여행
- 해외 출장
- 국내 여행

Background Survey 후에는 Self Assessment를 통해 시험 응시자가 자신의 외국어 숙달도를 스스로 평가한다. Self Assessment는 6단계로 구성되며 학습자가 선택한 단계에 맞는 난이도로 시험이 출제된다.

① 나는 10단어 이하의 단어로 말할 수 있습니다.

② 나는 기본적인 물건, 색깔, 요일, 음식, 의류, 숫자 등을 말할 수 있습니다. 나는 항상 완벽한 문장을 구사하지 못하고 간단한 질문도 하기 어렵습니다.

③ 나는 나 자신, 직장, 친한 사람과 장소, 일상에 대한 기본적인 정보를 간단한 문장으로 전달할 수 있습니다. 간단한 질문을 할 수 있습니다.

④ 나는 나 자신, 일상, 일/학교와 취미에 대해 간단한 대화를 할 수 있습니다. 나는 이 친근한 주제와 일상에 대해 쉽게 간단한 문장을 만들 수 있습니다. 나는 또한 내가 원하는 질문도 할 수 있습니다.

⑤ 나는 친근한 주제와 가정, 일, 학교, 개인과 사회적 관심사에 대해 자신에게 대화할 수 있습니다.
나는 일어난 일과 일어나고 있는 일, 일어날 일에 대해 합리적으로 자신있게 말할 수 있습니다. 필요한 경우 설명도 할 수 있습니다. 일상생활에서 예기치 못한 상황이 발생하더라도 임기응변으로 대처할 수 있습니다.

⑥ 나는 개인적, 사회적 또는 전문적 주제에 나의 의견을 제시하여 토론할 수 있습니다.
나는 다양하고 어려운 주제에 대해 정확하고 다양한 어휘를 사용하여 자세히 설명할 수 있습니다.

Overview of OPIc에서는 문제를 듣고 답하는 방법을 안내하며 화면 구성, 문체 청취 방법, 답변 방법을 확인할 수 있다. Sample Question에서는 본격적으로 시험을 시작하기 전에 'What is the weather like in your country today?'(당신 나라의 오늘 날씨는 어떤가요?)와 같은 간단한 질문이 나온다. 이에 대한 대답은 점수에 반영되지는 않는다.

(2) 본 시험(약 40분)

본 시험은 다음과 같이 이루어져 있다.

순서	시험 단계	구성	문항 수
1	1st Session	• 개인이 선택한 주제, 난이도의 문제 출제 • 질문은 2회까지 청취 가능	약 7문제
2	난이도 재조정	• 2st Session의 난이도 선택 • 쉬운 질문, 비슷한 질문, 어려운 질문 중 하나 선택	
3	2st Session	• 재조정된 난이도의 문제 출제 • 시험 방식은 1st Session과 동일	약 7문제

1.2.3. 평가 문항 유형

OPIc에서 평가 문항은 크게 4가지 유형이다. 15개 문제를 기준으로 평가 문항은 다음의 도표와 같이 구성되어 있다.

구분	문항 유형	문항 수
1	자기소개	1
2	설문 주제	6~9
3	돌발 문제	3~5
4	롤플레이	2~3

(1) 자기소개

자기소개 문제는 OPIc 시험에서 항상 1번 문항으로 출제된다. 면접관에게 자신을 전반적으로 소개하는 문제이다.

> 이제 인터뷰를 시작하겠습니다. 자신에 대해 말해주세요.

(2) 설문 주제

설문 주제 문항은 Background Survey를 바탕으로 한다. 즉, Background Survey에서 자신이 선택한 여러 항목들 중 일부 주제가 시험에 나온다. Background Survey에서 여가 활동에서 영화 보기를 선택한 경우에는 다음과 같은 문항이 출제된다.

> 배경 설문에서 당신은 영화 보러 가는 것을 좋아한다고 했습니다. 가장 좋아하는 종류의 영화는 무엇이고 왜 그런가요? 되도록 상세한 내용을 많이 제시해 주세요.

(3) 돌발 문제

돌발 문제는 Background Survey의 선택 항목에 없는 주제들(쇼핑, 신분증 등)과 관련된 문항이다. Self-Assessment에서 높은 난이도를 선택할수록 돌발 문제가 시험에 나올 확률이 높다.

> 당신이 주로 어디에서 쇼핑하기 좋아하는지 이야기해 주세요. 언제 그곳에 가고 누구와 함께 가나요? 당신은 주로 무엇을 사나요?

(4) 롤플레이

롤플레이는 특정 상황이 주어지고 연기를 해야 하는 문항이다. 설문 주제 또는 돌발 주제와 관련한 문항들이 출제된다. 롤플레이에는 크게 4가지 유형(면접관에게 질문하기, 주어진 상황에서 직접 질문하기, 주어진 상황에서 전화로 질문하기, 상황 설명하고 대안 제시하기)의 문제로 구성된다.

> 미안하지만 당신이 해결해야 할 문제가 있습니다. 당신은 환불할 수 없는 비행기 표를 예매했습니다. 하지만 그때 당신이 여행을 가지 못할 일이 생겼습니다. 여행사에 전화해서 상황을 설명하고 문제를 해결하기 위한 2~3개의 대안을 제시하십시오.

1.3. 평가 등급

앞서 밝힌 바와 같이 OPI는 시험 결과로 10등급의 모든 등급을 받을 수 있는 반면에

OPIc는 상위 3개 등급인 Superior, Advanced High(AH), Advanced Mid(AM)는 받을 수 없다. 평가 등급별 능력은 다음과 같다.

[표 8] OPIc 등급 기준표(ACTFL Proficiency Guidelines Speaking 2012)

등급		등급별 능력
Superior		일반적인 언어 구사에 정확성과 유창함을 보이며, 다양한 주제의 대화에 장시간 일관적, 효과적으로 참여가 가능하다. 특수 분야에 대한 논의 및 복잡한 문제에 대한 구체적 설명을 함에 있어, 논리적인 주장과 대안을 제시하며 이를 뒷받침 하는 가설을 구조화하고 발전시킬 수 있다. 추상적인 대상을 표현함에도 논리적 일치성을 유지하며 설명할 수 있다. 소리의 높낮이, 강세, 억양 등 음성 요소들을 적절히 사용해 다양한 상호 작용적 대화 전략을 구사한다.
Advanced	High(AH)	시제를 정확히 구사하며 일관되고, 완전한 서술이 가능하다. 가설을 세워 논리적인 설명을 통해 본인의 의사를 피력할 수 있다. 추상적, 전문적인 영역의 주제에 대한 토론이 가능하며, 부족한 어휘는 다른 단어로 바꾸어 말하거나 예를 들어 설명하는 등의 대화 전략을 자신 있게 구사함으로써 보완한다.
	Mid(AM)	개인적인 주제의 대화를 적극적으로 수행할 수 있으며, 공적인 주제를 다룰 수 있다. 모든 시제를 사용함에 어려움이 없고 문단 단위의 대화가 가능하다. 논리적인 서술과 묘사 또한 문단 단위로 표현 가능하며, 일반적이지만 광범위한 어휘를 사용한다. 메시지를 잘못 전달하거나, 혼동하지 않는다.
	Low(AL)	사건을 서술할 때 일관적으로 동사 시제를 관리하고, 사람과 사물을 묘사할 때 다양한 형용사를 사용한다. 적절한 위치에서 접속사를 사용하기 때문에 문장 간의 결속력도 높고 문단의 구조를 능숙하게 구성할 수 있다. 익숙하지 않은 복잡한 상황에서도 문제를 설명하고 해결할 수 있는 수준의 능숙도다.
Intermediate	High(IH)	개인에게 익숙하지 않거나 예측하지 못한 복잡한 상황을 만날 때, 대부분의 상황에서 사건을 설명하고 문제를 효과적으로 해결하곤 한다. 발화량이 많고, 다양한 어휘를 사용한다.
	Mid(IM)[80]	일상적인 소재뿐 아니라 개인적으로 익숙한 상황에서는 문장을 나열하며 자연스럽게 말할 수 있다. 다양한 문장 형식이나 어휘를 실험적으로 사용하려고 하며, 상대방이 조금만 배려해 주면 오랜 시간 대화가 가능하다.
	Low(IL)	일상적인 소재에서는 문장으로 말할 수 있다. 대화에 참여하고 선호하

		는 소재에서는 자신감을 가지고 말할 수 있다.
Novice	High(NH)	일상적인 대부분의 소재에 대해서 문장으로 말할 수 있다. 개인 정보에 대해 질문을 하고 응답을 할 수 있다.
	Mid(NM)	이미 암기한 단어나 문장으로 말하기를 할 수 있다.
	Low(NL)	제한적인 수준이지만 영어 단어를 나열하며 말할 수 있다.

Novice 단계는 영어 단어 수준에서 일상적인 소재에 대해 말할 수 있는 수준이다. Intermediate는 일상적인 소재부터 개인에게 익숙하지 않거나 예측하지 못한 복잡한 상황에 대해서 대부분을 발화할 수 있는 숙달도이다. 한편 Advanced는 문장 간의 결속력을 고려하여 문단 수준으로 발화할 수 있으며 Advanced High(AH)의 경우에는 추상적, 전문적인 영역의 주제에 대해서도 말할 수 있다. 또한 전략적인 능력을 발휘하여 부족한 부분을 해결하려고 노력한다. Superior은 소리의 높낮이, 강세, 억양 등 운율적 요소까지 고려하며 특수한 분야, 추상적인 내용에 대해서도 구체적으로 표현할 수 있는 단계이다.

2. TOEIC Speaking[81]

2.1. 소개

TOEIC Speaking은 TOEIC 시험(듣기, 읽기)을 개발한 ETS(Educational Testing Service)에서 고안한 말하기 시험이다. 기존의 TOEIC 시험은 '듣기 평가'와 '읽기 평가'를 통해서 간접적으로 '말하기 능력'과 '쓰기 능력'을 평가하였다. 하지만 영어의 사용 범위가 직장이나 일상생활에서 점차 확대되어 '말하기 능력'과 '쓰기 능력'을 직접적으로 측정할 필요성이 증대되었다. 이에 영어 '말하기 능력'과 '쓰기 능력'을 평가하는 가장 좋은 방법은 각각의

---

80   Intermediate Mid는 Mid < Mid2 < Mid3로 세분화하여 제공한다.

81   TOEIC Speaking 누리집(https://exam.ybmnet.co.kr/toeicswt) 참고.

능력을 직접적으로 측정하는 것이라는 관점에서 TOEIC Speaking을 개발하였다.

TOEIC Speaking은 CBT(Computer Based Test) 방식으로 실시되어 응시자들은 컴퓨터에 음성을 녹음하면서 시험을 치른다.

2.2. 평가 체계

2.2.1. 평가 범주

TOEIC Speaking은 문항별 평가 기준을 다음과 같이 설정한다.

구분	평가 기준
문항 1~2	발음, 억양과 강세
문항 3	(위 항목들 포함) 문법, 어휘, 결속력[82]
문항 4~6	(위 항목들 포함) 내용의 일관성, 내용의 완성도
문항 7~11	위 모든 항목

위의 표에서 알 수 있듯이 TOEIC Speaking에서는 발음, 억양과 강세, 문법, 어휘, 일관성, 내용의 일관성, 내용의 완성도 등을 평가 범주로 설정한다. 전반부의 문항보다 후반부의 문항이 고차원적인 언어 능력을 요구하도록 문항이 구성되어 있다.

2.2.2. 평가 문항 유형[83]

시험은 총 11문항으로 약 20분 동안 응시한다. 평가 문항의 구성은 다음과 같다.

---

82 TOEIC Speaking 누리집에서는 이를 '일관성'으로 번역해 두었다. 원문에서 Cohesion이라는 용어를 사용하는데 본고에서는 '결속력'이라는 용어가 적당하다고 생각하여 이로 기술하였다.

83 TOEIC Speaking 누리집의 실제 문제를 참고했다. 공식 누리집에는 5개의 실제 문제가 공개되어 있는데 이 중 첫 번째 문제다.

구분	문항 유형	문항 수	시간[84]
문항 1~2	Read a text aloud (문장 읽기)	2	45초 / 45초
문항 3	Describe a picture (사진 묘사)	1	45초 / 45초
문항 4~6	Respond to questions (듣고 질문에 답하기)	3	문항 당 3초/ 15초~30초[85]
문항 7~9	Respond to questions using information provided (제공된 정보를 사용하여 질문에 답하기)	3	문항 당 3초(지문 읽는 시간 : 45초) / 15초~30초
문항 10	Propose a solution (해결책 제안하기)	1	45초 / 60초
문항 11	Express an opinion (의견 제시하기)	1	30초 / 60초

(1) 문항 1~2 : Read a text aloud(문장 읽기)

[지시]

이 파트에서는 화면의 텍스트를 소리 내어 읽습니다. 45초 동안 준비합니다. 그리고 45초 동안 텍스트를 소리 내어 읽을 겁니다.

[문제]

이제 당신 지역의 일기예보를 할 시간입니다. 내일은 매우 화창하고 따뜻하며 산들바람이 불 겁니다. 하지만 주말이 지나면 날씨가 흐려져 훨씬 추워질 겁니다. 날씨가 따뜻한 동안 아름다운 날씨를 즐기고 모든 야외 활동을 계획하십시오.

[문제]

과학 기술과 의학 서적에서 가장 훌륭한 책들의 본고장인 Scientific Pages에 전화해 주셔서 감사합니다. 현재 이 서점은 문을 닫았습니다. 시간, 위치 또는 현재 프로모션에 대한 정보를 확인하려면 "1번"을 누르십시오. 기타 문의 사항은 메시지를 남겨주십시오. 우리의 책 전문가 중 한 명이 가능한 한 빨리 당신의 전화를 받을 겁니다.

---

84   시간은 답변 준비 시간 / 답변 시간이다.

85   4, 5번 문항은 15초, 6번 문항은 30초 동안 답변한다.

(2) 문항 3 : Describe a picture (사진 묘사)

> **[지시]**
>
> 이 파트에서는 화면에 있는 그림을 가능한 한 자세히 묘사할 겁니다. 45초 동안 답변을 준비합니다. 그리고 45초 동안 사진에 대해 말합니다.
>
>

(3) 문항 4~6 : Respond to questions (듣고 질문에 답하기)

> **[지시]**
>
> 이 파트에서는 세 가지 질문에 답합니다. 각각의 질문을 듣고 3초 동안 준비할 수 있습니다. 4번 문항과 5번 문항은 15초 동안 대답하고 6번 문항에 30초 동안 대답합니다. 친구가 당신의 이웃으로 이사를 온다고 상상하십시오. 당신이 사는 곳에 대해 전화 통화를 합니다.
>
> **[문제]**
>
> 동네에서 가장 좋아하는 식당은 어디고 마지막으로 언제 갔습니까?
>
> **[문제]**
>
> 이 지역이 쇼핑하기 좋은 곳이라고 생각합니까? 왜 그렇습니까? 아니면 왜 아닙니까?
>
> **[문제]**
>
> 이번 주말에 다른 동네 친구들이 방문하는데 그들은 지역에서 인기 있는 명소를 찾고 싶어 합니다. 친구들을 데려가기에 가장 좋은 장소는 어디고, 그 이유는 무엇입니까?

(4) 문항 7~9 : Respond to questions using information provided (제공된 정보를 사용하여 질문에 답하기)

[지시]

이 파트에서는 제공된 정보를 바탕으로 질문 3개에 답합니다. 질문이 시작되기 전에 정보를 읽는 데에 45초가 주어집니다. 각각의 질문을 듣고 3초 동안 준비합니다. 문항 7번과 8번은 15초 동안 대답하고 문항 9번은 30초 동안 대답합니다.[86]

안녕하세요. Peterson 렌터카의 매니저 로이입니다. 다음 직원 회의 일정을 짜고 있는 것으로 알고 있어서 몇 가지 물어보고 싶습니다.

[문제]

회의 날짜는 언제고, 몇 시부터 시작할 예정입니까?

[문제]

Dave가 우리의 온라인 입지 확대에 대해 말해줬으면 좋겠습니다. 이번 회의에서 우리가 그것을 끼워 맞출 수 있는 방법이 있을까요?

[문제]

고객들을 위한 새로운 혜택에 대한 프레젠테이션에 대해 자세히 설명해 주시겠습니까?

(5) 문항 10 : Propose a solution (해결책 제안하기)

[지시]

이 파트에서는 문제를 제시하고 해결책을 제안하도록 요청받습니다. 45초 동안 준비할 겁니다. 그리고 60초 동안 말합니다.

대답에 다음의 것을 반드시 대답하십시오.

문제를 인식한다는 것을 보여주고 그 문제에 대처하는 방법을 제안하십시오.

[문제]

안녕하세요 Better 세탁소의 주인 Jonathan입니다. 당신이 매니저이므로 우리 고객들에게 더 효율적으로 서비스하는 것에 대한 조언이 필요합니다. 당신도 알다시피 근처에 큰 사무실 건물이 막 지어져서 새로운 손님이 많습니다. 대부분 출근 전이나 퇴근 후에 옷을 가지러 들어오거나 보관함에 들릅니다. 그 기간 동안 프런트에 근무하는 직원이 두 명뿐이라 사람들이 줄을 길게 서서 기다려야 합니다. 사람들이 너무 오래 기다리는 것 때문에 고객을 잃고 싶지 않습니다. 그런데 더 많은 직원을 고용하는 것은 도움이 되지 않을 겁니다. 왜냐하면 사람들이 몰려드는 것은 이른 아침과 늦은 오후뿐이기 때문입니다. 우리 가게의 손님이 몰리는 것을 더 효율적으로 관리할 수 있는 방법에 대한 아이디어를 다시 전화로 알려 주십시오. Jonathan이었습니다.

86　실제 시험에서는 위의 정보만 제시되고, 아래의 지문과 문제는 음성으로만 제공된다.

(6) 문항 11 : Express an opinion (의견 제시하기)

> **[지시]**
>
> 이 파트에서는 특정한 주제에 대해 당신의 의견을 말합니다. 허용된 시간 내에 할 수 있는 한 많이 말하십시오. 30초 동안 준비합니다. 그리고 60초 동안 말을 합니다.
>
> **[문제]**
>
> 당신은 다음 진술에 동의하십니까? 아니면 동의하지 않으십니까?
> 가장 유명한 음악가들이 가장 뛰어난 재능이 있다.
> 당신의 의견을 뒷받침할 이유나 예를 드십시오.

2.3. 평가 등급

채점 결과는 0~200점과 1~8단계의 등급으로 구성된다. 이때 점수는 10점 단위로 표시된다. 등급별 능력은 다음과 같이 정리가 가능하다.

[표 9] TOEIC Speaking 등급별 말하기 능력

등급	등급별 능력
Level 1 (0~30)	• 시험에서 상당 부분을 답하지 않은 채 남겨 둔다. • 시험 방향이나 시험 문제의 내용을 이해하는 데 필요한 듣기 또는 능력을 갖추지 못할 수 있다.
Level 2 (40~50)	• 일반적으로 의견을 진술하거나 지지하지 못한다. 복잡한 문제나 관련이 없는 응답을 한다. • 질문에 대답하고 기본적인 정보를 제공하는 것과 같은 일상적인 사회적 및 직업적 상호작용에서 이해하기 어렵다. • 큰 소리로 읽을 때, 수험자들은 이해하기 어려울 수 있다.
Level 3 (60~70)	• 일반적으로 다소 어렵게 의견을 진술할 수 있지만 그 의견을 지지할 수는 없다. • 복잡한 질문에 대한 상당히 제한적으로 답변한다. • 대부분 질문에 답하지 못하고 기본적인 정보를 주지 못하는 경우가 많다. • 일반적으로 간단한 서술문을 만드는 데에 어휘나 문법이 부족하다. • 소리 내어 읽을 때 3급 응시자들은 이해하기 어려울 수 있다.

Level 4 (80~100)	• 일반적으로 복잡한 요청에 대해 설명하거나 응답하려고 할 때 성공하지 못한다. • 대답은 한 문장 또는 문장의 일부분으로 제한될 수 있다. • 다른 문제는 다음과 같은 것들이 있다. : 매우 제한적인 언어 사용, 청중에 대한 인식이 최소한이거나 없음, 발음, 강세, 억양에서의 일관된 어려움, 긴 휴지 시간과 잦은 주저함, 매우 제한된 어휘 • 대부분은 질문에 답하거나 기본적인 정보를 줄 수 없다. • 큰 소리로 읽을 때 4급의 수험자들은 이해력이 다양하다. • 그러나 4급 수험자들은 언어를 창조할 때 보통 발음, 억양, 강세에 문제가 생긴다.
Level 5 (110~120)	• 일반적으로 복잡한 문제에 대한 의견 표현이나 응답에 한계가 있다. • 대답에는 다음과 같은 문제가 포함된다. : 부정확하거나 모호하거나 반복적인 언어, 청중에 대한 인식이 최소한이거나 없음, 긴 휴지와 잦은 주저함, 생각과 생각 표현 간의 제한적인 연결, 제한적인 어휘 • 대부분 질문에 답하고 기본적인 정보를 줄 수 있다. • 하지만 때때로 그들의 대답은 이해하거나 해석하기 어렵다. • 큰 소리로 읽을 때, 5급의 수험자들은 일반적으로 이해할 수 있다. 그러나 언어를 만들 때 발음, 억양, 강세는 일관성이 없을 수 있다.
Level 6 (130~150)	• 일반적으로 복잡한 문제에 대한 의견 표현이나 답변을 요구 받으면 관련 대답을 할 수 있다. • 하지만 적어도 일부 시간 동안 그 의견의 이유 또는 설명은 청자에게 명확하지 않다. 이는 다음과 같은 이유 때문일 수 있다. : 언어를 만들어야 할 때 발음이나 불분명한 발음이나 부적절한 억양 또는 강세, 문법에서의 실수, 한정된 범위의 어휘 • 대부분 질문에 답하고 기본적인 정보를 줄 수 있다. • 그러나 때때로 그들의 반응은 이해하거나 해석하기 어렵다. • 소리 내어 읽을 때 이해할 수 있다.
Level 7 (160~180)	• 일반적으로 일반적인 직장에 적합한 담화를 지속적으로 유지할 수 있다. • 의견을 표현하거나 복잡한 문제에 대해 효과적으로 표현할 수 있다. • 확장된 대답에서 다음과 같은 약점 중 일부가 발생할 수 있지만 메시지를 방해하지는 않는다. : 언어를 만들 때 발음, 억양 또는 주저함에서 조금의 어려움을 겪음, 복잡한 문법 구조를 사용할 때의 일부 오류, 부정확한 일부 어휘 • 또한 질문에 대답하거나 기본적인 정보를 줄 수 있다. • 큰 소리로 읽을 때 매우 이해를 잘 한다.
Level 8 (190~200)	• 일반적으로 일반적인 직장에 적합한 담화를 지속적으로 만들 수 있다. • 의견을 표현하거나 복잡한 문제에 응할 때, 그들의 말하기는 매우 이해하기 쉽다. • 기본적이고 복잡한 문법 사용이 좋으며 어휘 사용은 정확하다. • 질문에 대답하고 기본적인 정보를 줄 수 있다. • 그들의 발음, 억양, 강세는 언제나 매우 이해하기 쉽다.

1. HSKK[87]

1.1. 소개

HSKK는 HSK 한국사무국이 시행하고 중국국가한판이 주관하며 주한중국대사관 교육처가 후원하는 중국어 말하기 시험이다. HSKK는 중국어가 모국어가 아닌 사람의 중국어 능력을 평가하기 위해 만들어진 중국 정부 유일의 국제 중국어 능력 표준화 시험으로 생활·학습·업무 등 실생활에서의 중국어 사용 능력을 중점적으로 평가한다. HSKK는 컴퓨터 방식으로 시행되며 중국교육부령에 의거해서 중국국가한판에서 출제·채점 및 성적표(成绩报告) 발급을 책임진다.

1.2. 평가 문항 유형

(1) 초급

HSKK 초급 시험은 매주 2~3시간씩 1~2학기 정도 중국어를 학습하고, 약 200개의 상용 어휘와 관련 어법 지식을 학습한 학생을 대상으로 한다. 초급에 합격한 응시자는 중국어로 익숙한 일상생활의 화제에 대해 듣고 이해할 수 있으며, 기본적인 일상 회화를 할 수 있다.

총 시험 시간은 준비 시간 7분을 포함하여 약 20분 동안 진행된다. 시험은 100점 만점으로 총점이 60점 이상이면 합격이다.

---

87   HSKK 누리집(https://new.hsk.or.kr) 참고.

평가 문항 내용		문항 수	시험 시간
시험 진행에 앞서 응시자 정보(이름, 국적, 수험 번호 등)에 대한 질의응답이 이루어짐			
제1부분	듣고 다시 말하기	15문항	6분
제2부분	듣고 대답하기	10문항	4분
제3부분	질문에 대답하기	2문항	3분
총계		27문항	약 13분

① 제1부분 : 듣고 다시 말하기

> 제1부분은 총 15문항이다. 모든 문제에서는 하나의 문장을 들려준다. 응시자는 듣고 반복하여 말한다.
>
> <예시>
> 우리 딸은 10살이다. (7초)

② 제2부분 : 듣고 대답하기

> 제2부분은 총 10문항이다. 모든 문제에서는 하나의 문제를 들려준다. 응시자는 듣고 간단하게 대답한다.
>
> <예시>
> 16. 당신은 학생입니까? (10초)

③ 제3부분 : 질문에 대답하기

> 제3부분은 총 2문항이다. 시험지에 제시되는 2개의 문제(병음 기재)를 읽고, 응시자는 질문에 적어도 5문장 이상으로 대답한다.
>
> <예시>
> 26. 당신의 좋은 친구 한 명을 소개해 주세요. (1.5분)

(2) 중급

HSKK 중급 시험은 매주 2~3시간씩 1~2년 동안 중국어를 학습하고, 약 900개의 상용 어휘를 익힌 응시자를 대상으로 한다. 중급에 합격한 응시자는 원어민과의 교류에서 듣고 이해할 수 있으며 중국어로 비교적 유창하게 회화를 진행할 수 있다.

총 시험 시간은 준비 시간 10분을 포함하여 약 23분 동안 진행된다. 시험은 100점 만점으로 총점이 60점 이상이면 합격한다.

평가 문항 내용		문항 수	시험 시간
시험 진행에 앞서 응시자 정보(이름, 국적, 수험 번호 등)에 대한 질의응답이 이루어짐			
제1부분	듣고 따라 말하기	10문항	5분
제2부분	그림 보고 설명하기	2문항	4분
제3부분	질문에 대답하기	2문항	4분
총계		14문항	약 13분

① 제1부분 : 듣고 따라 말하기

> 제1부분은 총 10문항이다. 모든 문제에서는 하나의 문장을 들려준다. 응시자는 듣고 반복하여 말한다.
>
> <예시>
> 1. 나는 중국 역사를 좋아한다. (8초)

② 제2부분 : 그림 보고 설명하기

> 제2부분은, 총2문항이다. 모든 문제에서는 하나의 그림이 주어진다. 응시자는 해당 그림을 보고 설명한다.
>
> <예시>
> 11. (2분)

③ 제3부분 : 질문에 대답하기

제3부분은, 총2문항이다. 시험지에 제시된 2개의 문제(병음 기재)를 읽고, 응시자는 질문에 답한다.

<예시>
13. 주말에 당신은 보통 어떻게 지내나요? (2분)

(3) 고급

HSKK 고급 시험은 매주 2~3시간씩 2년 이상 중국어를 학습하고, 약 3,000개의 상용 어휘를 학습한 응시자를 대상으로 한다. 고급에 응시한 합격한 응시자는 중국어로 듣고 이해할 수 있으며, 유창하게 자신의 견해를 표현할 수 있다.

총 시험 시간은 준비 시간 10분을 포함하여 약 25분 동안 진행된다. 시험은 100점 만점으로 총점이 60점 이상이면 합격한다.

평가 문항 내용		문항 수	시험 시간
시험 진행에 앞서 응시자 정보(이름, 국적, 수험 번호 등)에 대한 질의응답이 이루어짐			
제1부분	듣고 다시 말하기	3문항	8분
제2부분	낭독	1문항	2분
제3부분	질문에 대답하기	2문항	5분
총계		6문항	약 15분

① 제1부분 : 듣고 다시 말하기

제1부분은 총3문항이다. 모든 문제에서는 한 단락의 내용을 들려준다. 응시자는 듣고 반복하여 말한다.

<예시>

1. 유 선생과 아들은 기차역에 갔는데, 들어간 후 차가 떠난 지 5분밖에 안 되었다. 그들이 달리기 시작하자, 유 선생은 매우 빨리 달려서 먼저 기차에 올랐다. 그는 아들이 아직 차 아래에 있는 것을 보고 차에서 내리려고 한다. 종업원이 말했다 : "선생, 내릴 수 없습니다. 차가 곧 출발하기 때문에 늦습니다." 유 씨는 조급하게 말했다 : "안 됩니다. 차에 탈 사람은 내 아들이고 난 그를 배웅하러 온 겁니다." (2분)

② 제2부분 : 낭독

제2부분은 총1문항이다. 시험지에 제시된 한 단락의 글을 낭독한다.

<예시>

4. 웃음은 삶에 대한 하나의 태도로서, 빈부, 지위, 처지와 필연적인 연관이 없다. 한 부자는 하루 종일 근심 걱정만 할 수 있지만 한 가난한 사람은 기분이 상쾌할 수도 있다. 마음 속의 햇빛을 가진 사람만이 현실의 햇빛을 느낄 수 있다. 자기 자신까지 괴로운 얼굴을 하고 있다면 어떻게 삶이 아름다울 수 있는가? 삶은 언제나 하나의 거울이다. 우리가 울 때 삶도 울고 우리가 웃을 때 삶도 웃고 있다. 웃음은 타인에 대한 존중인 동시에 삶에 대한 존중이다. 미소는 '보답'이 있고 인간관계는 물리학적으로 말하는 힘의 균형처럼 당신이 다른 사람에게 어떻게 대하느냐에 따라 다른 사람도 당신을 대한다. 당신이 다른 사람에게 미소를 더 많이 보낼수록, 다른 사람이 당신에게 더 많이 미소 짓는다. 미소는 친구 사이의 가장 좋은 언어이며, 자연스럽고 무의식적인 것이다. 미소는 천 마디 말보다 낫다. 처음 만나든, 익숙한 만남이든 간에 미소는 사람과 사람 사이의 거리를 더욱 가깝게 하여 서로를 따뜻하게 한다. (2분)

③ 제3부분 : 질문에 대답하기

> 제3부분은, 총2문항이다. 시험지 상에 제시된 2개 문제를 읽고, 응시자는 질문에
> 대답한다.
>
> <예시>
> 5. 당신이 생각하는 이상적인 생활 상태에 대해서 말씀해 주세요. (2.5분)

(4) 평가 등급

초급 단계는 일상생활에서의 중국어를 사용할 수 있다면 중급 단계는 비교적 유창하
게 중국어를 말할 수 있고 중국인과의 교류가 가능하다. 고급 단계는 중국어로 유창하게
자신의 생각을 표현하고 중국어로 듣고 이해할 수 있다. 이에 HSKK 등급별 말하기 능력
을 구체적으로 제시하면 다음과 같다.

[표 10] HSKK 등급별 말하기 능력

HSKK 등급	HSK 등급[88]	등급별 능력
고급	6급	중국어로 듣고 이해할 수 있으며, 유창하게 자신의 견해를 표현할 수 있다.
	5급	
중급	4급	중국인과의 교류에서 듣고 이해할 수 있으며, 중국어로 비교적 유창하게 회화를 진행할 수 있다.
	3급	
초급	2급	중국어로 익숙한 일상생활의 화제에 대해 듣고 이해할 수 있으며, 기본적인 일상생활을 진행할 수 있다.
	1급	

---

88 HSK는 듣기, 독해, 쓰기 시험으로 컴퓨터 방식의 IBT와 지필 방식의 PBT(Paper Based Test)가
있다.

2. BCT[89]

2.1. 소개

BCT는 Business Chinese Test의 줄임말로 중국어를 모국어로 사용하지 않는 사람을 대상으로 하며, 비즈니스 활동에 종사하는 데 있어 갖추어야 할 중국어 실력을 측정하는 표준화된 시험이다. 그러나 비즈니스 활동뿐 아니라 일상생활이나 사회 활동 중 요구되는 중국어를 활용한 교제 능력을 전반적으로 측정할 수 있기 때문에 비즈니스 전문 지식 시험이 아닌 중국어 활용 능력 시험에 가깝다고 할 수 있다.

新BCT Speaking은 컴퓨터 기반으로 진행 및 녹음 절차를 구성하여 응시하기 편리하고 사전 배경조사 단계를 통하여 해당 응시자 맞춤형의 실용적인 문제가 출제된다. 또한 문항을 유형별로 다양화하여 응시자의 어학 능력을 보다 객관적으로 평가할 수 있으며 난이도가 낮은 문제부터 시작하는 방식으로, 응시자가 문제를 푸는 동안 점차적으로 문제의 흐름에 적응할 수 있도록 구성했다는 특징이 있다.

2.2. 평가 체계

2.2.1. 평가 범주

BCT는 직업 목적 종사자를 목표로 개발된 시험으로 평가 범주에도 직업 목적의 내용이 포함된다. 또한 비즈니스 활동과 관련된 평가 내용만 출제되는 것이 아니라 일상생활과 관련된 평가 내용들도 구성되어 있다.

비즈니스 활동과 관련된 평가 내용에는 개인 업무 정보, 회사 정보, 회사 제품 정보, 업무 상황 설명, 업무와 관련된 화제, 프로젝트 정보, 업무 시행 설명, 보고 등이 포함된다. 이에는 개인적인 미래 직무에 대한 목표 및 계획, 직책 및 업무 범위, 취직하는 회사,

---

89   BCT 누리집(https://www.bctkorea.co.kr) 참고.

직위, 연락 방법, 회사 비전에 대한 견해 등을 다룬다.

일상생활과 관련된 평가 내용에는 개인 정보, 길 설명, 일상생활 상황 설명, 개인적인 상황 설명, 타인 정보, 일반 화제 등이 포함된다. 간단한 자기소개, 길이나 버스 노선, 장소 위치 설명, 일상생활 계획, 보편적으로 흥미 있는 화제에 대해 자신의 관점을 설명하는 것 등이 출제된다.

2.2.2. 평가 문항 유형

新BCT Speaking은 다음과 같이 구성되어 있으며 모든 문항의 방송은 1회씩만 진행한다.

구분	평가 문항 유형	문항 수	시간[90]
1	스피드 답안 작성	4	5초/10초/3분
2	간단하게 답하기	4	5초/20초/3분
3	시뮬레이션	3	20초/60초/5분
4	의견 서술	3	20초/70초/6분
5	그림보고 말하기	1	50초/2분/3분
총계		15개	약 20분

① PART 1. 그림을 보고 간단하게 답하기

해당 유형은 총 4문항으로 각 문제마다 그림이 제시되며, 그림을 참고하여 대답한다. 80점 만점으로 구성된다.

---

90   시간은 답변 준비 시간 / 답변 시간 / 해당 파트의 총 시험 시간이다.

[예시]

방송 : 그녀는 지금 어떤 운동을 하고 있습니까?

대답 : 1. 배드민턴을 치고 있습니다.

2. 그녀는 지금 배드민턴을 치고 있습니다.

② PART 2. 질문에 간단하게 답하기

해당 유형은 총 4문항으로 각 문제의 요구 사항에 대답하며 100점 만점으로 채점된다.

[예시]

방송 : 실례지만 이 주변에 중국 은행이 있나요?

대답 : 1. 있습니다. 앞에 슈퍼마켓이 있는데 은행은 슈퍼마켓 맞은편에 있습니다.

2. 있습니다. 앞으로 300미터 가셔서 사거리에서 우회전 하시면 슈퍼마켓이
보일 겁니다. 슈퍼마켓 맞은편이 바로 은행입니다.

③ PART 3. 주어진 상황에 맞게 말하기(role-play)

각 문제마다 그림과 중국어로 상황에 대한 설명이 제시되며, 질문에 대답한다. 해당
부문의 만점은 120점이다.

[예시]

방송 : 귀사에서 신제품 발표회가 있다고 하던데 이 회장님께 초대 전화를 해 주세요
　　　　전화로 제품발표회 시간이랑 장소 등 정보를 전달해 주세요

④ PART 4. 의견 말하기

　해당 유형에서 각 문제는 배경 설명 및 요구 사항 또는 문제 제시로 응시자는 문제의
요구 사항에 따라 대답하며 120점 만점으로 채점한다.

[예시]

방송 : 회사에서 직원에게 직원 교육 훈련을 제공해야 한다고 생각하십니까? 왜
　　　　그렇게 생각하시죠?

⑤ PART 5. 그림을 보고 이야기 만들기

　해당 문제는 한 문제로 구성되어 있는데 배경 설명 및 요구 사항으로 문제지에 4개의
그림이 제시되며 응시자는 그림에 따라 대답한다. 80점 만점으로 채점이 이루어진다.

[예시]

방송 : 어제 당신과 회사 동료 왕리는 협력 건 협상으로 신강회사에 방문했었습니다.
　　　　오늘 당신의 상사가 업무 진전 상황을 보고하라고 합니다.

2.3. 평가 등급

BCT Speaking은 시험 점수에 따른 말하기 능력을 다음과 같이 설명하고 있다.

[표 11] BCT Speaking 등급별 말하기 능력

점수	말하기 능력
391 이상	• 개별적 발음 문제는 있으나 이해에 전혀 지장을 주지 않으며 어구 악센트와 경음을 명확하게 파악하여 구사할 수 있다. • 어휘량이 상당히 풍부하며 상용 비즈니스 어휘들을 적절하게 사용할 수 있으며 어구가 매끄럽다. • 표현이 매우 적절하고 논리성이 강하며, 체계적으로 연결하여 말할 수 있다. • 다양한 화제에 대해 참여하여 토론할 수 있다. • 공식적인 장소와 상황에서 연설할 수 있다. • 명확한 이유를 들어 설명할 수 있으며, 본인의 의사와 태도를 정확하게 전달할 수 있다. • 비즈니스 또는 전문 분야 화제에 대해 심도 깊은 토론이 가능하다. • 정확한 어휘를 사용하여 동료, 부하 직원, 상사에게 칭찬 및 권고, 제안을 할 수 있다.
291~390	• 개별적 발음 문제는 있으나 이해하는 데 지장은 없다. 어구 중 악센트와 경음을 대체로 파악한다. • 어휘량이 상당히 풍부하며 상용 비즈니스 단어를 적절하게 사용할 수 있다. • 커뮤니케이션 요구에 따라 자연스럽게 복잡한 문형을 사용할 수 있고 실수가 있어도 의미 전달에 영향을 주지 않는다. • 표현이 비교적 적합하고 논리적이며 연결성 있게 말할 수 있다. • 비즈니스와 일상생활에서 목적에 맞게 소개하고 설명할 수 있다. • 비즈니스와 일상생활 화제에 대해 본인의 의사를 명확하게 표현할 수 있다. • 본인이 흥미 있어 하는 화제에 대해서는 장소와 목적에 맞게 말할 수 있다.

	• 미래의 계획과 목표에 대해서 설명할 수 있다. • 개회사, 폐회사, 송년회 인사말 등 의식이나 집회에서 인사말을 할 수 있다.
191~290	• 약간의 발음 문제가 있으나 대체로 이해하는 데 지장이 없다. 어구 가운데 기본적인 경음과 악센트를 파악하고 있다. • 상당한 어휘량을 지니고 있으며 일부 상용되는 비즈니스 관련 단어를 사용할 수 있다. 잘못 사용하는 부분도 있으나 대체로 커뮤니케이션에 영향을 미치지는 않는다. • 대부분 유창하게 말하지만 복잡한 내용을 표현할 때는 조금 힘들어 하며, 부적절한 휴지가 있다. • 표현에 일관성이 있으며, 간단하지만 논리적으로 말할 수 있다. • 동료에게 본인의 업무와 진행 방법에 대해 설명할 수 있다. • 업무 중 발생하는 문제에 대해서 간단하게 토론이 가능하다. • 기본적인 개인의 의사와 요구에 대해 설명할 수 있다. • 익숙한 사물과 생활 중 발생할 수 있는 사건에 대해서 설명할 수 있다. • 비즈니스와 사회 활동에서 기본적인 커뮤니케이션이 가능하며, 개인의 의사를 발표할 수 있다.
91~190	• 발음 문제가 분명하게 드러나고 때로는 이해하는 데 지장을 준다. • 일정한 어휘량을 보유하고 있으나, 간혹 정확하게 사용하지 못하여 의미 전달이 불분명하다. • 일부 비교적 고정적이고 상용되는 구와 단문은 유창하게 구사하는 편이나, 자신이 문장을 만들어서 말할 때는 유창하지 않으며 적절하지 않은 휴지가 많은 편이다. • 회사 소개, 업무 범위, 주요 상품 소개 등 비즈니스 활동에서 간단하게 중국어로 교류가 가능하다. • 업무 스케줄, 회의 일정 등에 대해서 설명할 수 있다. • 간단한 비즈니스 화제와 일상 화제에 대해 본인의 의사를 전달할 수 있다. • 일상 회사 생활과 사회 활동에 대해 간단한 묘사가 가능하며 개인의 의사를 대략적으로 전달할 수 있다.
0~90	• 발음이 부정확하며 이해하기 힘든 부분도 많다. • 제한된 단어와 간단한 구조는 사용할 수 있으나 틀린 부분이 매우 많아 커뮤니케이션에 심각한 영향을 미칠 수 있다. • 말하는 데 있어 쉼이 매우 적절하지 못하며, 쉼의 시간이 길다. • 정확한 묘사나 설명은 힘들어나 본인이 아는 다른 표현과 비슷한 사물을 활용하여 설명할 수 있다. • 이름, 국적 등과 같이 간단한 소개를 할 수 있다. • 방향사를 사용하여 목적지와 위치를 설명할 수 있다. • 간단한 일정표와 생활 습관에 대해 설명할 수 있다. • 간단한 회사 정보와 업무, 연락 방법 등에 대해 설명할 수 있다.

1. DELF-DALF[91]

1.1. 소개

DELF-DALF는 프랑스 교육부로부터 발급되는 국제적으로 통용되고 평생 유지되는 프랑스어 공인 인증 자격증이다. DELF는 초급/중급자용이고 DALF는 고급자용이다. DELF-DALF는 외국어 교육에 있어서 절대적인 유럽 공용 외국어 등급표의 6단계(A1, A2, B1, B2, C1, C2)에 따라 응시자의 프랑스어 능력을 검증한다.[92]

DELF-DALF 일반은 일반 및 고등학생을 대상으로 하며 A1, A2, B1, B2, C1, C2로 등급이 분류된다. 델프 주니어는 중고등학생을 대상으로 진행되는데 A1, A2, B1, B2까지의 성적을 부여받는다. 델프 프림은 초등학생이 응시할 수 있으며 A1.1[93], A1, A2의 등급을 받을 수 있다.

DELF-DALF의 말하기 숙달도 평가는 고사실에서 감독관과 일대일로 시험이 진행된다.

1.2. 평가 문항 유형

DELF A1, A2, B1, B2, DALF C1은 25점 만점이며 최소 점수는 5점이다. DALF C2는 50점 만점이며 최소 점수는 10점이다. 또한 다른 등급과는 상이하게 DALF C2는 듣기

---

91   DELF-DALF 누리집(https://www.delf-dalf.co.kr/ko/) 참고.

92   유럽 공용 외국어 등급표는 외국어 학습 단계에 있어서 요구되는 공통적 요소들을 명백하게 알려 주며 서로 다른 언어에 대한 비교 평가를 가능하게 해 준다.

93   A1.1은 시작 단계로 약 40시간의 실용 학습이 이루어진 경우다.

시험과 말하기 시험이 연계되어 진행된다는 특징이 있다.

등급	시험 구성	시간
DELF A1	• 인터뷰 • 정보 교환 • 모의 대화	약 20분 (10분/문제 당 약 6분)[94]
DELF A2	• 인터뷰 • 독백 • 소통 연습	약 20분 (10분/약 7분)
DELF B1	• 인터뷰 • 소통 연습 • 주어진 글을 토대로 개인적 견해 표현	약 25분 (10분(세 번째 파트만 해당)/약 15분)
DELF B2	• 간단한 자료를 바탕으로 하여 개인적 관점을 개진·옹호하기	약 50분 (30분/약 20분)
DALF C1	• 여러 가지 자료를 읽고 내용 발표 후 면접관과 토론	약 1시간 30분 (1시간/문제 당 약 30분)
DALF C2	• 녹음 내용 요약(청취 횟수 : 2번) • 녹음 내용 속 문제 제기에 대해 논리적으로 개인적 견해 표명 • 면접관과 토론	약 2시간 (1시간/문제 당 약 30분) (청취 : 30분)

(1) DELF A1

① 인터뷰 : 1분

> 응시자 본인, 가족, 취향 또는 활동에 대한 평가자의 질문에 답하십시오 예를 들면 질문은 "이름이 어떻게 되십니까?", "국적이 어떻게 되십니까?" 등과 같습니다.

---

94 시간은 답변 준비 시간 / 답변 시간이다.

② 정보 교환 : 2분

> 응시자는 6장의 카드를 무작위로 뽑습니다.
> 응시자는 평가자를 알고 싶어 합니다. 당신은 카드에 쓰인 단어들을 사용하여 질문합니다.
> 반드시 단어를 사용하면 안 됩니다. 주제에 대해 질문할 수 있습니다.
> 예시 : '생일' 카드를 사용하면 "당신은 몇 살입니까?"라는 질문을 할 수 있습니다.

③ 모의 대화 : 2분

> 응시자는 두 가지 주제 중 하나를 뽑으십시오. 제안된 상황을 연기하십시오.
> 응시자는 응시자가 구입하거나 주문하고자 하는 제품의 가격에 대해 알 수 있습니다.
> 여러분은 돈을 지불하기 위해 동전과 지폐 사진을 가지고 있습니다. 인사하는 것을 잊지 마시고 공손한 어법을 사용할 수 있습니다.

(2) DELF A2

① 인터뷰 : 1분 30초

> 응시자는 자신을 소개합니다. 응시자는 응시자 본인, 친구, 공부, 취향 등에 대해 이야기합니다. 그런 다음 평가자는 추가 질문을 할 수 있습니다.

② 독백 : 2분

> 응시자는 두 가지 주제 중 하나를 뽑습니다. 응시자는 그 문제에 대해 의견을 말하십시오. 그런 다음 평가자는 추가 질문을 할 수 있습니다.

③ 소통 연습 : 3~4분

> 응시자는 두 가지 주제 중 하나를 뽑습니다. 응시자는 일상적인 상황을 해결하기 위해 평가자와 대화를 모의하고 있습니다. 여러분은 공손한 규칙들을 사용할 수 있습니다.

(3) DELF B1

① 인터뷰 : 1분 30초

> 응시자는 자신을 소개합니다. 응시자는 응시자 본인, 친구, 공부, 취향 등에 대해 이야기합니다. 그런 다음 평가자는 추가 질문을 할 수 있습니다.

② 독백 : 2분

> 응시자는 두 가지 주제 중 하나를 뽑습니다. 응시자는 그 문제에 대해 의견을 말하십시오. 그런 다음 평가자는 추가 질문을 할 수 있습니다.

③ 주어진 글을 토대로 개인적 견해 표현 : 3~4분

> 응시자는 운명에 따라 두 가지 주제를 구성합니다. 하나를 고르십시오. 응시자는 매일의 상황을 해결하기 위해 평가자와 대화를 모의하고 있습니다. 여러분은 공손한 규칙들을 사용할 수 있습니다.

(4) DELF B2

① 독백 : 5~7분

> **논쟁적인 입장에서의 변호**
>
> 응시자가 선택한 문서에 의해 문제를 풀고 의견을 제시합니다. 이 주제에 대해 명확하고 설득력 있게 설명합니다.

② 상호작용 연습 : 10~13분

> **토론**
>
> 응시자는 평가자와의 토론에서 의견을 옹호할 겁니다.

(5) DALF C1

① 발표 : 8~10분

> 제안된 문서를 바탕으로 제시된 주제에 대한 발표를 준비하여 평가자에게 제출합니다. 응시자의 발표는 이 문제에 대해 질서 정연하게 생각할 겁니다. 그것은 소개와 결론을 포함하고, 몇 가지 중요한 점을 강조할 겁니다. (최대 3~4개)
>
> 주의 : 문서는 당신의 발표에 대한 자료원입니다. 여러분은 이 기술을 이용하여 그 내용을 추론하고, 정보를 얻어내십시오. 그리고 예를 들어 여러분의 고유한 의견 아이디어를 제시하십시오. 어떠한 경우에도 응시자는 단지 문서 보고에만 국한되어서는 안 됩니다.
> 프랑스어/프랑스 단일 언어 사전 사용은 허용됩니다.

② 대화 : 15~20분

> 그 다음 평가자는 응시자에게 몇 가지 질문을 하고 응시자의 발표 내용에 대해 이야기를 나눌 겁니다.

(6) DALF C2

① 독백 : 5~10분

> **문서 표시**
>
> 응시자는 5분에서 10분 이내에 문서의 내용을 발표해야 합니다. 여러분은 청자가 듣기 쉽도록 논리적이고 효과적인 구조에 따라, 표현된 모든 정보와 관점을 포함하도록 주의해야 합니다.

② 독백 : 10분

> **논점**
>
> 선택 가능한 주제 : 평가자는 응시자가 참석한 라디오 방송의 기자로서 역할을 한다.
> 주제 예시: 시민으로서, 당신은 관계 변화에 관한 라디오 프로그램에 참여합니다. 여러분은 환자와 의사 관계가 진화하는 것이 불가피하다고 생각합니다. 재정적인 압박 때문입니다.
> 어떤 주제를 선택하든지 간에, 여러분은 10분 안에 아이디어와 예를 제시하여 여러분의 말을 뒷받침하고, 논리적이고 효과적인 구조를 통해 당신의 연설을 체계화하하십시오. 이는 중요한 점을 알아차리는 데 도움이 될 겁니다.

③ 연습 상호작용 : 10분

> **토론**
>
> 이 부분에서 응시자는 평가자와 토론할 겁니다. 당신은 방어하고 미묘한 차이를 고려하여 표현하고 당신의 입장을 분명히 해야 할 겁니다.
> 여러분은 대화 상대에게 반응해야 합니다.

1.3. 평가 등급

DELF-DALF의 등급별 능력 중 말하기 영역에 해당하는 내용은 다음과 같다.

[표 12] DELF-DALF의 등급별 말하기 능력

등급	등급별 능력
DELF A1	• 대화에 참여하기 : 상대방이 반복해 주거나 천천히 다시 말해 주고 내가 말하려는 것을 표현할 수 있도록 같이 도와주면 간단한 방식으로 의사소통을 할 수 있다. 익숙한 주제나 내가 당장 필요로 하는 것들에 관해서 간단한 질문을 하거나 질문에 대답할 수 있다. • 단순한 표현이나 문장들을 사용해 본인이 사는 곳이나 본인이 아는 사람들에 대한 이야기를 할 수 있다.
DELF A2	• 대화에 참여하기 : 간단하고 익숙한 업무와 관련해 단순하고 직접적 정보들을 교환하면서 친숙한 주제와 활동에 대해 의견을 교환할 수 있다. 대화를 계속 이어나갈 만큼 이해력이 충분하지는 않아도 간단한 의사교환은 할 수 있다. • 가족이나 다른 사람들, 생활 환경, 학업, 최근 또는 현재 직업 활동에 대해 서술하기 위한 일련의 문장이나 표현을 사용할 수 있다.
DELF B1	• 대화에 참여하기 : 불어권 지역을 여행하는 중에 만날 수 있는 대부분의 상황에 대처할 수 있다. 가족, 여가, 일, 여행, 시사 등 일상 생활이나 개인의 관심사, 친숙한 주제에 대해 준비 없이 대화에 참여할 수 있다. • 말 이어가기 : 개인 경험이나 사건, 꿈, 희망, 목표 등을 간단하게 표현할 수 있다. 개인 견해나 계획에 대한 이유와 설명도 간략하게 제공할 수 있다. 책이나 영화의 내용, 줄거리를 설명하고 이에 대한 개인 감상도 표현할 수 있다.
DELF B2	• 대화에 참여하기 : 프랑스어 원어민과 즉석에서 편안하게 대화를 나눌 수 있다. 친숙한 상황에서 대화에 능동적으로 참여할 수 있으며 개인 견해를 소개하고 개진할 수 있다. • 말 이어가기 : 관심사와 관련된 다양한 주제에 대하여 정확하고 자세하게 나의 주장을 펼칠 수 있다. 시사 문제에 대한 나의 관점을 전개해 나갈 수 있으며 다양한 관점의 장단점을 설명할 수 있다.
DALF C1	• 대화에 참여하기 : 큰 어려움 없이 적절한 표현을 찾으며 즉석에서 자연스럽게 본인의 주장을 펼칠 수 있다. 지인들 간의 대화나 업무상 관계에서 유연하고 효과적으로 언어를 사용할 수 있다. 본인의 생각과 견해를 명확하게 표현할 수 있으며 상대에 맞추어 발언을 할 수 있다. • 말 이어가기 : 관련된 주제를 연결시키며 복잡한 주제에 대한 명확하고 세부적인 기

	술을 할 수 있다. 그 과정에서 특정 부분을 확장하고 대화를 적절한 방법으로 마무리할 수 있다.
DALF C2	• 대화에 참여하기 : 어려움 없이 모든 종류의 대화와 토론에 참여할 수 있으며 관용어와 자주 쓰이는 어법에 익숙하다. 능숙하게 나의 생각을 전달할 수 있으며 미세한 뉘앙스도 명확하게 표현할 수 있다. 말이 꼬일 것 같아도 티가 나지 않고 능숙한 방식으로 이전에 하던 말로 되돌아가 다시 말할 수 있다. • 상황에 맞는 어투를 사용하며 명확하고 자연스러운 방식으로 기술이나 논거를 제시할 수 있으며 논리적인 방법으로 발표를 구성하여 청자가 요지를 쉽게 파악하고 기억할 수 있도록 도울 수 있다.

1. TestDaF[95]

1.1. 소개

TestDaF는 독일어 학습자들을 위한 독일어 능력 시험으로서, 독일 대학에서 학업을 하고자 하는 경우, 혹은 자신의 독일어 능력에 대한 공신력 있는 증명이 필요한 경우에 응시하는 시험이다. 시험은 모든 응시자들에게 동일한 과제가 주어지고, 채점 전문가들이 채점하여 등급을 부여한다.

TestDaF는 독일어 능력이 뛰어나거나 중급 이상의 단계에 이른 학습자들 중 자신의 독일어 수준에 대한 명확한 등급 측정을 원하는 경우, 독일 대학에서 학습하고자 하는 경우, 학업, 연구, 학문과 관련된 직업 등의 수행을 위하여 자신의 독일어 능력에 대한 국제적 공신력이 있는 증명이 필요한 경우에 응시가 가능하다. 따라서 독일어 학습을 막 시작한 초급 단계의 학습자 대상의 평가는 진행되지 않는다.

TestDaF는 학업에 필요한 중요한 언어 능력의 평가를 목표로 하는 시험으로 TestDaF에 제시되는 문맥과 과제는 모두 학문과 대학, 학업과 관련된 것들이다.

1.2. 평가 문항 유형[96]

TestDaF는 다양한 학과의 지원자들을 대상으로 하는 시험이기 때문에 제시되는 주제

---

95   TestDaF 누리집(https://www.testdaf.de/) 참고.

96   공식 누리집에는 모델 세트 2, 3이 탑재되어 있는데 모델 세트 2를 예시로 제시한다. 또한 TestDaF 문항 예시는 편의상 독일어를 생략하고 한국어로만 수록하였다.

와 과제가 모두 대학에서의 학업과 관련된 것이며 학업과 관련된 다양한 의사소통 상황에서 적합한 언어 행위를 수행할 수 있는가를 평가한다.

말하기와 관련된 '말로 표현하기' 영역은 약 30분 동안 7개의 말하기 과제가 주어진다. 시험의 목표는 정보 수집, 보고/설명, 그래픽에 포함된 정보 설명, 의견을 말하기 및 이유 제시, 찬반양론, 가설 개발 및 제시, 조언 및 이유 제시이다.

시험은 다양한 난이도의 일곱 개 과제로 구성되어 있으며, 대학 생활에서 흔히 접할 수 있는 다양한 유형의 언어 상황이 주어지고 각 상황에 적합한 구두 언어 행위로 반응할 것이 요구된다. 제시되는 상황들은 학생들 간의 대화에 참여하기, 세미나에서 그래픽 설명하기, 특정 주제와 관련하여 자신의 입장을 표명하거나 가설을 제시하기 등이다.

응시자는 카세트나 CD를 통해 과제를 들으면서 과제가 인쇄된 시험지를 따라 읽는다. 응시자 개개인의 대답은 테이프나 CD에 녹음된다.

① 1번 (답변 준비 시간 30초, 답변 시간 30초)

> 독일 대학에서 공부하고 있으며 공부와 함께 언어 코스에서 독일어를 향상시키고 싶습니다. 따라서 대학의 언어 센터에 문의하십시오.
> 상상하십시오 왜 전화하는지 알려 주세요 언어 코스에 대한 자세한 내용을 문의하십시오.

② 2번 (답변 준비 시간 1분, 답변 시간 1분)

> 그녀의 대학 친구 마틴은 부모의 아파트에서 이사하고 싶어서 새 아파트를 찾고 있습니다. 그는 모국의 젊은이들이 부모와 함께 사는 기간을 묻습니다.
> 젊은이들이 모국에서 집을 떠나는 시기와 왜 그들이 부모님의 집을 떠나는지를 설명하십시오.

③ 3번 (답변 준비 시간 1분, 답변 시간 1분 30초)

> 신입생을 위한 튜토리얼에 참석하고 있습니다. 최근 몇 년간 학생 수에 대해 논의할
> 것입니다. 교사인 Susanne Gross는 "독일의 젊은 아카데 믹스" 주제에 대해 두 개의
> 그래픽을 배포했습니다. Gross 씨가 그래픽 설명을 요청합니다.
>
> 먼저 그래픽의 구조를 설명하십시오. 그런 다음 그래픽 정보를 요약하십시오.

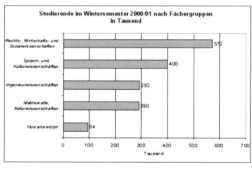

④ 4번 (답변 준비 시간 3분, 답변 시간 2분)

> 독일의 점점 더 많은 대학들이 미래에 자신의 기준에 따라 학생들을 선택하기를
> 원합니다. 최고의 지원자를 찾기 위해 시험 및 인터뷰를 소개하려고 합니다. 대학의
> 정보 세션에서 토론 리더인 Tiele 교수가 토론을 위해 이 프로젝트를 진행했습니다.
> 이 토론에 참여하고 발언하고 싶습니다. Tiele 교수가 당신의 의견을 묻습니다.
>
> 이 계획에 대한 의견, 이 계획의 장단점을 고려하십시오. 승인 또는 거부 사유를
> 제시하십시오.

⑤ 5번 (답변 준비 시간 2분, 답변 시간 1분 30초)

> 그녀의 친구 Steffen은 공부하는 동안 인턴십을 해야 합니다. Steffen은 부모 회사에서 인턴십을 할 수 있습니다. 또는 다른 회사에서 인턴십을 합니다. Steffen은 당신의 의견을 묻습니다.
>
> Steffen에게 당신이 하라고 조언한 것을 말하십시오 :
>
> 두 가지 옵션의 장단점을 측정하십시오. 당신의 의견에 대한 이유를 제시하십시오.

⑥ 6번 (답변 준비 시간 3분, 답변 시간 2분)

> 오늘 당신의 비즈니스 세미나는 독일에서의 고용 변화에 관한 것입니다. 강사, 박사 Maier는 사람들이 일하는 경제 부문을 보여주는 그래픽을 배포했습니다. 미스 박사 Maier는 이전 개발 및 향후 개발의 이유에 대한 의견을 제시하도록 요청합니다.
>
> 표시된 개발 이유를 제시하십시오. 앞으로 어떤 발전이 예상되는지 보여주십시오. 그래픽을 바탕으로 고려 사항을 정당화하십시오.

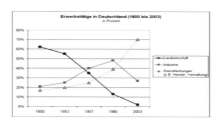

⑦ 7번 (답변 준비 시간 1분 30초, 답변 시간 1분 30초)

> 그녀의 학생 친구인 올레는 항상 그의 강의에 대해 매우 긴장합니다. 그는 자신의 대학이 "자유롭게 말하는 것을 두려워하지 마십시오"라는 제목의 주말 세미나를 제공한다고 말합니다. 그러나 이 과정은 200 유로입니다. 올레는 이 세미나 참석 여부를 고려하여 의견을 묻습니다.
>
> 코스를 수강하는 것이 타당하다고 생각되면 올레에게 알려주십시오. 당신의 의견에 대한 이유를 제시하십시오.

1.3. 평가 등급

TestDaF 응시 후 평가 등급은 총 3단계로 구분되어 부여받는다. 다음의 표는 등급별 능력을 기술한 예시이다.

[표 13] TestDaF의 등급별 말하기 능력 예시

등급	등급별 능력
등급 5(TDN 5)	대학생활과 관련된 일상적인 상황(등록, 강의 신청 등)과, 학술 보편적인 맥락(사회 정치적 토론 등)에서 명확하고 다양한 표현을 구사하여 맥락에 적합하게 담화에 참여할 수 있다.
등급 4(TDN 4)	대학생활과 관련된 일상적인 상황(등록, 강의 신청 등)과, 학술 보편적인 맥락(사회 정치적 토론 등)에서 상당 부분 맥락에 적합하게 담화에 참여할 수 있다. 언어적인 결함이 있으나 의사소통에 장애가 되는 정도는 아니다.
등급 3(TDN 3)	의사소통의 흐름을 다소 방해하는 언어적인 결함은 있으나, 대학생활과 관련된 일상적인 상황(등록, 강의 신청 등)에서 담화에 참여할 수 있으며, 학술 보편적인 맥락(사회 정치적 토론 등)에서 부분적으로 담화에 참여할 수 있다.

TestDaF는 응시 결과에 대해 영역별 성적은 TestDaF-등급 5(TDN 5), TestDaF-등급 4(TDN 4), TestDaF-등급 3(TDN 3) 중 하나로 표기된다. TDN 4 이상을 취득하면 독일 대학 입학에 필요한 독일어 능력 요건이 충족되었다고 전제한다. 또한 TDN 5를 취득한 경우는 학업을 시작하는 단계에서 요구되는 수준 이상의 언어 능력을 가지고 있음을 의미한다.

더 생각해 보기

1. 앞서 살펴본 외국어 말하기 표준화 시험 중 응시해 본 숙달도 평가가 있는가? 시험 과정에서 어떠한 어려움이 있었는지 말해 보시오.

2. 앞서 살펴본 외국의 말하기 표준화 시험 중에는 IBT, CBT, 직접 평가(평가자와의 면대면 방식) 등으로 진행되고 있는 것을 확인하였다. 각 방식의 장점과 단점을 말해 보시오.

3. BCT는 직업 목적 학습자, TestDaF는 학문 목적 학습자를 대상으로 실시하는 말하기 평가이다. 직업 목적 학습자, 학문 목적 학습자 대상의 한국어 말하기 평가를 개발한다면 평가 내용에 어떤 것이 포함되어야 할지 논의해 보시오.

4. 외국의 말하기 표준화 시험을 살펴보면 두 가지 이상의 영역이 혼합된 '통합적 평가'가 이루어지고 있음을 알 수 있다. 이러한 방식의 장단점을 이야기하고 한국어 말하기 평가에의 적용 가능성에 대해 논하시오.

5. 어떤 언어권의 구술 시험에서는 사전 사용을 허용한다. 사전을 사용할 경우 수험생의 언어 능력을 제대로 측정할 수 있다고 생각하는가?

참고문헌

강승혜 외(2006), 한국어 평가론, 태학사.

강현화(2009), "최신 문법교수 이론의 경향과 한국어교육에의 적용", 문법교육, 11, 한국문법교육학회, 1-27.

고경민(2013), "스토리텔링을 활용한 한국어 말하기 교육 방안", 스토리앤이미지텔링, 5, 건국대학교 스토리앤이미지텔링연구소, 39-59.

고석주 외(2004), 한국어 학습자 말뭉치와 오류 분석, 한국문화사.

공혜림(2013), "시각적 요소를 고려한 텍스트성 재개념화 연구", 이화여자대학교 대학원, 석사학위논문.

곽지영 외(2015), 한국어 교수법의 실제, 연세대학교 대학출판문화원.

곽홍란(2010), "동화.동요를 활용한 한국어 말하기 교수-학습법 연구 - 다문화가정 어머니와 유아를 대상으로", 영남대학교 박사학위논문.

교육과학기술부(2011), 인재대국으로 가는 길 - 마트교육 추진 전략 실행 계획, 교육과학기술부.

구종남(2000), "담화표지 '뭐'의 문법화와 담화 기능", 국어문학, 35, 국어문학회, 5-32.

구현정(2001), "대화의 원리를 바탕으로 한 말하기 교육", 외국어로서의 한국어교육, 25(1), 연세대학교 한국어학당, 303-330.

구현정(2004), "공손법의 실현 양상, 담화와 인지", 11(3), 담화인지언어학회, 1-23.

구현정(2005), "말뭉치 바탕 구어 연구", 언어과학연구, 32, 언어과학회, 1-20.

구현정·전영옥(2005), 의사소통의 기법, 박이정.

구현정·전정미(2007), 화법의 이론과 실제, 박이정.

국립국어원(2010), 숫자로 살펴보는 우리말, 국립국어원.

국지수(2014), "한국어 학습용 애플리케이션 개발 연구 - 애플리케이션 현황 분석 및 학습 설문조사를 중심으로", 언어사실과 관점, 33, 연세대학교 언어정보연구원, 121-140.

권영현·나경희(2018), "초등 영어교실에서의 역할극 활용이 영어듣기와 말하기 능력에 미치는 효과성 분석", 초등영어교육, 24(4), 한국초등영어교육학회, 53-68.

권완영 외(2018), "발화 촉진을 위한 초등영어 과제중심 수업 모형 개발", 인문 사회, 21, 아시아문화학술원, 883-895.

권재일(2004), 구어 한국어의 의향법 실현방법, 서울대학교출판부.

권화숙(2018), "다문화 배경 학습자를 위한 중학교 생활 한국어 교육 방안 - 중급 학습자를 위한 교수·학습 모형을 중심으로", 영주어문, 39, 영주어문학회, 165-185.

김경훤 외(2016), 말하기 능력을 키우는 발표의 기술, 성균관대학교 출판부.

김록희(2013), "재외동포용 한국어 교재 분석 및 개선 방안 - 한글학교 한국어와 맞춤한국어를 대상으로", 공주대학교 석사학위논문.

김민애 외(2020), 말하기 활동 자료집, 한국문화사.

김상수(2009), "한국어 학습자 발화의 유창성 연구", 부산대학교 박사학위논문.

김선정(2007), "결혼 이주 여성을 위한 한국어 교육", 이중언어학, 33, 이중언어학회, 423-446.

김선정(2017), "재외동포용 한국어 교재 개발의 방향 - 영어권을 중심으로", 한국언어문화교육학회 학술대회, 2017(2), 한국언어문화교육학회, 141-147.

김선정 외(2010), 한국어 표현교육론, 형설출판사.

김선정·강현자(2012), "여성 결혼이민자의 한국어 의사소통 방식 연구 - 전략적 특성을 중심으로", 언어와 문화, 8(3), 한국언어문화교육학회, 1-20.

김수은(2016), "한국어 교육에서의 구어 연구 동향 분석과 제언", Journal of Korean Culture, 32, 한국어문학국제학술포럼, 31-66.

김수은·이선영(2017), "외국인 학부생 대상 전략 중심 토론 수업의 효과", 우리어문연구, 59, 우리어문학회, 321-349.

김영랑(2007), "외국인 유학생을 위한 대학 수학 목적의 발표 교육 방안 연구", 고려대학교 교육대학원 석사학위논문.

김영순 외(2011), "결혼이주여성의 자기문화 스토리텔링 활용 표현교육 사례 연구", 비교문화연구, 25, 경희대학교 비교문화연구소, 695~721.

김영주(2012), "제2언어 습득에서 과제의 정의와 기능 - 언어 교육에서 연구까지", 국제한국어교육학회 제38차 추계학술대회 발표집, 15-71.

김윤주(2019), "내용 중심 교수법에 기반한 다문화 배경 학생 대상 학습 한국어 교육프로그램개발 연구", 이중언어학, 74, 이중언어학회, 95-121.

김윤희(2005), "학문적 구두발표에서의 메타언어표현에 관한 연구 - 한국어 모어화자와 외국인 유학생의 비교를 중심으로", 이화여자대학교 국제대학원 석사학위논문.

김은혜(2011), "말하기 평가에 구현된 한국어 초급 학습자의 의사소통 전략 양상", 국어교육학연구,

40, 국어교육학회, 359-396.

김은혜(2020), "한국어 학습자 대상 모바일 메신저 기반 교정 피드백 연구", 연세대학교 박사학위
논문.

김정숙 외(2007), "표준 말하기 시험 측정 도구를 위한 기초 연구", 韓民族語文學, 51, 한민족어문학
회, 229-256.

김종숙(2017), "직업목적 한국어 교육과정 설계에 관한 연구 - 베트남 내 대학의 한국(어)학과를
중심으로", 충북대학교 일반대학원 박사학위논문.

김중섭(2011), "재외동포를 위한 한국어교육 연구의 현황과 과제", 이중언어학, 47, 이중언어학회,
627-657.

김지영(2014), "TTT 모형을 적용한 한국어 말하기 교재의 모듈 조직 방안", 어문논집, 72, 민족어문
학회, 251-276.

김지영(2014), "상호작용능력 신장을 위한 한국어 통합 교재의 말하기 활동 연구", 한국어 교육,
25(4), 국제한국어교육학회, 23-49.

김진석(2013), 담화분석과 영어교육, 한국문화사.

김진우(2002), 제2어 습득연구, 한국문화사.

김창복(1998), "동반자적 부모참여 교수법에 의한 활동중심학습이 유치원과 초등학교 1학년 아동
의 수학적 능력에 미치는 효과", 중앙대학교 대학원 박사학위논문.

김충실(2012), "교재분석을 통한 한국어 말하기 교재개발 연구", Journal of Korean Culture, 19,
한국어문학국제학술포럼, 61-80.

김태경·이필영(2007), "유창성 요인으로 본 말하기 능력", 한국언어문화, 34, 한국언어문화학회,
25-44.

김태엽(2000), "국어 담화표지의 유형과 담화표지되기", 우리말 글, 19, 우리말글학회, 1-23.

김한청(2016), "활동중심 언어교육 교수법이 초등학교 저학년 아동의 언어능력과 언어태도에 미치
는 효과", 명지대학교 일반대학원 박사학위논문.

김한청·김진욱(2015), "동화 활용 활동중심 글쓰기 프로그램이 초등학교 아동의 언어능력과 언어
태도에 미치는 효과", 한국초등국어교육, 57, 한국초등국어교육학회, 5-43.

김향란(2019), 중국 내 대학 한국어학 전공자를 위한 기본 교재 개발 연구, 상명대학교 대학원
박사학위논문.

김현강·손희연(2011), "외국인 유학생의 텍스트 기반 구두 발표 연구 - 문어 텍스트 재구성 양상을
중심으로", 이중언어학, 47, 이중언어학회, 23-48.

김현숙(2018), "내용중심 교수법을 활용한 초등영어교육의 효과 - 메타분석", 영어영문학, 23(1),
미래영어영문학회, 321-351.

김혜숙 외(2010), 국어교육의 통합성을 지향하는 매체언어교육의 이론과 실제, 동국대학교출판부.

노대규(1996), 국어의 구어와 문어의 특성, 매지논총, 6, 연세대학교.

노은희(1999), "대화 지도를 위한 반복 표현 기능 연구", 서울대학교 박사학위논문.

동연(2016), "중국 대학의 한국어과 교육과정 연구 - 직업 목적 교육과정을 중심으로", 단국대학교 대학원 박사학위논문.

목정수(2011), "한국어 구어 문법의 정립 - 구어와 문어의 통합 문법을 지향하며", 우리말연구, 28, 우리말학회, 57-98.

문금현(2001), "구어 중심의 한국어 교재 편찬 방안에 대하여", 국어교육, 105, 한국국어교육연구회, 233-262.

문금현 외(2017), 쉽게 풀어 쓴 한국어 말하기 교육론, 태학사.

문영인 외(1999), 영어과 교육론, 한국문화사.

민병곤 외(2016), "이주민의 한국어 의사소통 실태 분석 - 의사소통 어려움의 요인 및 경로 모형과 어려움 해소에 필요한 학습 기간을 중심으로", 국어교육학 연구, 51-3, 국어교육학회, 291-325.

박기선(2019), "한국어 교재 현황 및 개선 방안 연구 - 일본 지역의 한글학교를 중심으로", 인문학 연구, 58, 충남대학교 인문과학연구소, 123-145.

박덕유(2003), 화법·작문 교육론, 역락.

박덕유(2017), 이해하기 쉬운 문법교육론, 역락출판사.

박덕유(2019), 한국어학의 이해, 한국문화사.

박덕유 외(2018), 중국인 학습자 모어 특성에 따른 한국어교육 연구, 박문사.

박석준·남길임·서상규(2003), "대학생 구어 텍스트에서의 조사·어미의 분포와 사용 양상에 대한 연구", 텍스트언어학, 15, 한국텍스트언어학회, 139-167.

박석준·남길임·서상규(2005), 대학생 구어 말뭉치에서의 조사·어미의 분포와 사용 양상; 서상규·구현정(2005), 한국어 구어 연구 (2), 한국문화사.

박선옥(2009), "학문(學問) 목적(目的) 한국어(韓國語) 말하기 교재(教材) 분석(分析)을 통한 교재(教材) 개발(開發) 방향 연구", 어문연구, 37(3), 한국어문교육연구회, 381-409.

박영목·한철우·윤희원(2003), 국어교육학 원론, 박이정.

박영순 외(2010), 한국어와 한국어교육, 한국문화사.

박은민(2014), "한국어, 영어 말하기 교재 비교 연구 - 말하기 활동을 중심으로", 한국어와 문화, 15, 숙명여자대학교 한국어문화연구소, 165-205.

박해연(2014), 한국어 말하기 교수·학습에서의 상호작용 전략 연구, 한국문화사.

방성원(2013), "구어 문법과 한국어 교재", 국제한국어교육학회 춘계학술발표논문집, 2013, 국제한국어교육학회, 46-52.

배진영 외(2013), 말뭉치 기반 구어 문어 통합 문법 기술의 탐색, 박이정.

백목원(2014), 한국어 교육과정 및 표준 교과서 개선을 위한 사례 연구, 국어교육연구, 56, 국어교육학회, 39-76.

백봉자(2006), 외국어로서의 한국어 문법 사전, 하우.

백용범(2005), "활동중심 교수법 모형 적용의 실제", 한국초등영어교육학회회보, 35, 23-24.

백지연(2017), "의사소통능력 향상을 위한 과업 중심 교수법의 효율적인 활용방안 연구", 언어학연구, 42, 한국중원언어학회, 369-393.

백혜선·이규만(2013), "프레젠테이션에 나타나는 복합양식문식성 실행 양상 분석 - 중, 고등학교 학생들의 슬라이드를 중심으로", 國語敎育學硏究, 46, 국어교육학회, 389-413.

부산외국어대학교 한국어문화교육연구소(2010), 한국어 성취도 평가의 실제, 한국문화사.

서상규·한영균(1999), 국어 정보학 입문, 태학사.

서상규·구현정(2002), 한국어 구어 연구(1) - 구어 전사 말뭉치와 그 활용, 한국문화사.

서울대학교 국어교육연구소 편(2014), 한국어교육학 사전, 도서출판 하우.

서울대학교 언어교육원(2020), 말하기 활동 자료집, 한국문화사.

서울대학교 한국어문화연구소·국어교육연구소·언어교육원 공편(2012), 한국어 교육의 이론과 실제, 아카넷.

서은아·남길임·서상규(2004), "구어 말뭉치에 나타난 조각문 유형 연구", 한글, 264, 한글 학회, 123-151.

서진숙·장미라(2016), "온라인 강의를 활용한 해외 대학의 블렌디드 러닝 사례 연구 - 체코 찰스대학교 한국학과를 중심으로", 이중언어학, 65, 이중언어학회, 223-256.

선현명(2018), "전화영어 수업이 한국인 영어 학습자 발화의 복잡성, 정확성, 유창성에 미치는 영향", 언어연구, 34(3), 한국현대언어학회, 363-376.

성상환(2019), "외국어 습득이론과 외국어교육론에 대한 비판적 고찰", 독어교육, 76, 한국독어독문학교육학회, 99-125.

손명양(2015), "소집단 토론 활동을 통해서 한국어 말하기 능력 향상", 한국어교육연구, 2, 한국어교육연구학회, 69-93.

송경옥(2017), "카타르대학교의 한국어 교육과정 개발 연구", 인하대학교 대학원 박사학위논문.

신지영 외(2015), 한국어 발음 교육의 이론과 실제, 한글파크.

심란희(2011), "의사소통 중심의 한국어교육을 위한 담화표지 '그냥'의 기능 연구", 연세대학교 대학원 석사학위논문.

심은지·유훈식(2019), "가상현실(VR) 매체를 활용한 여성결혼이민자 대상 한국어 교육 방안", 학습자중심교과교육연구, 19(15), 학습자중심교과교육학회, 497-515.

심혜령(2014), "문화향유목적 한국어 학습자를 위한 모바일 학습(Mobile-Learning) 연구", 이중언어학, 57, 이중언어학회, 103-124.

심혜령(2015), "KSL학습자를 위한 내용중심 한국어교육 기반 교과교육 방안 연구 - 과학교과를 중심으로", 새국어교육, 105, 한국국어교육학회, 325-347.

안미애·웨이췬·이미향(2018), "한국어 발음 학습과 자가 평가를 위한 스마트폰 앱(App) 개발 및 교육적 적용 방안 연구 - 중국인 한국어 학습자를 대상으로", 이중언어학, 70, 이중언어학회, 167-195.

안의정(2018), "구어 전사 말뭉치 구축에 관한 현황과 쟁점", 언어와 문화 14-3, 한국언어문화교육학회, 83-103.

안정아(2008), "담화표지 '막'의 의미와 기능", 한국어학, 40, 한국어학회, 251-279.

안주호·투무르바트 톱싱바야르(2016), "몽골 현지 학습자를 위한 한국어 교재 개발을 위한 요구 분석", 동악어문학, 68, 동악어문학회, 253-277.

여미란(2018), "학문목적 한국어 학습자를 위한 토론 평가 연구 - 교육토론(Academic Debate)을 중심으로", 동국대학교 박사학위논문.

연재훈(2015), "런던대학 한국어 교육과정과 교육내용의 쟁점", 국제한국어교육학회 학술대회논문집, 2015, 국제한국어교육학회, 101-111.

올리비에 보드 엮음(2012), 구어 말뭉치 실용 안내서, 박이정.

왕호(2017), "중국 내 대학용 한국어 중급 말하기 교재 분석 연구", 한국어교육연구, 12(1), 한국어교육연구소, 104-132.

우원묵(2017), "모바일을 활용한 한류 기반 한국어 학습자 대상 한국어 교육 연구", 한국콘텐츠학회논문지, 17(9), 한국콘텐츠학회, 120-131.

유석훈(2001), "외국어로서의 한국어 학습자 말뭉치 구축의 필요성과 자료 분석", 한국어교육 12(1), 국제한국어교육학회, 165-179.

유수정(2008), "직업 목적의 한국어 교재 개발 방안 연구 - 요구 분석을 통한 직업 목적 한국어 교육과정 설계를 중심으로", 국제한국어교육학회 학술대회논문집, 2008, 국제한국어교육학회, 447-467.

유영미(2006), "과제중심의 언어교수-학습이론", 국제한국어교육학회 학술대회논문집, 2006, 국제한국어교육학회, 79-97.

유해준(2015), "주제 중심의 한국어 교육 어플리케이션 개발 방안", 語文論集, 63, 중앙어문학회, 349-368.

이덕희(2003), "요구분석을 통한 학문 목적의 한국어 교육과정 설계 연구", 연세대학교 교육대학원 석사학위논문.

이동은(2009), 한국어 말하기 숙달도 시험의 고찰을 통한 말하기 과제의 개발 방안, 한민족어문학, 54, 한민족어문학회, 223-248.

이미향(2016), "한국어 교재 대화문에서 대화 참여자의 상호작용성 연구", 화법연구, 31, 한국화법 학회, 213-245.

이미향 외(2013), 한국어교육과 매체언어, 역락.

이미향·이윤주(2018), "이민자를 위한 특수 목적 한국어 교재의 대화문 분석 연구 - 상담의 기본 원리를 기반으로", 어문론총, 78, 한국문학언어학회, 45-71.

이미혜(2006), "고급단계 한국어 학습자를 위한 토론 수업 방안", 이중언어학, 30, 이중언어학회, 311-340.

이미혜(2010), "한국어 교육에서 말하기와 문법의 통합 교육", 문법 교육, 13, 한국문법교육학회, 93-114.

이미혜(2019), "사회통합프로그램 한국어 교재 개발을 위한 참여자 요구분석", 문화와 융합, 41(5), 한국문화융합학회, 805-834.

이상형(2020), "결혼이주여성을 위한 생태 중심의 다문화교육 프로그램 개발 연구", 동국대학교 대학원 박사학위논문.

이성은(2003), "활동중심 초등국어 교수법", 이화교육총서 03, 이화여자대학교 사범대학, 1-154.

이수미(2019), "한국어 학습자의 말하기 전략 사용 양상에 대한 사례 연구", 한국어 교육, 30(2), 국제한국어교육학회, 145-162.

이승은(2020), "ACTFL OPIc을 활용한 한국어 말하기 평가 구성 방안 연구: 외국어 말하기 평가와 의 비교를 중심으로", 한국외국어대학교 대학원 석사학위논문.

이영희(2009), "한국어 말하기 교재의 주제 항목의 현황과 기준 설정 - 중급 한국어 말하기 교재를 중심으로", 한국어문화교육, 3, 한국어문화교육학회, 141-168.

이완기(2003), 언어 평가의 이해, 서울대학교출판부.

이은경(2002), "인터넷 활용 영어동화 수업이 학습효과와 흥미에 미치는 영향 연구", 중앙대학교 교육대학원 석사학위논문.

이은경(2017), "다문화 가정의 통합을 위한 한국어·한국문화 교육 방안 - 서울 지역 다문화 프로그 램 개발 사례를 중심으로", 언어사실과 관점, 2017, 연세대학교 언어정보연구원, 267-289.

이은자(2012), "외국인 유학생을 위한 한국어 토론 수업 설계와 지도 방법", 배달말, 50, 배달말학 회, 255-289.

이정화(2010), "한국어 학습자를 위한 효과적인 토론 수업 방안 - 모국어 화자와 한국어 학습자

토론 담화 분석을 중심으로", 국제어문, 48, 국제어문학회, 315-348.

이정희(2009), "외국어로서의 한국어 유창성 인식에 관한 연구", 국제한국어교육학회 학술대회논문집, 2009, 국제한국어교육학회, 375-383.

이정희(2011), 외국어로서의 한국어 유창성에 관한 한국어 모어 화자의 인식에 관한 연구, 한국연구재단 결과보고서.

이정희·박혜옥(2018), "한국어 말하기 능력 향상을 위한 과정극(process drama) 활용에 대한 고찰 - '세종한국어 회화 중급' 교재의 단원 개발을 중심으로", 한국어 교육, 29(1), 국제한국어교육학회, 199-222.

이주행 외(2004), 화법 교육의 이해, 박이정

이지용(2018), "모바일 기반 교양 한국어 말하기 평가 방안 - 교사 및 학습자 요구조사를 중심으로", 이중언어학, 73, 이중언어학회, 297-340.

이창덕(1998), "국어교육과 대화분석 - 대화분석 이론과 연구 방법의 국어 교육 적용 모색", 한국초등국어교육, 14(1), 한국초등국어교육학회, 39-64.

이창덕 외(2010), 화법교육론, 역락.

이철수·문무영·박덕유(2010), 언어와 언어학, 역락.

이훈호·신카 조피아(2015), "일반적 학문 목적의 한국어 교육과정 개발을 위한 기초연구 - 석사과정 정부초청외국인장학생을 중심으로", 한국어문화학, 12-3, 국제한국언어문화학회, 111-143.

이해영(2004), "학문 목적 한국어 교과과정 설계 연구", 한국어 교육, 15(1), 국제한국어교육학회, 137-164.

이해영 외(2018), 외국인 학습자들의 한국어 담화화용 연구1. 문법의 경계 넓히기, 한국문화사.

이혜경(2016), 외국인 유학생의 복합양식 문식성 계발을 위한 프레젠테이션 교육 내용 연구, 인하대학교 대학원 박사학위논문.

이혜경(2019), "한국어 구어 능력 향상을 위한 대중매체 수업 방안 연구 - 드라마 시청과 더빙 활동의 상호 작용을 중심으로", 한국어교육 30(3), 국제한국어교육학회, 197-226.

임경애(2008), "활동중심 통합교육과정의 유아마당극놀이 적용가능성과 교육적 의미", 중앙대학교 대학원 박사학위논문.

임선애(2014), "대학 글쓰기와 말하기 교재의 효과적인 구성 방안", 한국사상과 문화, 72, 한국사상문화학회, 123-149.

임소영·서상규(2005), "대학생 구어의 어휘 연구"; 서상규·구현정 공편(2005), 한국어 구어 연구(2), 한국문화사.

임연정(2016), "과업중심 교수법을 활용한 중국어 말하기 교육과 평가방안 고찰", 한국중국어교육학회 학술대회, 2016(4), 한국중국어교육학회, 91-101.

임정훈(2009), "모바일 학습을 위한 교수학습 모형의 설계 방향 탐색", 교육실천연구, 8(1), 101-124.

장아남(2016), "고급 한국어 학습자를 위한 음운 규칙 교육용 과제 구성 방안 연구 - 발음, 말하기, 듣기의 통합을 중심으로", 한국어 교육, 27(4), 국제한국어교육학회, 219-242.

장영희(2015), "학문목적 한국어 학습자를 위한 토론교육 방안 연구", 語文論集, 64, 중앙어문학회, 571-594.

전은주(1999). 국어 교육의 성격과 국어 교사의 전문성 - 상호 관계적 말하기 듣기 교수·학습 방법을 이용한 토론 지도 프로그램의 교육 효과, 한국어교육학회 학술발표논문집, 1999(2), 한국어교육학회, 51-63.

전은주(2008), 말하기·듣기 교육론, 박이정.

전은주(2010), 말하기·듣기 교육론, 박이정.

전은주(2016), "한국어 교재에 나타난 토론 교수-학습 양상 분석", 국어교육학연구, 51(3), 국어교육학회, 433-460.

전은화·이영민(2010), "모바일 기기를 활용한 대학 수업 활동 분석", 한국콘텐츠학회논문지, 11(2), 한국콘텐츠학회, 477-486.

전종운(2019), "스토리텔링 말하기 평가도구 OPIc의 논증 기반 타당화 연구: 점수의 해석, 사용, 결과를 중심으로", 중앙대학교 대학원 박사학위논문.

정근원(1993), "이미지, 새로운 의사소통의 대안인가?", 저널리즘 비평, 11(1), 한국언론학회, 88-90.

정명숙(2014), "말하기 전략 개발을 위한 과제 구성 방안", 이중언어학, 57, 이중언어학회, 173-198.

정미지·김은주(2015) "일반목적 한국어 고급과정의 교수 내용에 대한 재고 - 학습자 요구 조사를 중심으로", 국제한국어교육학회 학술대회논문집, 2015, 국제한국어교육학회, 514-530.

정미지(2016) "일반목적 한국어 고급 교육과정의 교수요목과 등급 기술에 대한 재고 - 학습자 요구 조사를 바탕으로", 이화어문논문집, 39, 이화어문학회, 136-159.

정미진(2016), "의사소통 전략 교육을 위한 한국어 교육 자료의 구성 방안 연구", 우리말연구, 47, 우리말학회, 187-211.

정현선(2014), "복합양식 문식성 교육의 의의와 방법", 우리말교육현장연구, 8(2), 우리말교육현장학회, 61-93.

조민정(2015), "'좀'의 의미와 기능 변화 양상 연구", 한국어 의미학, 49, 한국어 의미학회, 1-32.

조수진(2013), 한국어 말하기 교육의 이론과 실제, 소통.

조위수(2012), "한국어 학습자의 의사소통 전략 사용 양상과 교수 방안 연구 - 반복을 중심으로", 부산외국어대학교 박사학위논문.

주세형(2009), "할리데이 언어 이론의 국어교육학적 의미", 국어교육, 130, 한국어교육학회, 173-204.

지현숙(2006), "한국어 구어 문법 능력의 과제 기반 평가 연구", 서울대학교 대학원 박사학위논문.

지현숙(2010), "한국어 구어 문법을 어떻게 기술할 것인가? - 기준점의 선정과 그 논의", 한국어교육, 21(4), 국제한국어교육학회, 307-332.

진정(2019), "중국의 한국어 말하기 교재 분석 및 개발 방향", 국어교육연구, 71, 국어교육학회, 203-236.

진제희(2000), "한국어 학습자들의 의사소통 전략 유형 분류 및 분석 - 비상호적 상황을 중심으로", 한국어 교육, 11(1), 국제한국어교육학회, 175-199.

천시우시우·김성주(2019), "가상현실(VR) 언어 학습용 애플리케이션 분석 - 어휘 및 한국어 말하기 학습용 애플리케이션을 중심으로", 동악어문학회 78, 동악어문학, 119-150.

최문석(2000), "학습자 활동 중심의 한국어 교육 방법 연구 - 게임과 Information Gap Activity를 중심으로", 경희대학교 교육대학원 석사논문.

최정순(2012), "구어 문법 기반 한국어 듣기 교재의 지향성 논의", 국어교육연구, 30, 서울대학교 국어교육연구소, 343-369.

하숙자(2007), "매체언어교육의 내용 선정 연구", 전남대학교 대학원 박사학위논문.

한미월(2016), "한국어 구어 교육을 위한 종결 기능 연결어미 연구", 이화여자대학교 교육대학원 석사학위논문.

한재영 외(2005), 한국어 교수법, 태학사.

한혜민(2018), "모바일 러닝을 활용한 KFL 교수-학습사례 연구", 학습자중심교과교육연구 18(6), 학습자중심교과교육학회, 519-535.

허선익(2013), 국어교육을 위한 말하기의 기본 개념, 도서출판 경진.

허용(2008), 한국어 교육에서의 대조언어학과 보편문법의 필요성 연구, 이중언어학, 36, 이중언어학회, 1-24.

허용·김선정(2013), 대조언어학, 소통.

허용 외(2005), 한국어 교육학 개론, 박이정.

홍윤혜·이복자·박진원(2008), "중급 말하기 교재의 구성 원리와 실제 - 연세대 <한달 완성 한국어 중급 1 말하기>를 바탕으로", 외국어로서의 한국어교육, 33, 연세대학교 한국어학당, 359-393.

홍은실(2015), "외국인 유학생을 위한 발표 교육 내용 분석 - 학문 목적 말하기 교재를 중심으로", 화법 연구, 28, 한국화법학회, 195-219.

홍은실 외(2016), "학문 목적 한국어 말하기 평가도구 개발을 위한 요구 분석 - 학부 및 대학원에

재학 중인 유학생을 중심으로", 국제한국어교육학회 학술대회논문집, 2016, 국제한국어교육학회, 212-223.

LI QIAN(2017), "중국인 학문 목적 한국어 학습자들의 대학 입학 초기 경험에 대한 사례 연구", 이화여자대학교 국제대학원 박사학위논문.

WANG AILI(2018), "중국 대학의 비즈니스 목적 한국어 교재 개발 연구", 경희대학교 대학원 박사학위논문.

和泉伸一, 「フォーカス・オン・フォーム」を取り入れた新しい英語教育; 윤강구(역)(2012), Focus on Form을 이용하는 새로운 제2언어 교육, 인문사.

Anthony, E.(1963), Approach, method, and technique. *English Language Teaching 17*, 63-67.

Austin, J.L.저/김영진 역, 『말과 행위 - 오스틴의 언어철학, 의미론, 화용론』, 서광사, 1992.

Bailey, K,(2003), Speaking. In D. Nunan(Ed.), *Practical English language teaching*, New York : McGraw-Hill.

Bailey, K.(2005), *Practical English language teaching : Speaking*, New York : McGraw-Hill.

Bialystock, E.(1990), *Communication strategies : A psychological analysis of second-language use*, Basil Blackwell.

Birdwhistell, R. L.(1952), *Introduction to kinesics : an annotation system for analysis of body motion and gesture*, washington : Foreign Sevice Institute.

Breen, M. P.(1987), Learner contributions to task design. In Candlin, C. & D.Murphy (eds.), Language Learning Tasks. Englewood Cliffs, NJ : Prentice Hall 7, 23-46.

Brown, H. D.(1994), *Principles of language learning and teaching(3rd ed.)*, Prentice Hall Regents.

Brown, H. D.(2001), *Teaching by principles : An interactive approach to language pedalgogy(2nd Ed.)*, White Plans, NY : Addison Wesley longman.

Brown, H. D.(2004), *Language Assessment-Principles and Classroom Practices*, Pearson Education; 이영식·안병규·오준일(역)(2006), 외국어 평가 - 원리 및 교실에서의 적용, Pearson Longman.

Brown, H. D.(2004), *Principles of Language Learning and Teaching*; 이흥수 외(역)(2008), 외국어 학습·교수의 원리(제5판), Pearson Longman.

Brown H. D.(2004), *Language Assessment-Principles and Classroom Practices*, Pearson Education; 이영식·안병규·오준일(역)(2006), 외국어 평가 - 원리 및 교실에서의 적용, Pearson Longman.

Brown, H. D.(2007), *Teaching by Principles : An Interactive Approach to Language Pedagogy(3rd ed.)*, Pearson Education Korea. 권오량·김영숙 역(2012), 원리에 의한

교수-언어 교육에의 상호작용적 교수법(제3판), 피어슨에듀케이션코리아.

Brumfit, C.(1984), *Communicative methodology in language teaching - the role of fluency and accuracy*, Cambridge : Cambridge University.

Byrne Donn.(1987), *Techniques for Classroom interaction*, Longman.

Canale, M., & Swain, M.(1980), Theoretical bases of communicative approaches to second language teaching and testing, *Applied linguistics, 1*, 1-47.

Cancino, H., Rosansky, E. & Schumann, J.(1974), Testing hypotheses about second language acquisiton, *Working Papers on Bilingualism, 3*, 8-96.

Celce-Murcia, M., & Larsen-Freeman, D.(1999), *The grammar book : An ESL/EFL teacher's course. 2nd edition*. Boston : Heinle and Heinle.

Celce-Murica, M. & Brinton. D. M. & Snow. M. A(2013), *Teaching English as a Second or Foreign Language*. Boston : National Geographic Learning.

Chamot A.(2005), Language learning strategy instruction : Current issues and research, *Annual Review of Applied Linguistics, 25*, 112-130.

Chastain, K.(1971), *The development of modern language skills : Theory to practice*, Philadelhpia : Center for Curriculum Development.

Chomsky, N.(1957), *Syntactic structures*, The Hague : Mouton.

Chomsky, N.(1959), Review of Verbal Behavior by B.F. Skinner. *Language, 35*, 26-58.

Chomsky, N.(1965), *Aspects of the theory of syntax*, Cambridge, Mass : MIT Press.

Chomsky, N.(1986), *Knowledge of language : Its nature, origin and use*, New York : Praerger.

Clark, C. M., & Yinger, R. J(1979), Teachers' thinking. In P. Peterson & H.J. Walberg(EDS.), Research on teaching. Berkeley, CA : McCutchen.

Corder, S. P.(1967), The significance of learners' errors, *International Review of Applied Linguistics 5*, 161-169.

Corder, S. P.(1976), The study of interlanguage, *Proceedings of the Fourth International Congress of Applied Linguistics*, Munich, Hochschulverlag.

Corder, S. P.(1981), *Error analysis interlanguage*, Oxford University Press.

Cummins, J. (1981), The role of primary language development in promoting educational success for language minority students. In M. Ortiz, D.Parker, & F. Tempes (Eds.), Schooling and language minority students : Atheoretical framework, 3-49, Sacramento, CA : California Department of Education.

Driver, R. & Oldham, V.(1986), A Constructivist Approach to Curriculum Development in

Science, *Studies in Science Education, 13*, 105-122.

Ellis, R.(1990), *Instructed Second Language Acquisition : Learning in the Classroom*, Oxford : Blackwell; 선규수(역)(2014), 제2언어 습득 - 교실 수업에서 어떻게 할 것인가, 한국문화사.

Ellis, R.(2003), *Task-based Language Learning and Teaching*, Oxford.

Faerch C. & Kasper G.(1983), Plans and strategies in foreign language communication, In C. Faerch & G. Kasper (Eds), *Strategies in interlanguage communication*, Longman, 20-60.

Faerch, Haastrup & Phillpson(1984), Learner language and language learning, Clevedon : Miltilingual Matters 14.

Garr Reynolds(2007), *Presentation Zen*. 王佑 汪亮 역(2008), 裸演說, 電子工業出版社.

Grice, H. P.(1975), Logic and conversation, Cole, P. and Morgan, J. L. (eds.), *Syntax and Semantics 3 Speech acts*, New York, Academic Press, pp. 41-58.

Halliday, M. A. K., Mclntosh, A. & Strevens, P.(1964), *The linguistic sciences and language teaching*; 이충우·주경희(역)(1993), 언어 과학과 언어 교수, 국학자료원.

Halliday, M. A. K.(1975), Learning How to Mean, Foundations of language development - A Multidisciplinary Approach, 239-265.

Harmer, J.(2015), *The practice of English language teaching(5th ed.)*, Longman.

Hedge(2000), *Teaching and Learning in the Language Classroom*, Oxford Univ Press.

Holden, S.(1981), *Drama in Language Teaching*, Harlow : Longman.

Horwitz, E. K.(2008), *Becoming a Language Teacher : A Practical Guide to Second Language Learning and Teacching*, Pearson Education Korea; 전병만 외 (2010), 유능한 언어 교사 되기, 시그마프레스.

Hughes, R.(2012), *Teaching and Researching Speaking, 2ed.*; 최숙기·박영민(역)(2019), 말하기 지도와 말하기 연구의 방법, 글로벌콘텐츠.

Hymes, D.(1972), Models of the interaction of language and social life, in J. Gumperz. & D. Hymes.(Eds.), *Directions in sociolinguistics : The ethnography of communication*, 33-71, Holt, Rhinehart & Winston.

Jack C. Richards & Theodore S. Rodgers(2014), *Approaches and Methods in Language Teaching*, Cambridge University Press; 전병만 외(2017), 언어 교육의 접근방법과 교수법, 케임브리지.

Krashen, S. & Scarcella, R.(1978), On routines and patterns in language acquisition and performance, Language Learning, 28-2, 283-300.

Krashen, S. & Terrell, T.(1984), *The natural method : Language acquisition in the classroom*, Oxford : Pergamon.

Kress, G. & van Leewen, T. (2001), *Multimodal Dicourse : The Modes and Media of Contemporary Communication*, London; New York : Arnold.

Kress, G. (2003), *Literacy in the New Media Age*, London : Routledge.

Ladousse, G. P.(1987), *Role play : Resource books for teachers*, Oxford : Oxford University Press.

Larsen-Freeman, D. & Anderson. M.(2011), *Techniques & Principles in Language Teaching*, Oxford : Oxford University Press.

Lee, J. L. (1993), *Teaching formal presentation in the speaking/listening ESL classroom*, Educational Research.

Lenneberg(1967), *Biological foundations of language*, New York : Wiley.

Lennon, P.(1990), Investigating fluency in EFL : A quantitative approach. *Language Learning 40*.

Levelt, W.J.M.(1989), *Speaking : From Intention to Articulation*, Cambridge : A Bradford Book.

Levelt, W.J.M.(1989), *Speaking : From Intention to Articulation*; 김지홍(역)(2008), 말하기1 그 의도에서 조음까지, ㈜나남

Littlewood, W.(1981), *Communicative language teaching*, Cambridge University Press; 안미란(역)(2007), 의사소통적 교수법, 한국문화사.

Littlewood, W.(1981), *Communicative Language Teaching : An introduction*, New York : Cambridge University Press.

Littlewood, W.(1984), *Foreign and second language learning : language-acquisition research and its implications for the classroom*, Cambridge University Press; 김남국(역)(1994), 외국어 학습, 강원대학교 출판부.

Livingstone, C.(1983), *Role play in language learning*, London : Longman.

Long, M. H.(1981), Input, interaction and second language acquisition. In Winitz, H.(ed.), *Narrative language and foreign language acquisition*. Annls of the New York Academy of Sciences, 379.

Long, M. H.(1985), A role for instruction in Second Language Acquisition : Task-based language teaching. In Hyltenstam, K. & M. Pienemann(eds.), *Modelling and Assessing Second Language Acquisition*. Clevedon, Avon : Multilingual Matters, 77-99.

Long, M. H, & Norris, J. M.(2000), Task-based teaching and assessment. In Byram, M.(ed.),

Routledge Encyclopedia of language teaching and learning. London : Routledge.

McLaughlin, B.(1987), *Theories of second language acquisition*, London : Edward Arnold.

Mcenery & Wilson(1996), *Corpus linguistics*, Edinburgh : Edinburgh University Press.

Mehnert(1998), *The effects of different lengths of time for planning on second language performance*, Cambridge University Press.

Mehrabian, A(1971), *Silent Messages(1st ed.)*, Belmont. CA : Wadaworth

Met, M. 1991. Learning language through content : Learning content through Language. *Foreign Language Annals, 24(4)*, 281-295.

Michael McCarthy(2001), *Spoken language and applied linguistics*, Cambridge; 김지홍(역)(2010), 입말 그리고 담화 중심의 언어교육, 경진.

Newmark, L.(1966), How not to interfere in language learning, *International Journal of American Linguistics, 32*, 77-83, Alsoion Lester(1971).

Nunan, D.(1988), *Syllabus design*; 송석요·김성아(역)(2003), Syllabus의 구성과 응용, 범문사.

Nunan, D.(1989), *Designing Tasks for the Communicative Classroom*, Cambridge University Press.

Nunan, D.(1999), *Second Language Teaching & Learning*, Newbury House Teacher Development, Univ. of Hong Kong; 임병빈 외(역)(2003), 제2언어 교수 학습, 한국문화사.

Nunan, D.(2003), *Practical English Language Teaching*, New York : McGrawHill. 유제명·김진완 역(2006), 영어교육 길라잡이, 인터비젼.

O'Malley J. M. 외(1985), Learning strategy applications with students of English as a second language, *TESOL Quarterly, 19*, 557-484.

Oxford R.(1989), Use of language learning strategies : A synthesis of studies with implications for strategy training, *System, 17-2*, 235-247.

Oxford R.(1990), *Language learning strategies : What every teacher should know*, Newbury House.

Paulson & Bruder(1976), *Teaching English as a Second Language : Techniques and Procedures*, Cambridge, Massachusetts : Winthrop Publishers.

Penfield, W. & Roberts, L.(1959), *Speech and Brain Mechanism*, New York : Atheneum Press.

Prator, C. & Celce-Murcia, M.(1979), An outline of language teaching approaches, In M. Celce-Murcia & L. McIntosh(Ed.), *Teaching English as a second or foreign language*, New York : Newbury House.

Richards, J. & Rodgers, T.(1986), *Approaches and methods in language teaching : A description and analysis*, Cambridge : Cambridge University Press.

River, W. M.(1981), *Teaching Foreign-Language Skills*, Chicago : The University of Chicago Press.

Rivers & Temperley(1978), *A Practical guide to the teaching of English as a second or foreign language*, Oxford.

Samuda, V. & Bygate, M.(2008), *Tasks in Second Language Learning*. Basingstoke : Palgrave Macmillan.

Saville-Troike, M.(2006), *Introducing Second Language Acquisition*, Cambridge University Press.

Schegloff, E. & Sacks, H.(1973), Opening up closings, *Semiotica, 8-4*, 289-327.

Selinker(1972), Interlanguage, International Review of Applied Linguistics in Language Teaching, 10-3, 209-231.

Skinner, B.(1975), *Verbal behavior*, New York : Appleton Century Crofts.

Slavin, R. E.(1987), Cooperative learning and cooperative school, *Educational Leadership, 45*, 7-13.

Stern, H. H.(1983), *Fundamental concepts of language teaching*, Oxford, UK : Oxford University Press.

Swain, M. & Lapkin, S.(1982), *Evaluating bilingual education : A Canadian case study*. Clevedon, Avon : Multilingual Matters.

Swales, J.(1990), *Genre analysis : English in academic and research settings*, New York : Cambridge University Press.

Tannen, D.(1990), *You just don't understand : women and men in conversation*, New York, William Morrow, 정명진(역)(1992), 당신은 정말 이해할 수 없어요, 한·언.

Tarone E.(1981), Communication strategies, foreigner talk, and repair in interlanguage, *Language Learning, 30*, 417-428.

The New London Group(2000), A pedagogy of multiliteracies : Designing social futures. In B. Cope & M. Kalantzis(Eds.)(2000), *Multiliteracies : Literacy learning and the design of social futures, 9-37*, New York : Routledge.

Thornbury, S. (2005), *how to teach speaking*, Longman.

Ur, P.(1996), *A Course in Language Teaching : practice and theory*, Cambridge : Cambridge University Press.

Vale(1989), *An Activities-Baded Languages Curriculum* : The ALL Model,Elementary Secondary

Education.

Vygotsky, L. S.(1978), Mind in society : The development of higher psychological processes, M. Cole, V. John-Steiner, S. Scribner, & E. Souberman(Ed.), Cambridge, MA : Harvard University Press.

Watson, J.(1924), *Behaviorism*, New york : Norton.

Widdowson, H.(1972), The Teaching of English as Communication, *ELT Journal, 27*, 15-19.

William, H. C.(2004), *Preparing a presentation and developing speaking skills society for academic medicine*, Bloomington: Indiana University Press.

Willis J.Edmondson & Juliane House(2011), *Einfuhrungin die Sprachlehrforschung, 4ed.*; 신형욱·이미영 (역)(2012), 언어 교수학 입문, 한국외국어대학교 출판부.

Willis, J.(1996), *A Framework for Task-Based Learning*, Harlow, UK : Longman.

Wood, D.(2001), In Search of Fluency : What Is It and How Can We Teach It?, *The Canadian Modern Language Review, 57-4*.

Yngve, V. H.(1970), On getting a word in edgewise, Sixth Regional Meeting of the Chicago Linguistics Society, 567-577.

Yule. G. & Tarone E.(1990), Eliciting the Performance of Strategic Competence, In Scarcella, Andersen & Krashen (Eds.), *Developing Communicative Competence in a Second Language*, Newbury House.

Yunzhong, L.(1985), Writing versus speech in foreign language teaching, *Wai Guo Yu, 3(37)*, 12-15.

<교재>
고려대학교 한국어문화교육센터(2010), 재미있는 한국어 3, 교보문고.
국립국어원(2012), 초등학생을 위한 표준한국어 1, 마리북스.
국립국어원(2020), 초등학생을 위한 표준한국어 저학년 의사소통 2, 마리북스.
국립국어원(2020), 초등학생을 위한 표준한국어 고학년 의사소통 3, 마리북스.
경희한국어 교재편찬위원회(2019), 경희 한국어 말하기 4급, 하우.
서강대학교한국어교육원(2008), 서강 한국어 2A, 서강대학교국제문화교육원출판부.
서울대학교 언어교육원(2012), 서울대 한국어 5A, 투판즈.
서울대학교 언어교육원(2012), 서울대 한국어 5B, 투판즈.
서울대학교 언어교육원(2015), 서울대 한국어 6A, 투판즈.
세종학당재단(2020), 세종한국어 회화 3, 공앤박.

연세대학교 한국어학당 편(2012), 대학 강의 수강을 위한 한국어 말하기 중급 Ⅱ, 연세대학교 대학
　　　출판문화원
이병규 외(2019), 초등학생을 위한 표준 한국어 저학년 의사소통 3, 마리북스
이춘휘(2013), 1주 만에 끝내는 NEW OPIc Intermediate, 시스컴출판사.
전미성(2018), OPIc Basic IM, 더원.
해커스 출판팀(2014), 해커스 New OPIc Start, 해커스.

<누리집>
국립국어원 표준국어대사전 https://stdict.korean.go.kr
BCT 누리집 https://www.bctkorea.co.kr
DELF-DALF 누리집 https://www.delf-dalf.co.kr/ko/
HSKK 누리집 https://new.hsk.or.kr
OPIc 누리집 https://www.opic.or.kr
TestDaF https://www.testdaf.de/
TOEIC Speaking 누리집 https://exam.ybmnet.co.kr/toeicswt

찾아보기

ㄱ

가상 현실(VR : Virtual Reality) 98, 104

감시 장치 모형 72

강세와 리듬 28

개방 짝 활동(open pairwork) 117

개인화 97

거래 기능 59

게임 활동 92

게임 162

결속력 214

결정적 시기 가설 69

결혼 귀화자 34

결혼 이민자 34

경어법 197

경음화 57

고급 발표 수업 강의안 181

고급 토론 수업 강의안 184

고급 181, 225

고모음화 54, 55

고유어 49

공명음 56

과제 중심 교수법 88, 90, 91

과제 중심 언어 교수법 78

과제(task) 88

관용 표현 197

관찰자 160

교사의 역할 159

교수법 81

교실 내의 상호 대응 유형 161

교안 작성 164

교육 연극(educational theatre) 124

교체하기 113

구두 언어 145

구성주의적 접근법 77

구어 능력 34, 41

구어 말뭉치 47, 48, 49, 50

구어 문법 41, 42

구어 전용 어미 43

구어의 특징 47

구어체 27

구어형 변이 44

구인 타당도 203

구인(construct) 200, 201

구조주의 언어학   66, 164
국부적 오류(local error)   190
근접 발달 영역(zone of proximal
　　development : ZPD)   78
기계적 연습   109
기능적 의사소통 활동(functional
　　communicative activities)   87, 107
기능주의 언어학   47
기능주의적 접근법   77
기식성   56
긴장성   56

대화 테니스   120
대화의 개념   114
대화의 유형   116
대화의 조직   117
독백   146
독일어 말하기 평가   242
드라마   124, 162
드릴의 개념   109
드릴의 유형   111
드릴의 특징   110
등급 기술   199

ㄴ

논거   133, 136
논제   133, 136

ㄹ

롤플레이   212
롤플레잉게임(RPG)   103

ㄷ

다문화 가정   34
다문화 배경 자녀   36
단모음 체계   54
단모음화   55
담화 구성 능력   197
담화 분석   47
담화 지식   59
담화적 능력   86
담화표지 교육 152
대응쌍(adjecency pair)   117
대인 관계 기능   59
대화 규범   23, 24
대화 분석   47

ㅁ

말뭉치   47
말하기 능력   200
말하기 숙달도   204
말하기 평가   195
말하기 활동   107
매체 활용 능력   148
맥락과 내용   205
메타언어   154
메타언어적 피드백   191
명료화 요구   191
명시적 수정   190
명시적 피드백   190
모니터 가설(The Monitor Hypothesis)   73

모둠 활동 162
모바일 기기 97
모바일 기반 수업 96
모방형 108
몸말 114
무리 짓기 26
무성음 55
문법 번역식 교수법 82
문법 부호화 19
문법상의 특징 42
문법적 능력 86, 197
문법적 지식 60
문식성 147
문어성 구어 146
문장 따라 하기 112
문제 해결 163
문화간 역량(intercultural competence) 58
문화개별성 115

ㅂ

반구 편중화 156
반복 191
반응적 말하기(Responsive Speaking) 198
반응형 108
발언기회 배당 22
발음 연습 111
발음 자가 평가 103
발음 지도 53
발음상의 특징 54
발표 기능별 담화표지 153
발표 145
발표의 과정적 접근 151

발화 산출 과정 17
발화 속도 27
범용어미 50
변형·생성문법 68
보편 문법 70
복합양식 문식성(multimodal literacy) 147
복합양식성(multimodality) 147
브레인스토밍(brainstorming) 163
블렌디드 러닝(blendid learning) 98, 104
비언어적 표현 147
비음화 56

ㅅ

사교적 대화 108
사회문화적 능력 31
사회문화적 지식 58
사회언어학적 능력 86, 197
사회자 136
사회적 구성주의 78, 93
사회적 상호작용 활동 87, 107
삼지적 상관속 55
상담자 160
상호 교섭적 25
상호작용가설(Interaction Hypothesis) 75, 190
상호작용 22, 25, 28, 94, 146
상호작용적 말하기(Interactive Seaking) 198
생득가설 67
생성 언어학 67
서술식 문체 154
설측음화 56
성취도 평가 195, 198

세부적 말하기(Intensive Speaking) 198
세종학당 재단 101
세환 효과 195
수정적 피드백 76, 190
수행 변인 27
수행 평가 195
숙달도 196
순서 교대(turn taking) 117
스마트 교육 96
스토리텔링 교수법 94
슬라이드 147, 150, 153
습득(acquisition) 73
습득/학습 가설(The Acquisition-Learning
　　　 Hypothesis) 72
시각 자료 153
시뮬레이션 162

○

안정화(stabilization) 72
암시적 피드백 190
애플리케이션 100, 102
어휘적 특징 45
억양 28
언어 내적 전이(intralingual transfer) 190
언어 능력 68
언어 사용역 60
언어 수행 68
언어 숙달도 평가 203
언어 습득 이론 65
언어 외적 전이(interlingual transfer) 190
언어 획득 장치(language acquisition device,
　　　 LAD) 68

언어의 공시태 67
역할극 95, 123, 162
역할극의 개념 123
역할극의 유형 126
역할극의 특징 124
연습(Practice) 165
연음 현상 57, 111
영어 말하기 평가 204
오류 수정 190, 191
오류 70, 190
요약적 문체 154
원순모음화 55
유도 191
유럽 공용 외국어 등급표 234
유사 의사소통 활동 107
유성음 55
유의적 연습 109
유창성 51, 52, 161
유표적 54
음성 채팅 98
음운 부호화 19
음운 현상 56, 111
음운적 특질 42
음절 말 중화 현상 56
음절의 끝소리 규칙 56
응집성 152
응집장치 197
의견 교환 163
의미 교섭 75
의사 결정 163
의사소통 능력 86, 196
의사소통 전략 61, 71
의사소통 중심 접근법 88
의사소통 학습의 과정 107

의사소통 행위 전 활동 107
의사소통 16
의사소통적 교수법 94
의사소통적 접근 방법 85
의태어 45
의향법 50
이머전 수업 75
21세기 세종계획 47
이주 노동자 34
이해 교육 149
이해가능한 입력 74
이화 55
인접쌍 22
인지 규칙 교수법 70
인지적 구성주의 78
인지적 反 교수법 70
인지주의 심리학 67
인터뷰 163
일반 목적 학습자 29
입력 가설(The Input Hypothesis) 74
입말 114
잉여성 26

ㅈ

자연적 순서 가설(The Natural Order
　　　Hypothesis) 73
자연적 접근법 70, 72
장르 지식 59
장르 149
장르적 접근 148
전달력 146
전략(strategies) 76

전략적 능력 86, 198
전설모음화 54
접근법 81
정보 격차 122
정보 차 활동(information gap activity) 87,
　　　122, 163
정보교류적 대화 108
정보처리적 모형 17
정의적(감성적) 여과장치 가설(The Affective
　　　Hypothesis) 74
정확성 52, 161
정확성과 이해력 205
제1언어 65
제2언어 32, 65
제시(Presentation) 165
조각문 50
조음 방법 동화 57
조음 위치 동화 57
조작소 66
준거 타당도 203
준구어 47
준비된 말하기 151
중간언어 51, 61, 70, 71, 72
중국어 말하기 평가 222
중급 역할극 수업 강의안 178
중급 177, 224
중도입국 학습자 36
직소우(jigsaw) 활동 122
직업 목적 학습자 33
직접식 교수법 83
집중형 108
짝 활동 모형(Pairs check) 93
짝 활동 163

ㅊ

참여자 136, 160
청각 구두식 교수법 164
청중 146
청화식 교수법 67, 84
체계기능언어학 149
초급 문법 수업 강의안 165, 171
초급 164, 222
초등학교 말하기 수업 강의안 187
촉진자 160
총체적 과제와 기능 205
총체적 오류(global error) 190
축약형 27

ㅋ

코퍼스 68

ㅌ

텍스트 유형 205
토론 담화 형태 표지 141
토론 수업 모형 144
토론과 토의의 차이점 134
토론의 개념과 목적 133
토론의 주요 규칙과 요소 135
토론의 특징 134
통제자 159
특수 목적의 한국어 31

ㅍ

패턴 드릴(Pattern Drill) 85
평가 등급 212, 220, 232, 240, 246
평가 문항 207, 215, 222, 229, 234, 242
평가 범주 205, 215, 228
평가서 140
평가자 160
폐쇄 짝 활동(closed pairwork) 117
표준화 시험(Standardized Testing) 203
표현 교육 149
프랑스어 말하기 평가 234
프레젠테이션 145
프로젝트 163
플라톤의 문제 68
피드백 190

ㅎ

학문 목적 학습자 31
학습(learning) 73
학습자 말뭉치 51
한글학교 37
한자어 49
합리주의 68
해외 거주 학습자 37
행동주의 심리학 66
협동 학습 93
협동의 원리(cooperation principle) 23
형태 초점 접근법(Focus on Form : FonF) 177
형태 초점(Focus on Form) 교수 190
형태 초점 76

화석화(fossilization)   72

화용론 지식   60

화용론   47

화용상의 특징   42

화용적인 맥락   50

확장적 말하기   198

확장형 말하기   108

활동 중심 언어교육   89

활용(Production)   165

휴지   52

흐름도 대화   119

IBT(Internet Based Test)   204

LAD 이론   70

Mehrabian(1971)의 법칙   114

PPP 모형(Presentation-Practice-Production
        model)   164

TTT 모형(과제 훈련 모형)   177

저자 소개

박덕유 현재 인하대 국어교육과 교수로 재직하면서 한국인은 물론 많은 외국인 박사 제자들을 한국어 교육 전문가로 양성하고 있다. 최근 저서로 『이해하기 쉬운 문법교육론』(2017), 『학습자 모어 특성에 따른 한국어 교수법』(2017), 『쉽게 풀어쓴 한국어 문법』(2018), 『외국어로서의 한국어학』(2019) 등 30여 권의 저서가 있으며, "한국어와 베트남어의 재귀표현 대조 연구"(2019), "한국어 관형절 내포문 교육 연구"(2019), "중국인 학습자를 위한 한·중 부정 양태부사 대조 연구"(2019), "우즈벡인 한국어 학습자를 위한 한국어·우즈벡어 격조사 대조 연구"(2020) 등 100여 편의 논문이 있다.

이혜경 인하대 국어교육과에서 한국어교육 박사 학위를 취득하고 현재 인천대 국어국문학과 초빙교수로 재직 중이다. 주요 연구 분야는 외국인 유학생을 위한 말하기 교육과 쓰기 교육이며 최근 논문으로 '유학생의 구어 발표 말뭉치에 나타난 학문적 문체 특성 연구(2022)', '한국어 학습자의 파워포인트 슬라이드 작성을 위한 명사(형) 종결문 연구(2021)', '한국어 구어 능력 향상을 위한 대중매체 수업 방안 연구(2019)' 등이 있다.

한혜정 인하대 국어교육과에서 한국어교육 전공 박사 과정을 수료했으며 현재 성균관대 성균어학원 한국어학당에서 외국인에게 한국어를 가르치고 있다. 관련 연구로 「한국어 초급 교재의 말하기 전략 제시 양상 분석」이 있다.

박혜경 인하대 국어교육과에서 한국어교육 전공 박사 과정을 수료했으며 현재 중산초등학교 교사로 재직 중이다. 관련 연구로 「인공지능 시대의 한국어 교육에서 다중지능 이론의 적용 방향 연구」(공저)가 있다.

박지은 인하대 국어교육과에서 한국어교육 전공 박사 과정을 수료했으며 현재 인천논현중학교에서 한국어를 가르치고 있다. 관련 연구로 「한국어 예비 교원을 위한 교육 방향 연구」가 있다.

이선미 인하대 국어교육과에서 한국어교육 전공 박사 과정을 수료했으며 관련 연구로 「한국어교육능력검정시험 어문규범 영역 문항 분석 연구」(공저)가 있다.

한국어 말하기 교육론

초판 1쇄 발행 2020년 10월 12일
초판 2쇄 발행 2022년 12월 12일

저   자 박덕유·이혜경·한혜정·박혜경·박지은·이선미
펴낸이 이대현
편   집 이태곤 권분옥 임애정 강윤경
디자인 안혜진 최선주 이경진
마케팅 박태훈 안현진

펴낸곳 도서출판 역락
주   소 서울시 서초구 동광로 46길 6-6(반포4동 문창빌딩 2F)
전   화 02-3409-2060(편집부), 2058(영업부)
팩   스 02-3409-2059
등   록 1999년 4월 19일 제303-2002-000014호
이메일 youkrack@hanmail.net

ISBN 979-11-6244-582-2 93370

▣ 이 저서는 인하대학교의 지원에 의하여 발간되었음.